1900년대 만주 고고학
연구자료 국역총서 1

# 통구 通溝

## 집안 고구려 유적의 1945년 이전 조사 보고서

이케우치 히로시
우메하라 스에지 지음
박지영 · 복기대 옮김

# 통通
# 구溝

집안 고구려 유적의
1945년 이전 조사 보고서

이케우치 히로시
우메하라 스에지 지음
박지영 · 복기대 옮김

주류성

# 서 문

　오늘날 고구려 도읍지와 관련된 고고학적 자료가 가장 풍부한 지역은 중기 도읍지로 밝혀진 중국 길림성(吉林省) 집안현(輯安縣)이다. 따라서 이 지역은 고구려사 관련 고고학 연구에서 표준이 되는 지역이다. 고고학 분야가 아니라도 고구려사 연구자들은 반드시 답사를 가고, 그 결과 고구려사 중에서 가장 많은 연구가 진행된 지역이기도 하다.

　집안현은 백두산에서 발원하여 남쪽으로 흐르는 압록강 바로 서쪽에 위치하고 있으며 압록강 건너는 북한의 만포진이었다. 현재 이 지역으로 들어가는 방법은 네 길이 있다. 요녕성(遼寧省) 환인(桓仁)에서 동쪽으로 들어가는 길, 길림성 통화(通化)에서 동남쪽으로 가는 길, 북쪽에서는 임강(臨江) 지역에서 남으로 들어가는 길, 그리고 북한에서 만포진으로 들어가는 것이 가장 큰 길이다. 그러나 이곳은 길이 험난할 뿐만 아니라 교통 여건이 좋지 않아 답사를 하려면 마음을 단단히 먹고 출발해야 했다. 특히 환인에서 동쪽으로 넘어가는 길은 더없이 험난하여 불과 30여 년 전까지만 해도 사람들이 잘 다니지 않는 길이었다. 최근 10여 년 사이에 길을 닦아 많이 좋아졌음에도 불구하고 가파른 길들이 연속되어 겨울에는 다니기 어렵다. 한국 공무원들이 연수를 갔다가 교통사고로 목숨을 잃기도 했던 길이다. 물론 통화에서 가더라도 험난하기는 마찬가지이다. 때문에 특별한 관심이 없는 사람들은 이곳을 변방의 작은 행정구역 정도로만 인식했을 뿐 잘 알려지지 않았던 것으로 보인다. 역설적으로 그렇기 때문에 외부의 손이 닿지 않은 유적, 유물들이 남아 있었을 것이다.

　이곳에 사람들의 왕래가 빈번해진 것은 청나라가 행정구역을 설치하면서 부터이다. 1876년(광서光緒 2) 회인현(懷人縣, 지금의 요녕성 환인현)이 설치된 후 본격적인 출입이 시작되었고, 환인에서 동쪽으로 200리 정도 떨어져 있는 집안까지 왕래를 시작한 것으로 보인다. 이곳은 예로부터 산삼이 많이 나는 지역으로 여겨졌으므로 산삼을 캐는 중국인들의 왕래가 늘어났을 것이다. 이후 1902년에는 회인현 관할이었던 집안에 현이 설치되었다. 조선시대에 이곳은 만포진에 병마첨절제사영을 설치한 기록이 있으므로 조선의 영토였음에도 불구하고 제대로 관리를 하지 않아 청나라 영토로 넘어가게 된 것이다.

집안에 있는 유적들이 알려지기 시작했지만 광개토대왕비가 발견되기 전까지는 금대의 도읍지로 인식되었다. 광개토대왕비가 발견되자 글씨에 관심이 많았던 호사가들이 탁본을 얻으려고 노력하는 과정에서 이 지역은 비로소 유명해진 것이다. 또한 그동안 베일에 싸였던 고대 북방사 연구를 할 수 있는 새로운 출발점이 되기도 하였다. 압록강(鴨綠江) 서쪽에 위치한 이 유적이 발견되면서 고구려 연구는 일사천리로 진행되어 고구려 첫 도읍지가 환인으로 비정되었다. 당시 일본학자들은 대동강 유역이 낙랑군이라는 견해를 내놓으면서 낙랑군의 북쪽에 현토군, 그리고 현토군에서 나온 고구려와의 연관관계 등을 고려하여 낙랑군, 현토군, 홀승골성, 국내성이라는 벨트로 연구를 진행했다. 이번에 번역 출간하는 『통구』는 1900년대 초 일본 학자들이 이 지역을 조사한 보고서로서 그들의 고구려사 연구의 기초가 된 것이다.

한국학계에서 집안 지역의 연구는 절대적으로 중요한 분야였지만 1945년 이후 1993년 한·중수교가 이루어질 때까지 사실상 직접적 연구를 할 수 없었다. 남북 분단이라는 국제 정세 속에서 집안현이 중국 영토로 편입되었기 때문에 대부분의 연구는 1945년 이전 일본 학자들이 남겨 놓은 자료를 활용하는 수밖에 없었다. 이들 자료 역시 제한적이었고, 실제 답사가 불가능한 상황에서 일본인들의 연구를 비판적으로 검토하는 것 또한 한계가 있을 수밖에 없었다.

필자가 이 지역을 처음으로 답사한 것도 1993년이었으나, 당시 이미 많은 유적들이 사라져버렸거나 훼손된 상태여서 1800년대 말 혹은 1900년대 초반에 확인되었던 유적의 상태는 알기가 어려웠다. 이후에도 현장을 방문할 때마다 유적들이 원래 모습과는 다르게 변하고 있어 안타까움을 금할 수 없었다. 단편적 자료들에 의지하여 연구를 진행하는 과정에서 일본 규슈 지역의 북방계 석실분 조사를 하던 중 『통구』를 접하게 되었다.

『통구』에는 조사 당시 촬영된 사진 도판이 다수 수록되어 있어 지금은 볼 수 없는 당시 집안현 유적의 모습들이 그대로 남겨져 있다. 고즈넉하게 서 있는 광개토왕비, 집안을 병풍처럼 둘러싸고 있는 목멱산, 들판에 가지런히 배열한 듯 앉아 있는 피라미드들! 이 사진들을 처음 보았을 때 참 뭐라 표현하기 어려운 마음이었다. 그리고 하나의 이상한 점을 발견하였다. 그것은 바로 일본 학자들이 집안의 유적을 고구려 중기 도읍인 국내성-환도성으로 비정한 근거가 된 이 조사 보고서를 '국내성' 혹은 '환도성' 조사보고서로 내지 않고 『통구』라는 이름으로 발표한 점이다. 참 묘한 느낌이 들었다. 왜 그랬을까? 이러한 의문을 비롯하여 일본 학자들에 의한 기존의 연구는 다시 검토될 부분이 적지 않을 것이다.

이번 『통구』의 번역은 국회에서 제안하여 교육부와 한국학중앙연구원의 한국학진흥사업단의 지원으로 진행된 '고대 평양 위치 연구' 과제를 수행하는 과정에서 기획된 것이다. 고구려사 연구에 있어서 중기 도읍지와 관련된 고고학적 자료가 집대성된 자료이므로 인하대 고조선연구소 박지영 교수님과 상의하에 번역을 진행했다. 어려운 번역을 끝까지 주도해주신 노고에 감사드린다.

다만 처음부터 출판을 예상하고 진행한 번역이 아니었으므로 예산상 출판이 쉽지 않았다. 나날이 어려워지는 출판시장에서 선뜻 나서서 출판하고자 하는 곳이 없었다. 그래서 늘 신세를 지는 주류성에 어려운 손을 내밀었는데 최병식 회장님께서 이런 일은 우리가 해야 하는 일이라면서 기꺼이 허락해주셨다. 가슴깊이 감사드리는 바이다. 뿐만 아니라 『통구』에 실려 있는 도판을 그대로 수록하되 더욱 선명하게 복원하는 작업까지 제안해주셨다. 도판 작업 및 편집 과정을 총괄하신 이준 이사는 책이 손상을 입어서는 안 된다는 고집으로 지난 여름의 더위를 무릅쓰고 서울에서 인천까지 몇 번씩 오가는 수고도 마다하지 않으셨다. 역시 깊은 감사를 드리는 바이다.

덧붙여 출간을 앞두고 처음 집안을 답사했을 때를 생각하게 된다. 1993년 당시 주중한국 무역대표부에 파견 근무 중이던 지우 정재남 외무관의 도움으로 첫 답사가 이루어졌고, 한국전통문화재대학교 이도학 교수님과 동행하여 두 분으로부터 학문적으로 많은 도움을 받았다. 정재남 인형은 올해 몽골 대사로 임명되었는데 바쁜 와중에도 짬을 내어 찾아와서는 필자의 안위를 걱정하며 선밥 한술을 뜨고 바로 이튿날 임지로 떠났다. 번역 출간을 앞두고 이 자리를 빌어 옛 도움에 다시 한번 감사를 드린다.

2019년 3월
복기대

# 차 례

# 그림 목차

# 도판 목차

〈II부〉

1. 이 책은 1938년 일만문화협회(日滿文化協會)가 간행한 『통구(通溝)』(상·하)를 완역한 것이다. 원저는 상권 〈통구 - 만주국 통화성 집안현 고구려 유적〉(이케우치 히로시), 하권 〈통구 - 만주국 통화성 집안현 고구려 벽화분〉(이케우치 히로시·우메하라 스에지 공저)로 구성되었으나 이 책에서는 각각 Ⅰ, Ⅱ부로 수록하였다.

2. 이 책의 주석은 모두 원 저자에 의한 것이다.

3. 이 책에 등장하는 지명 및 단체명은 모두 원저에서 사용된 바를 그대로 따랐다. 외래어 표기에 있어서 중국 인명 및 지명은 한자를 한국어 발음으로 표기했으며 일본 인명 및 지명은 원어 발음을 채용했다.

4. 고유명사 및 필요한 경우의 한자는 처음 나오는 곳에 병기하는 것을 원칙으로 하였으며, 출간 당시의 표기법대로 정자체로 기입했다.

5. 이 책에 사용된 일본 및 중국 연호는 모두 서기연도로 바꾸었다. 단 문맥상 필요한 부분에는 서기연도와 병기하였다.

6. 이 책에서 인용하고 있는 한문 사료는 원문을 번역문 뒤에 병기하되 표점은 원 저자에 따랐다. 같은 문장이 거듭 인용될 경우에는 원문은 생략했다.

7. 본문 속에 사용된 거리나 넓이, 길이 등의 단위는 미터법으로 환산하지 않고 원문 그대로 옮겼다. 1909년 시행된 일본식 도량형법에 의한 것으로, 1리(里)는 약 3,927㎞이고 이를 기준으로 1리=36정(町), 1정=60간(間), 1간=6척(尺), 1장(丈)=10척, 1척=10촌(寸), 1촌=10푼(分)으로 계산된다.

# I 부
# 만주국 통화성 집안현 고구려 유적

이케우치 히로시

# 通溝 卷上

## 滿洲國通化省輯安縣高句麗遺蹟

寶熙 題

일만문화협회 부회장 보희(寶熙)의 제자(題字)

제1장

# 서 설

# 1. 고구려 고도와 통구

옛 고구려 도성 지역으로 일반에 잘 알려져 있는 것은 조선의 평안남도 평양이다. 하지만 한대(漢代)부터 당초(唐初)에 이르기까지 전후 7~8백년의 역사를 지니는 고구려가 처음부터 끝까지 이곳에 도읍한 것은 아니다. 전한과 후한 시대(기원전 1세기~기원후 2세기)에 해당하는 고구려 전기의 본거지는 만주국(滿洲國) 안동성(安東省) 관내인 환인(桓仁) 부근이었다. 환인의 옛 명칭은 회인(懷仁)이며, 압록강(鴨綠江)으로 흘러들어오는 혼강(渾江, 冬佳江) 중류 지역이다. 이후 삼국, 서진(西晉), 동진(東晉) 시대(3~4세기)는 중기라고 할 수 있는데, 이 시기의 도읍 소재지는 환인의 동쪽으로, 통화성(通化省, 구 안동성 중부) 관내인 압록강변의 집안(集安)이었다. 평양을 수도로 한 것은 후기에 속한다. 즉 평양은 남북조 초기부터 당 초기 고구려가 멸망할 때까지(기원 5~7세기 중엽)의 도읍이다.

집안은 압록강 중류의 서편에 위치하며 환인, 통화, 임강(臨江) 등과 함께 압록강 북변의 요지 중 하나이다. 속칭 통구(通溝) 또는 동구(洞溝)라고도 하며 현재 집안현의 치소이다. 이곳에 이 현이 설치된 것은 청의 광서(光緒) 28년(1902)으로 그 이전에는 회인현 관할에 속했었는데, 회인(지금의 환인)은 통화와 함께 1876년(광서2)에 처음 설치된 현이다.

집안현 통구는 고구려의 고도로서, 유명한 광개토왕의 거비를 비롯하여 태왕릉, 장군총 등 다수의 뚜렷한 유적이 현존한다. 하지만 이 사실은 목단강성(牧丹江省) 영안현(寧安縣) 동경성(東京城)의 발해국 고도 터와 같이 근대에 이르기까지 세상의 주목을 끌지 못했다.

당나라 때 고구려 옛 땅의 북부를 차지했던 발해는 국내의 요지에 5경을 배치하였는데, 그 하나인 서경 압록부(鴨淥府)의 관할에 신(神), 환(桓), 풍(豊), 정(正)의 4주(州)를 두었다. 훗날 요(遼)가 그 땅을 점유한 후 서경 압록부를 고쳐서 녹주(淥州) 압록군절도(鴨淥軍節度)로 삼아 발해 시대의 명칭을 계승한 다른 3주를 다스렸다. 이들 녹(淥), 환, 풍, 정 4주의 하나인 환주, 즉 『요사』 권38 〈지리지〉에 "환주는 고구려의 중도성으로 고구려 왕이 이곳에 궁궐을 창립했다. …… 녹주에 예속되었는데 서남쪽 이백 리에 있다(桓州, 高[句]麗中都城, 高[句]麗王於此刱立宮闕……隸淥州, 在西南二百里)"라고 기록되어 있는 환주는, 발해의 환주와 함께 지금의 집안현치에 비정된다(발해의 신주 및 요의 녹주는 지금의 임강 부근이다). 『요사』 〈지리지〉의 이 기사는 요나라 사람들이 당시 환주에 대해 고구려의 도읍으로서 확실히 인식하고 있었음을 말해주는 것이다.[1] 금대(金代)부터 원대(元代)에 걸쳐서 환주의 이름은 완전히 자취를 감추었다. 대개 금대에는 동경로(東京路)에 속하여 맹안(猛安) 혹은 모극(謀克)의 주둔지였고, 원대에는 요양로(遼陽路)에 예속되어 만호부(萬戶府) 등의 소재지였을 것인데, 맹안이나 모극, 만호부로 되어 있었을 시기의 지명은 역사상 전해지지 않는다. 고구려의 고도에 대한 전통적 지식이 소멸된 것은 아마도 이 시기일 것이다.

　　한편 원나라 말기에 혼란을 틈타 압록강 방면에서 고려의 경계는 강의 동쪽 기슭을 따라 니성(泥城, 지금의 창성昌城)에서 강계(江界, 지금의 만포진滿浦鎭)에 이르렀다. 원을 무너뜨리고 새로 일어난 명의 세력이 압록강변에 나타나자 고려에서는 이 지역을 황성(皇城)이라 하였는데, 명 측에서도 이곳을 황성(黃城)이라고 부른 것이 당시의 문헌에 보인다.[2] 『동국여지승람』 권55 〈강계도호부〉의 산천 조목에는 황성평이라는 평야를 설명하여 "만포 30리 거리에 있으며 금국의 도읍지(皇城坪, 距滿浦三十里, 金國所都)"라고 했으며, 이어서 황제묘라고 불린 고묘에 대해 "황제묘는 황성평에 있다. 금 황제의 무덤이라고 전해지는데 돌을 다듬어 만들었다. 높이가 10장이고 내부에 3실이 있다. 또 황후와 황자들의 묘가 있다(皇帝墓, 在皇城坪. 世傳金皇帝墓, 礱石爲之, 高可十丈, 內有三寢, 又有皇后墓, 皇子等墓)"라고 하고 있다. 또 『용비어천가』 제39장의 황성 주(註)에는 "평안도 강계부 서쪽 강(압록강) 건너 140리에 큰

---

1)　4주의 다른 하나인 정주(正州)에 대해서는, 『요사』 〈지리지〉에 "정주는 본래 비류왕의 옛 땅이다. 공손강에게 병합되었으며 발해가 비류군을 설치하였다. 비류수가 있으며 500호가 있다. 녹주에 예속되고 서북 380리에 있다(正州, 本沸流王故地, 國爲公孫康所幷, 渤海置沸流郡, 有沸流水, 戶五百, 隸淥州, 在西北三百八十里)"라고 설명하고 있다. 이에 의하면 요나라 사람은 또한 지금의 환인으로 비정해야 할 정주가 옛 고구려 3도의 하나였다는 것을 알고 있었던 듯하다. 환주를 '중도성(中都城)'이라고 한 것은 그 지식에 근거한 것으로, 정주와 평양의 중간에 위치하는 도성이라는 의미일 것이다. 비류수는 지금의 혼강이다.

2)　『고려사』 권42 〈공민왕세가〉 19년 정월 우라산성(亐羅山城) 공격 기사: 권134 〈신우전(辛禑傳)〉 5년 3월 조항 명 요동도사의 자문. 『요동지(遼東志)』 권5 〈주악전(周鶚傳)〉.

들이 있는데, 가운데에 대금황제성이라 칭하는 고성이 있고 성 북쪽 7리에 비가 있으며 또 그 북쪽에 석릉 2개가 있다(平安道江界府西越江古[一]百四十里, 有大野, 中有古城, 諺稱大金皇帝城, 城北七里有碑, 又其北有石陵二)"라고 되어 있다. 이들 기사를 참조해보면 같은 지명인 것이 확실한 '皇城'과 '黃城'이 지금의 집안현치에 비정됨과 동시에, 원말 명초에는 그 땅을 고구려 유적이 아닌 금대의 고성지로 해석한 속전(俗傳)이 행해지고 있었던 것을 알 수 있다.[3] 또 이 속전에 근거한 '皇城' 혹은 '皇城坪'이라는 지명은 고려 측에서 나온 것으로, 이는 조선에서 적어도 이조 중기(명말)까지 전해지고 있었다.[4]

한편 명나라 사람들이 이곳을 '黃城'이라고 부른 것은, '皇城'이 제도(帝都)를 의미하는 문자이므로 특별히 이를 피하여 다른 글자를 사용한 듯하다. 그리고 그들은 금나라 고성지로 전해지는 속전에 무관심했을 뿐 아니라 유적 그 자체에도 특별히 유의하지 않은 듯하다. 이는 홍무(洪武)와 영락(永樂)의 성세 이후 요동의 동쪽에 변장(邊墻)을 설치하고 그 바깥에 여진들을 살게 하면서 이들 지역을 외국으로 간주했던 것을 보면 알 수 있다.

청조는 말할 것도 없이 변장 밖의 만주에서 일어났다. 중국을 평정하여 그 주인이 되기에 이르렀지만 명조의 변장을 철폐하려 하지 않았을 뿐만 아니라, 변장 외부에 있었던 그들의 발상지에 이른바 봉금제도를 실시하여 외부와 단절시켜서 그냥 황무지로 남겨두었다. 1876년(광서2)에 이르기까지 지금의 통화성 및 안동성 동부의 관내에서 통화나 환인 등의 요지에 현을 설치한 적이 없었던 것은 오로지 봉금제가 그렇게 만든 것이다. 따라서 뚜렷한 유적이 있어도 사람들의 주의를 끌지 못했고 또 조사되는 일도 없었다. 유명한 광개토왕비는 회인현이 설치되기에 이르러 비로소 세상에 드러났고, 청일전쟁과 러일전쟁을 거치면서 통구의 유적들이 학계에 소개되게 되었다. 이런 일들은 결코 우연이 아니다.

---

3) 池内宏, 「高麗辛禑朝に於ける鐵嶺問題」『東洋學報』第8卷 第1號, 1918, pp.84~94 참조.

4) 선조 때의 진사 이수광(李睟光)의 『지봉유설(芝峰類說)』권19에, "만포 건너편에 큰 무덤이 있는데, 황제의 무덤이라고 전해온다. 그 아래에 큰 연못이 있어 연꽃이 매우 장관이다. 심언광이 만포로 가는 길에 황제묘를 바라보며 '완안의 옛 나라에 황폐한 성이 있고 황제의 옛 무덤에 큰 비석이 있네'라고 읊은 시가 바로 이것이다(滿浦越邊有大墳, 相傳爲皇帝墓, 其下有大池, 荷花甚盛, 沈彦光滿浦道中, 望皇帝墓詩曰, 完顏古國荒城在, 皇帝遺墳巨碣存, 是也)."라고 나와 있다.

# 2. 통구 유적에 대한 학술적 조사

1884년 일본육군 포병대위 사코 가게아키(酒勾景明)가 관명으로 조선 및 중국을 여행하는 길에 압록강을 거슬러 통구 땅에 이르렀다가 광개토왕비의 탁본을 가지고 돌아왔다. 수년 후인 1889년, 요코이 다다나오(橫井忠直)는 이를 축소 복사한 것을 아세아협회가 발행하는 잡지 『회여록(會餘錄)』 제5집에 수록하며 「고구려비 출토기」라는 제목의 글을 부기하였다. 광개토왕비와 토착민이 장군분이라 일컫는 하나의 대 석총에 대한 사코의 견문을 세상에 소개한 것이다. 이로부터 스가 마사토모(菅政友)의 「고려 호태왕비명고」[5], 나카 미치요(那珂通世)의 「고구려 고비고」[6], 미야케 요네키치(三宅米吉)의 「고려 고비 고」[7] 등, 비문의 고찰과 해석을 주로 한 여러 논문이 잇달아 발표되어 조선 고대사의 연구에 기여한 바가 많았다. 그러나 사코의 여행이 본래 유적 조사를 목적으로 한 것이 아니었을 뿐 아니라, 요코이의 글도 자못 간단한 것이었으므로 통구의 고구려 유적은 특별히 학계의 주목을 끌기에는 부족하였다.

1905년 가을, 즉 러일전쟁 직후 도리이 류조(鳥居龍藏)는 남만주 조사 여행의 일부로서 통구 땅을 밟았다. 이 지역에 대한 전문 학자의 조사는 이것이 효시라고 할 수 있을 것이다. 그 조사의 결과는 그의 저서 『남만주 조사보고』(1910)의 마지막 장에 「압록강 상류의 고구려 유적」이라는 제목으로 기술되어 있다. 다음은 프랑스의 에두아르 샤반느(Édouard Chavannes)이다. 1907년 봄에 이 지역을 둘러본 후 이듬해 『통보(通報; T'oung Pao)』 지상에 「조선의 옛 나라 고구려 유적(Les monuments de l'ancien royaume Coréen de Kao-keou-li)」라는 제목의 글을 게재하여 직접 본 유물과 유적을 소개했다. 나아가 이 논문에 소개된 사진은 1909년 출판된 『북중국 고고도보(北支那考古圖譜; Mission archéologique dans la Chine septentrionale)』의 도판 제3권에 수록되었다(도판 375~381). 세 번째 조사는 1913년 가을 세키노 다다시(關野貞) 일행에 의한 것으로 상당히 정밀한 조사가 이루어졌다. 이듬해 11월 및 12월에 발간된 『고고학잡지』 제5권 제3~4호에 게재된 그의 논문 「만주 집안현 및 평양 부근의 고구려 유적」은 그 결과를 집성한 것이다. 『조선고적도보』 제1책에 수록된 사진(도판 163~342)도 같은 시기에 얻어진 것이다. 다만 그는 집안에서 조선 함경남도를 지나 경성으로 가는 도중 경원철도선의 중간 지점인 삼방(三防)에 묵었을 때 화재를 만나 그 조사 서류가 모두 잿더미가 되었다. 따라서 위의 보고는 동행했던 두세 사람의 조사 결과를 참고한 것으로, 미진한 점에 대해 유감을 표하며 이후 재방문

---

5) 菅政友, 「高麗好太王碑名考」 『史學雜誌』 第22~25號, 1891.

6) 那珂通世, 「高句麗古碑考」 『史學雜誌』 第47~49號, 1893.

7) 三宅米吉, 「高麗古碑考」 『考古學會雜誌』 第2編 第1~3號, 1898.

을 통해 부족한 부분을 보완할 것을 기약했다.

상기한 외에, 1913년 1월 도리이는 세키노에 앞서 이전의 조사를 반복하며 소판석령(小板石嶺)의 관구검기비(毌丘儉紀碑) 출토지를 시찰했고, 이후 1918년 6월에는 구로이타 가쓰미(黑板勝美)도 광개토왕비에 관한 의문의 해결을 위해 통구에 들어가 조사를 수행했다. 이들에 대한 정리된 보고 발표는 없었지만 구로이타의 여행담의 대략은 잡지 『역사지리』의 휘보란[8]에서 볼 수 있다. 또 두 사람의 여행에 동행했던 사와 슌이치(澤俊一)에 의한 약간의 사진이 현재 조선총독부 박물관에 보관되어 있다.

# 3. 새로 발견된 벽화고분과 그 조사

통구 평야에는 고구려 시대의 유적 중 가장 뚜렷한 것으로 크고 작은 무수한 석총 및 토분이 무리지어 있다. 세키노는 앞서 언급한 조사 여행에서 이들 고분 중 상태가 조금 양호한 장군총(將軍塚), 태왕릉(太王陵), 천추총(千秋塚) 등과 같은 석총 및 석실 내에 벽화를 갖춘 삼실총(三室塚), 산연화총(散蓮華塚), 귀갑총(龜甲塚) 등의 토분에 대한 정밀한 조사를 수행했다(장군총을 제외한 나머지는 모두 세키노 박사의 명명). 그 결과 보고는 만주 고문화를 밝히는 데 커다란 기여를 했다. 이후 구로이타가 한번 방문을 시도한 외에 전문 학자가 이 지역에 들어가는 일이 없었으므로 거의 20년 동안 이 대단하고 현저한 유적은 학계로부터 소외된 감이 있었다. 그런데 1935년 5월에 새롭게 진기한 2기의 벽화 고분이 발견되자 그 방면에 흥미를 가진 자들의 주목을 끌었다. 이는 이전에 세키노 등의 조사를 거치지 않았던 것으로, 발견자는 당시 만주국 안동성의 시학관(視學官)이었던 이토 이하치(伊藤伊八)이다. 이토의 주장에 의해 만주국 문교부 당국이 이 벽화의 조사 및 촬영을 결의하였고, 같은 해 가을에 도쿄의 사우호 간행회(座右寶刊行會)에 촬영을 담당시키게 되었다. 이 촬영 때에 세키노는 오랫동안 품고 있었던 통구 지방 재조사를 목적으로 출장을 예정하였고, 필자 및 교토 제국대학교 교수 하마다 고사쿠(濱田耕作)에게도 동행을 권하였다. 그런데 7월 29일, 슬프게도 세키노는 돌연 영면하였다. 이에 필자와 하마다는 새로 발견된 고분 조사 겸 통구 유적을 조사하여 조금이나마 고인의 영령을 위로하기로 하였다.

9월 23일, 조선의 경성에서 조선총독부 보물고적명승천연기념물보존회 위원회의 제2회 총회가 개최되어, 필자와 하마다 박사도 참석하게 되었으므로 이 기회를 이용했다. 24일 경성을 출발하여 평양에

---

8) 黑板勝美, 「日本歷史地理学会 講演会 記事」『歷史地理』第32卷 第5號, 1918.11.

서 유적 발굴 상황을 일람한 후에 희천(熙川), 강계 등을 거쳐 목적지로 향했다. 희천까지는 열차로, 이후에는 자동차를 이용했다. 평양부터는 경성제국대학 교수 후지타 료사쿠(藤田亮策), 교토제국대학 조교수 우메하라 스에지(梅原末治), 조선총독부 촉탁 오바 쓰네키치(小場恒吉) 등도 동행하였다. 희천 및 강계에서 각각 1박 후, 28일에 압록강변 만포진에 도착하여 정오에 강을 건너 통구에 들어갔다. 이토 및 사우호 간행회 회원 사이토 기쿠타로(齋藤菊太郎)도 미리 약속한 듯 안동에서 와서 모였으므로 바로 이토의 안내 아래 조사를 진행했다. 이날 먼저 광개토왕비, 태왕릉, 장군총 등을 보고, 둘째 날은 주로 2기의 벽화고분을 정밀 탐사했다. 즉 새롭게 무용총(舞踊塚), 각저총(角抵塚)으로 명명된 것이다. 셋째 날은 산성자산성(山城子山城), 천추총, 서대총(西大塚), 삼실총 등, 나머지 뚜렷한 유적을 돌아보고 일몰이 되어 마쳤다. 그리고 10월 1일 아침에 만포진의 여숙을 출발하여 조선 측 국경도로를 드라이브하며 신의주로 향했다. 이 조사는 무용총과 각저총에 중점을 둔 것으로, 일정이 겨우 이틀 반에 지나지 않았으므로 삼실총 벽화의 검토에서 조금 얻은 바가 있었던 것 외에 특별히 새로운 발견이라고 할 만한 것이 없었다.

만포진과 마주보고 있는 압록강 서쪽 기슭 하양어두(下羊魚頭)의 산기슭에는 새롭게 우리들의 주목을 끈 십 수 기의 토분들이 있었다. 일행을 위해 안내의 수고를 맡아준 이토는 집안현 중학교 교원 왕영린(王永璘)으로부터 이 고분군 가운데 곽내(槨內)에 명기(銘記)가 있는 고분이 있다는 것을 듣고 조사 3일째에 해당 토분으로 우리를 인도했다. 하지만 불행히도 곽내로 통하는 통로가 막혀 있었으므로 결국 조사하지 못하고 그쳤다. 그런데 우리들이 떠나온 이후에 잠시 현지에 체재했던 이토는 통로를 열고 곽내에 들어가 전실(前室) 정면의 상벽에 묵서(墨書)된 명문이 있는 것을 밝혀냈다. 유적의 촬영에 종사하며 현지에 있었던 사이토가 곧장 이 의외의 발견을 우리에게 알렸는데, 그 보고 및 돌아와서 보여준 사진에 의하면 명문은 고구려의 대사자(大使者, 관직명)인 모두루(牟頭婁)의 묘지(墓誌)였고, 이 토분은 모두루의 무덤이었다. 또 하양어두에는 모두루총 가까이에 환문(環文)이 산재한 장식문을 갖춘 또다른 벽화분이 존재하는 것을 알게 되었다. 이도 이토의 발견으로, 벽면에 동일한 문양을 흩어 놓은 전체 의장이 세키노가 발견한 산연화총 및 귀갑총과 같은 종류인 것이다. 또 같은 10월에 현지 시찰을 위해 만주국 문교부에서 파견된 김육불(金毓黻)이 토착민의 말에 의거하여 오괴분(五塊墳)의 제4분에서 북쪽으로 약간 떨어진 곳에 있는 한 토분에 벽화가 있음을 알았다. 유적 조사를 위해 출장 중이었던 동방문화학원(東方文化學院) 도쿄연구소 연구원인 다케시마 다쿠이치(竹島卓一) 등이 함께 내부를 조사하였는데, 이것도 보는 이를 놀라게 하기에 충분한 신발견이었다. 절석(切石)을 쌓은 곽벽에는 회반죽[漆喰]을 바르지 않았고, 벽면의 장식은 미려한 사신도(四神圖)를 주로 하며, 끰장식[持送]에 그려진 호두(虎頭) 옆에 '瞰宍不知□(足?)'라는 명기가 있는 것도 흥미롭다. 구조와 도상 모두 유명한 조선 평안남도 강서군 우현리(遇賢里)의 두 사신총(대묘 및 중묘)과 유사한 것으로, 다만 기교상 조금 떨어지는 점은 있지만 그래도 나란히 쌍벽을 이룬다고 할 만한 극히 우수한 유구(遺構)이다.

이와 같이 무용총과 각저총의 조사가 종료된 후, 모두루총, 환문총, 사신총이 새롭게 발견되었으므로 다시 정밀 조사가 필요하게 되었다. 1936년에 만주국 당국은 다시 우리들에게 이를 의뢰했는데, 그 결과 보고서의 제작도 동시에 계획되어 있었다. 즉 일본 외무성 문화사업부에 원조를 요청하여 일만문화협회의 사업으로서 조사 결과를 학계 안팎에 널리 알리고자 한 것이다. 그리고 만주국 흥안서성(興安西省) 워리만하(瓦林曼哈)의 요의 동릉(東陵) 벽화 조사보고서의 발표도 같은 사업 속에 포함시키고자 하였다. 동릉 벽화의 촬영은 세키노가 생존시에 제안한 것으로, 일만문화협회의 출자와 사우호 간행회 담당으로 우리들의 제1회 통구 방문에 앞서 이미 종료되어 있었기 때문이다. 같은 해 5월, 만주국의 계획은 일본 외무성에서 용인되었다. 또 그에 앞서 교토제국대학 교수 하네다 도오루(羽田亨)가 스스로 나서서 동릉 벽화의 연구보고 집필을 맡았다.

제2회의 통구 조사는 이케우치 및 하마다, 우에하라, 동방문화학원 교토연구소 연구원 미즈노 세이치(水野清一), 만몽문화연구원 미카미 쓰기오(三上次男)를 조사원으로 하고, 사우호 간행회 회원 사이토 기쿠타로 및 오카자키 노부오(岡崎信夫)를 촬영 담당으로 하여 9월 말부터 10월 초에 걸쳐 행해졌다. 주요 목적은 모두루총, 환문총, 사신총에 대한 조사였지만, 연구의 필요상 사정이 허락하는 한 다른 유적도 조사하였다. 조사 일정 및 조사원 각자의 분담은 다음과 같다.

제1일(9월 30일)  모두루총, 환문총, 사신총, 삼실총 - 하마다, 이케우치
　　　　　　　　　모두루총, 환문총 실측 - 우메하라, 미카미
제2일(10월 1일)  태왕릉, 장군총, 천추총, 서대총 - 하마다, 이케우치
　　　　　　　　　태왕릉, 사신총 - 우메하라, 미카미
제3일(10월 2일)  산성자산성 - 미즈노, 미카미, 이케우치
　　　　　　　　　산성자 동쪽 고분군 - 우메하라
제4일(10월 3일)  통구성 - 미즈노, 이케우치
　　　　　　　　　삼실총 - 우메하라, 미카미
제5일(10월 4일)  장군총 - 우메하라, 미즈노, 미카미, 이케우치

그리고 외부 참가자로는 경성제국대학 교수 다나카 도요조(田中豊藏), 평양부립 박물관장 고이즈미 아키오(小泉顯夫), 안동성 시학관 이토 이하치, 봉천의과대학 교수 구로다 겐지(黑田源次), 만주국 법률학교 교수 다키카와 마사지로(瀧川政次郎)가 있었다. 우리들 일행은 만포진에 숙박하며 매일 압록강을 건너 일을 수행했다. 하마다는 10월 2일에 먼저 남쪽으로 내려갔고, 남은 조사원은 조사 종료 이틀날 아침 함께 만포진을 떠나왔다.

1935년(강덕2) 가을 및 1936년 가을에 통구 지방의 고구려 유적에 대해 우리가 수행한 2회에 걸친 조사의 유래와 경과는 이상과 같다. 일만문화협회에서 발간한 상하 2권[Ⅰ·Ⅱ부]의 『통구』는 그 조사 보고에 다름 아니다. 상권[Ⅰ부]은 뚜렷한 유적에 대한 전반적 소개를 목적으로 한 것으로 이케우치가 붓을 잡았고, 하권[Ⅱ부]은 새로 발견된 벽화 고분의 설명에 중점을 둔 것으로 하마다와 우메하라 두 사람이

담당했다. 상하권으로 나눈 관계상 서술이 중복되는 점은 어느 정도 감안하였으며, 필자의 주관에 의해 생기는 서술의 차이까지 굳이 일치시키지는 않았다. 이하 상권[I부]에서 혹은 '필자'라고 하고 혹은 '나'라고 하는 것은 이케우치이다.[9)]

9) 상권[I부]의 내용은 본문에서 확인해 둔 바와 같이 우메하라 스에지, 미즈노 세이치, 미카미 쓰기오 등 여러 사람에게 힘입은 점이 많다. 그림도 제1, 제2, 제3, 제4, 제7의 원본은 미즈노가, 제5와 제6은 미카미가, 제11~27의 17장은 우메하라가 작성한 것이다. 아울러 본서의 일부를 구성하는 도판은 사진의 촬영과 유리판 인출 모두 간행자인 사우호 간행회의 작업이다. 또한 도판 중에는 조선총독부박물관 소장 사진을 이용한 것이 있다. 감사의 뜻을 표한다. 본서 상권을 완성함에 있어 일만문화협회 부회장 보희(寶熙) 씨가 제자(題字)를 휘호하였고, 회장 나진옥(羅振玉) 씨 및 상임이사 영후(榮厚) 씨는 각각 서문과 발문을 기고하였다. 모두 편자로서 감사를 금할 수 없는 부분이다. 또 본서 간행을 도운 외무성 문화사업부에 대해서는 편자 스스로 일만문화협회 일원으로서 특별히 심심한 감사를 표한다. 본서의 편찬과 인쇄, 교정에는 미카미 및 사우호 간행회 회원 사이토 기쿠타로의 원조를 얻었다. 고맙게 여긴다.

# 제2장

# 통구 평야

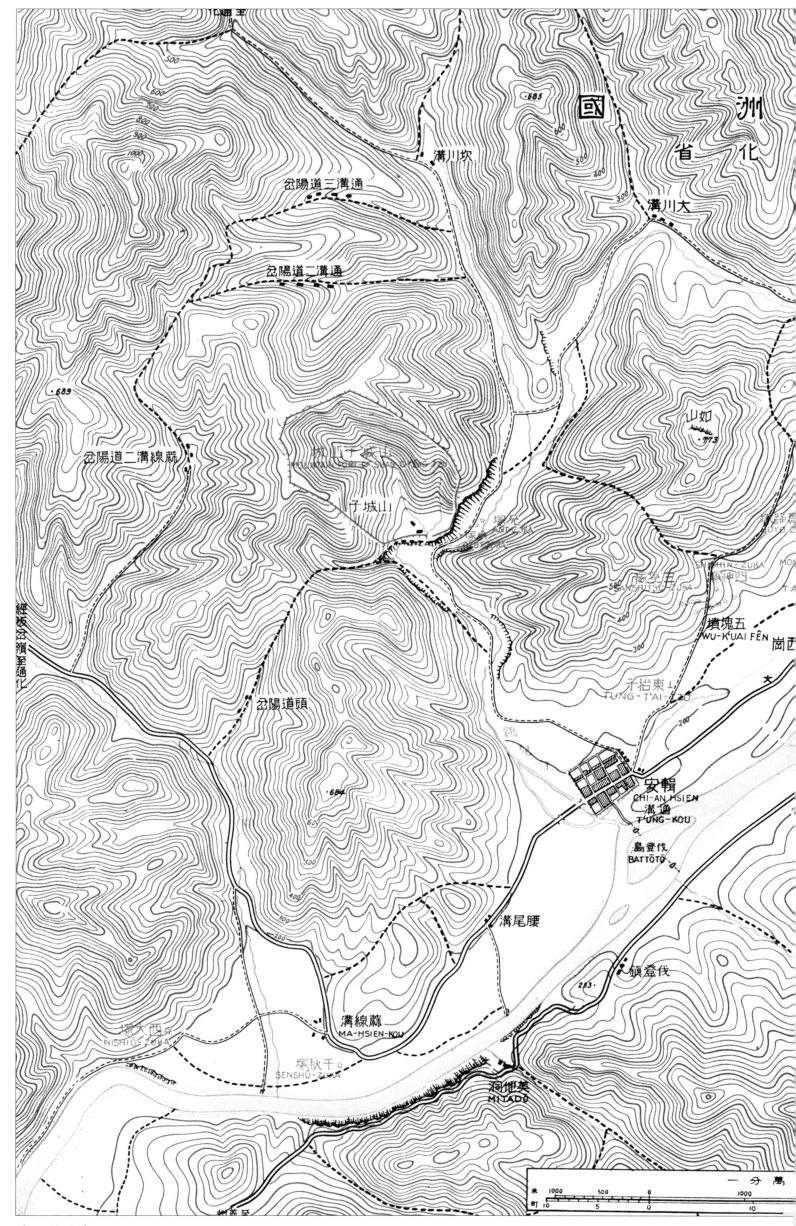

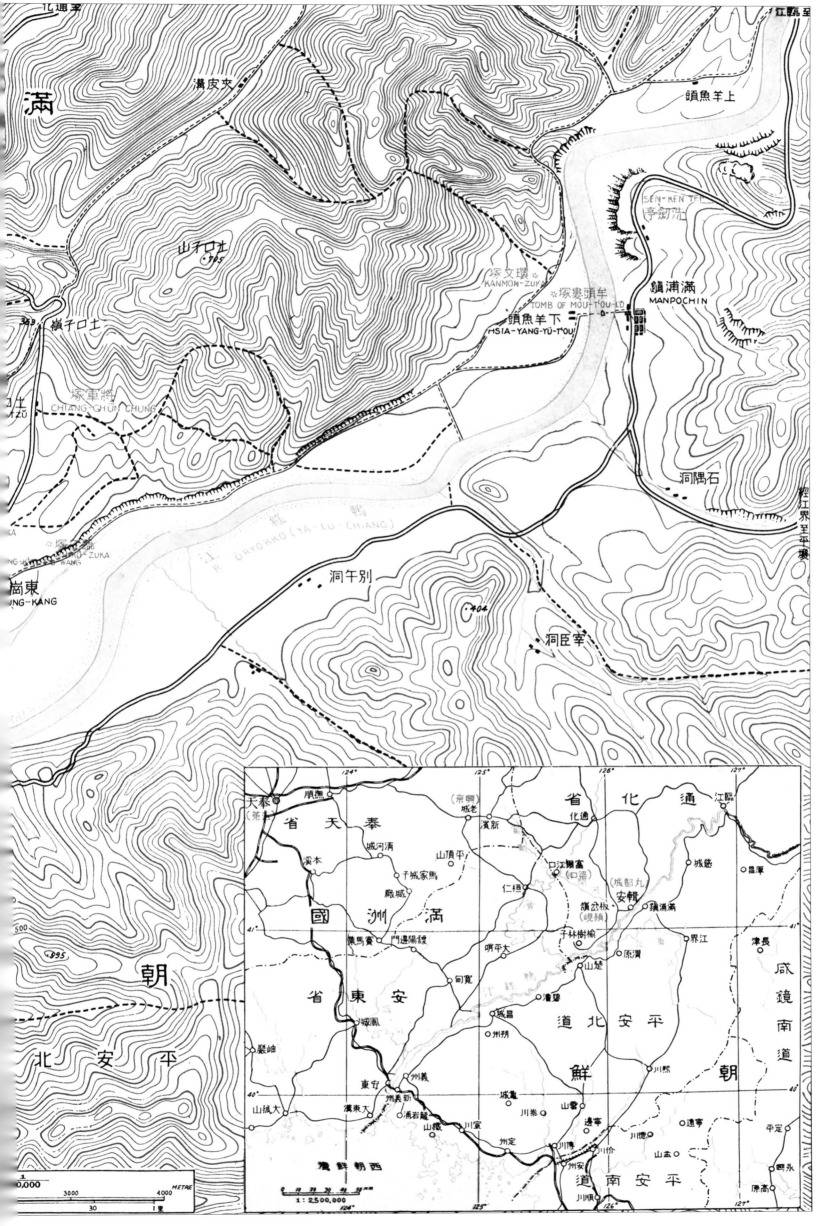

満

溝皮夾

北口子山
·705

滿

343 嶺子口土

塚文環
KANMOM-ZUKA

塚妻頭牟
TOMB OF MOU-T'OU-LO

鎮浦滿
MANPOCHIN

SEN-KEN TEI
亭劍洗

上魚羊頭

塚車將
CHIANG-CHÜN CHUNG

下魚羊頭
HSIA-YANG-YÜ-T'OU

石隅洞

鴨綠 江
R. ORYOKKO (YA-LU-CHIANG)

別午洞

·404

宰臣洞

·595

經江界至平壤

北 安 平

朝

滿 洲 國

奉 天 省

化 通 省

臨 江

鷹 順
奉天
(京奉)

老城
(京興)
新濱

化通

清河城

平頂山

富江口
(梁口)

慈城

厚昌

馬家子城

城廠

仁桓

丸都城
(丸城)

板岔嶺
(嶺岔板)

鎮浦滿

江界

安 東 省

寬甸
邊門陽靉
寶馬集

大平哨

榆樹林子

渭原

咸 鏡 南 道

長津

朝 鮮

鳳城

昌城

朔州

碧潼

楚山

北 安 平 道

熙川

岫巖

大弧山

大東溝

東安

義州
新義州
龍岩浦

藏山

宣川

龜城

雲山

寧邊

德川

孟山

永興

定州

博川

价川

安州

順川

定平

高原

南 安 平 道

西朝鮮 瀉

1 : 2,500,000

34-1

만주국과 조선 평안북도를 경계짓는 압록강은, 발원지부터 강어귀에 이르기까지 전장 177리 남짓을 헤아리는 대하이다. 하지만 의주 이남의 강어귀 부근 외에는 시종 산과 언덕 사이를 흐르고 양 기슭의 군데군데에 약간의 평야가 있어도 모두 소규모이다. 평야가 조금 뚜렷하여 거주민이 모여서 경작하기에 적당한 곳은 만주 측에서는 임강현치에 존재하는 모아산(帽兒山)과 집안현치인 통구 등이고, 조선 측에서는 중강진(中江鎭), 만포진, 초산(楚山), 벽단(碧團), 창성(昌城) 등인데, 그중에서도 가장 큰 것이 통구 평야이다. 통구는 평야 일부분의 명칭이지만 필자는 편의상 이를 전 평야에 적용한다.

평야는 압록강 중류의 서쪽 기슭에 위치하며 토질도 매우 비옥하다. 이곳에서 약간 위쪽의 조선 측 요지는 만포진이다. 다른 방면과의 교통에 있어서도 또한 요충지라고 할 만하여 서쪽으로는 환인에 바로 이어지고 북쪽으로는 통화로 이어져서 그 서쪽인 봉천성(奉天省)의 흥경(興京), 무순(撫順), 봉천으로 통하며, 남쪽으로는 만포진, 강계, 희천으로 이어져 평양에 이른다. 또 동쪽으로는 강계에서 장진(長津)의 고원을 넘어 들어가고, 다시 남하하면 일본해[동해; 역자주] 연안 굴지의 요지인 함흥평야로 나갈 수 있다. 요컨대 통구는 압록강 연안 산간의 가장 큰 평야일 뿐 아니라 사방의 인접 지방으로 이어지는 교통 요충지에 위치하고 있다. 다만 압록강은 하류에 이르기까지 곳곳에 존재하는 얕은 여울 때문에 큰 배를 띄우기 어렵고 또 양 기슭을 따라 왕래할 만한 일관된 통로가 없지만, 요해지라는 점으로 보면 이는 오히려 통구에 유리하다. 이전에는 환인, 이후에는 평양에 도읍한 고구려가 중간에 이곳을 본거지로 하고 있었던 것은 결코 우연이 아니라고 할 것이다.

조선 측의 만포진과 그 하류의 미타동(美他洞, 벌등진伐登鎭에 접한 부락)은 둘 다 나루이다.

만포진에서 비교적 강폭이 좁아진 압록강을 서쪽으로 건너면 맞은편 기슭의 작은 평지에 하양어두라는 부락이 있다. 이는 조금 더 상류에 위치한 상양어두(上羊魚頭)에 대한 명칭이다(도판 1).

하양어두의 서남쪽에는 압록강의 수류를 따라 길이 1리 반 정도의 약간 좁고 긴 평지가 가로놓여 있다. 즉 하양어두의 서북쪽에 솟아 있는 토구자산(土口子山, 표고 777m)의 가파른 남쪽 기슭과 압록강의 수류 사이에 남겨진 평지이다. 다만 모래 자갈이 숱하게 퇴적된 완전한 황무지라서 인가는 거의 없고 밭지역으로 이용되고 있는 부분도 극히 적다. 이는 분명 가까운 과거에 압록강이 범람한 결과로, 옛부터 이러했던 것은 아닐 것이다. 토구자산의 남쪽 기슭은 서쪽으로 갈수록 강에 가까워져서 황무지의 서쪽 끝에 이르러 만나게 되는데, 이곳을 지나가면 시야가 자못 광활해진다. 즉 여산(如山, 표고 755m)을 주봉으로 하는 연산(連山)의 남쪽으로 전개되는 통구 평야이다.

필자가 통구 평야라고 하는 것은, 통구를 중심으로 한 모든 평지를 포함한 광의의 명칭이다. 이 평야는 동서로 길고 남북으로 좁다. 전면은 압록강을 끼고 조선 평안북도 강계군의 산지를 바라보고, 후면에는 높고 험한 여산을 주봉으로 한 산봉우리가 동서에 걸쳐 이어져 천연의 장벽을 형성하고 있다. 압록강은 이 부분에서도 동북에서 서남쪽을 향하여 흐르고 평야도 그에 따라 같은 방향으로 연장되어 있다. 따라서 동서 또는 남북이라는 표현은 올바르지 않지만 이는 지도를 참조하여 대략 판단해야 할 것이다. 여산과 토구자산 사이에는 토구자령이라고 일컫는 고개가 있어 그 남쪽에 이어지는 산과 언덕은 평야의 동쪽을 한정짓고, 또 여산의 서남쪽에 걸쳐 기복하는 산봉우리는 마선구(蔴線溝)에 이르러 평야의 서쪽 경계를 이루고 있다(도판 2). 이들 산봉우리는 표고 750m에서 500m 사이를 오르내리는데 다만 토구자령은 조금 낮아서 327m이고, 산성자산성 앞의 계아강(鷄兒江) 계곡은 훨씬 낮아진다. 토구자령을 넘으면 북쪽 통화에 이르는데 계아강 계곡을 거스르는 길도 마찬가지이다. 후자는 비교적 큰 길이다. 여산 아래의 봉우리는 중턱 이상은 준험한 데 비해 산기슭 부분은 자못 완만한 경사면을 이루며 자연히 압록강변의 저지대로 이어진다. 즉 평야의 절반은 산기슭의 경사지이다. 이 평야는 압록강 연안 전체를 통틀어 가장 큰 것이기는 하지만 조선 함경남도의 함흥평야보다도 훨씬 작고 평양의 대평야에 비하면 실로 하늘과 땅 차이이다. 풍토와 지질도 또한 그들에 미치지 못한다. 동서의 길이가 약 3리에 남북의 폭은 동강(東崗) 부락을 중심으로 한 가장 넓은 곳도 1리가 못된다.

통구 평야는 지형상 3구로 나눌 수 있다. 즉 서부의 마선구, 중부의 통구, 동부의 동강이다. 이하 차례로 간략히 설명한다.

마선구는 압록강으로 흘러들어오는 같은 이름의 작은 강 하류 지역에 속하며, 동서 20여 정(町), 남북 10여 정의 소규모 평지이다. 동북쪽의 여산에 이어지는 산봉우리는 마선구강을 끼고 동서로 둘러싸듯 솟았는데, 특히 서쪽에 솟은 준령(표고 535m)의 남쪽 기슭은 곧장 압록강 북변에 접하게 되므로 이곳에서 통구 평야는 끝난다. 또 동쪽의 높은 산(표고 684m)은 압록강을 향하여 산자락이 뻗어 있고 이와 강 사이에 남겨진 좁은 평지는 마선구 평지와 통구를 연결하는 자연의 통로를 이루고 있다. 이렇게 통구 평야의 일부로서 마선구는 실로 주머니와 같은 땅이다. 통화 또는 환인 방면으로부터 마선구강의 계곡을 내려오는 길은 좁지만 통구 평야의 중추로 통하는 유일한 것이므로 마선구의 평지는 좁은 면적에도 불구하고 통로로서 매우 중요한 위치를 차지하고 있다고 할 수 있다. 즉 이 평지는 통구 평야의 서부 관문이다.

다음으로 통구는 통구 평야의 중추로서 통구성이라 불리는 집안현성의 소재지이다. 서남쪽으로 흘러 압록강으로 들어가는 강이 계아강인데 통구강이라고도 한다. 걸어서 건널 수 있는 작은 강이기는 하지만 마선구강보다는 크다. 통구성은 강어귀 근처 동쪽 기슭에 접하여 지어졌다. 성의 남벽과 마주보는 부분의 압록강에는 커다란 섬이 있어 벌등도(伐登島)라고 하며, 이 섬을 지나는 나루에 의해 강을 건너면 건너편은 동북쪽 만포진에 연결되는 미타동 평지이다. 한편 통구성에서 북쪽을 향하여 계아강 계곡을 따라 나아가는 통로는 꽤 평탄하다. 다만 한두 번 강물을 건넌다. 성에서 거리 30정 정도, 길이 끝나는 곳의 산에는 커다란 고구려식 산성이 있어 산성자산성이라고 한다. 이 산성의 남문 앞에서 동쪽으로 꺾어 다시 계아강 계곡을 따라 나아가면 통화에 도달하는 것이다.

다음으로 동강은 토구자령에서 남쪽으로 내려오는 통로의 양측 땅이다. 즉 통구 평야의 동부인데, 지리적으로는 중부인 통구와 명확한 경계는 없다. 북반은 산 쪽에 속하여 완만하게 남쪽으로 경사가 졌고, 남반은 압록강에 면한 평지이다. 그 경계이자 이 지방의 중심인 곳에 광개토왕비가 서 있다. 동강이라는 것은 통구의 동쪽 산 지역이라는 의미일 것이다.

제3장

# 환도성과
# 국내성

광대토왕의 거비가 통구 평야에 현존하는 이상, 이곳이 고구려의 국도 소재지였던 것은 의심할 여지가 없다. 그렇다면 그 국도의 이름은 무엇이었을까.

『삼국사기』에 의하면 고구려 제10대 왕은 산상왕(山上王) 연우(延優)이고 『위지』 권30 〈고구려전〉에 이이모(伊夷模)라고 기록되어 있는 왕이 그에 해당한다. 이이모가 비류수(지금의 혼강) 유역을 떠나 이른바 '새 나라'를 만든 것은 후한 말기 건안(建安) 연간(196~220)으로, 그 새 나라 즉 새 도읍의 이름이 환도(丸都)였던 것은 『위지』〈고구려전〉의 기록에 의해 명백하다. 다음 왕인 동천왕(東川王) 우위거(憂位居)는 『위지』〈고구려전〉에 기록된 위궁(位宮)에 해당하며, 이 왕의 시기에 위(魏)의 명장 관구검(毌丘儉)은 고구려를 정벌하여 환도를 쳤다. 즉 『위지』 권28 〈관구검전〉에 "검이 말을 묶고 수레를 매달아 환도에 올라가서 구려의 도읍지를 도륙했다(儉, 遂束馬縣車, 以登丸都, 屠句驪所都)"라고 기록되어 있다. 또 동진(東晉)의 성제(成帝) 함강(咸康) 8년(342), 고구려 왕 쇠(釗, 제16대 고국원왕 사유斯由) 때에, 연왕(燕王) 모용황(慕容皝)이 공격해와서 환도성을 짓밟고 돌아간 일은 『진서(晉書)』 권109 및 『자치통감』 권97(진기晉紀 19)의 기록이 전하는 유명한 사실이다.

그렇다면 환도의 소재는 어딘가 하면, 『당서(唐書)』 권43 〈지리지〉에 수록된 가탐(賈耽)의 『도리기(道里記)』에는 압록강의 어귀부터 630리(중국리) 정도 거슬러 올라간 곳에 본래 고구려의 왕도였던 발해의 환도현성이 있다고 나와 있다. 하지만 『도리기』의 수치가 꼭 옳다고 할 수는 없으므로 환도의 정확한 지점은 쉽게 알 수 있는 것이 아니다. 『주서(周書)』 권49 〈고구려전〉에는 "평양성과, ……그 밖에도 국내성과 한성이 있으니, 또 다른 도읍이다(治平壤,……其外有國內城及漢城, 亦別都也)"라고 하였고, 『수서(隋書)』 권81 〈고구려전〉에는 "평양성에 도읍하였고……다시 국내성과 한성이 있는데, 모두 도읍지로

서 그 나라에서는 삼경이라 부른다(都於平壤城……復有國內城·漢城, 竝 其都會之所, 其國中呼爲三京)"라고 나와 있다. 그리고 국내성이 압록강의 북쪽 기슭에 있었던 것은, 당의 두우(杜佑)의 『통전(通典)』 권186에 "마자수는 일명 압록수로서, ……국내성 남쪽을 지난다(馬訾水一名鴨綠水,……經國內城南)"라는 기록으로 알 수 있다. 하지만 어느 변의 북쪽 기슭이었는지는 상세하지 않다. 환도성과 국내성에 관해서는 이들 중국 측의 기록 외에 『삼국사기』에도 두 성에 관한 기사가 적지 않게 존재하지만, 그들은 대개 후세의 조작으로 보지 않으면 안 되는 것들이다. 그러므로 위치를 명확히 하는 데에는 전혀 도움이 되지 않는다.

이와 같이 환도성과 국내성의 위치는 쉽사리 알기 어렵고, 특히 『삼국사기』에 전하는 바를 맹신한 탓에 종래 여러 설이 분분한 점이 있었다. 그런데 1914년 시라토리 구라키치(白鳥庫吉)는 「환도 및 국내성고」라는 제목의 논문을 발표하여 환도는 고구려인이 그 도성에 부여한 토착명이고 국내는 환도의 한역명(漢譯名)이라고 해석했다. 동시에 세키노 및 도리이 등의 실지 답사 결과를 이용하여 환도와 국내성이 같은 곳이라는 설을 제창하였다. 즉 환도성 밖에 국내성이 없고 국내성 밖에 환도성이 없으며, 통구 평야에 현존하는 고구려 유적이 그것이라는 것이다.[1]

이에 대하여 환도성과 국내성의 별개설을 고집한 대표적 논자는 세키노인데, 곧바로 두 성의 위치에 관한 반박 논문을 공표하였다.[2] 세키노는 이후 다시 「환도성고」라는 제목의 논문을 제시하여,[3] 통구 평야의 유적이 국내성터이고 그것과 구별하여 생각해야 할 환도성의 유적지는 통구의 서남쪽 약 20리, 고구려식의 고분이 무리지어 있는 유수림자(楡樹林子) 부근일 것이라고 매우 강하게 주장하였다. 하지만 그 자신의 답사 결과 유수림자 부근에 고성지로 인정할 만한 것을 발견하지 못했고 또 압록강의 전 흐름을 통하여 통구 이외에는 현존하는 고구려 도읍의 유적다운 것이 알려진 바 없으므로, 시라토리가 주장한 환도성과 국내성의 동일설은 확고한 의견이라고 할 것이다.

이와 같이 환도성 일명 국내성은 통구 평야에 있었던 것이다. 따라서 서기 200년 경 산상왕이 처음으로 이곳에 도읍한 후로 이 평야는 거비의 주인공 광개토왕의 다음 왕인 장수왕 제15년(427)에 평양으로 천도할 때까지, 적어도 200여 년간 고구려의 도읍이었던 것이다.[4] 그리고 평양 천도 이후에도 역시

---

1) 白鳥庫吉, 「丸都及國內城考」『史學雜誌』 第25編 第4~5號, 1914, 5.
2) 關野貞, 「國內城及丸都の位置」『史學雜誌』 第25編 第11號, 1914.11.
3) 關野貞, 「丸都城考」『朝鮮総督府大政六年度古蹟調査報告』, 1920.3.
4) 당대(唐代)에 발해국이 일어나 고구려 옛 땅의 북부를 차지하기에 이르러, 압록강 및 혼강 유역을 서경 압록부 관할 아래 두고 신, 환, 풍, 정 4주를 다스리게 했다. 또 발해를 멸망시키고 이 지방을 영유한 요는 신주를 고쳐서 녹주로 하였는데, 다른 3주의 이름은 발해 시대 그대로 두었다. 한편 그 녹주 다음의 환주에 대해서는 『요사』 권38 〈지리지〉에, "환주, 고구려 중도성으로 옛 현은 셋인데 모두 폐지되었다(桓州, 高麗中都城, 古縣三, 桓都神鄉淇水皆廢)"라고 했고, 요나라 사람이 고구려 시대의 중도성이라고 한 환주가 지금의 통구 땅으로 비

구도읍으로 중시되었다. 즉 『주서』에서 국내성 및 한성은 고구려의 다른 도읍이라고 했고, 『수서』에서 평양과 국내성, 한성은 고구려인이 삼경이라고 부르는 것이라고 한 까닭이다. 한성은 지금의 경성이다.

········································

정되는 것은 앞의 서설에서 서술한 바와 같다. 그렇다면 이른바 중도성은 환도성 즉 국내성이고, 발해의 환주는 고구려의 환도성을 개명한 것으로 여겨야 한다. 또 옛 현이 3개라는 것은 발해 시대의 환주에 속해 있던 것으로, 요는 이를 폐지한 것이다. 『당서』의 〈발해전〉에는 주 이름을 들고 있을 뿐 소속 현은 언급하지 않았으므로 『요사』〈지리지〉의 이 기록은 그 부족함을 보완하는 것이다. 그리하여 3현의 첫머리에 들고 있는 환도현(桓都縣)은 가탐의 『도리기』에 "옛 고려의 왕도(故高麗王都)"라고 되어 있는 환도현(丸都縣)일 수밖에 없다. 桓과 丸이 같은 발음이라는 것은 말할 것도 없다. 그렇다면 가탐은 왜 환도성(丸都城) 그 자체의 개명인 환주를 "옛 고려의 왕도"라 하지 않았을까. 대개 환도현(桓都縣)은 환주의 중심 현으로 환주와 소재지가 같았음에 틀림없으나, 고구려의 환도(丸都) 명칭을 그대로 전한 것은 환도현(桓都縣)이지 환주가 아니었으므로 가탐은 주의 명칭을 제쳐두고 현명을 든 것일 터이다. 단 환주의 명칭도 환도(丸都)와 관계가 없지 않고 그 첫머리 발음은 옛 명칭에 근거하고 있는 것이다.

제4장

# 고구려 유적

앞에서 서술한 바와 같이 지금의 집안현 치소인 통구 평야는 고구려의 환도성 즉 국내성의 소재지였다. 따라서 여기에는 고대사 연구상 막대한 가치를 지니는 당시의 유적이 현존한다. 그 주요한 유적은 크고 작은 무수한 고분으로, 고분 이외의 것은 비교적 적지만 그중 가장 뚜렷한 것은 첫째, 환도성지로 인정할 만한 통구성, 둘째, 환도산성으로 칭할 수 있는 산성자산성, 셋째 광개토왕비, 넷째 겨우 초석과 석주 등이 남아있는 그 외의 한두 유적이다. 이하 이들에 대한 조사 결과를 기술한다.

# 1. 통구성 - 환도성터

계아강(통구강) 하류의 동쪽, 압록강 가운데의 벌등도와 마주보는 평지는 통구 평야의 중추이다. 사방 약 6정의 면적을 차지하는 성곽이 있어 통구성이라고 하며, 1902년 집안현이 창설되었을 때부터 현성이 되어 지금에 이르고 있다. 성내에는 현공서(縣公署) 이하의 관아와 점포, 민가가 밀집하여 근년에는 성 밖으로도 발전하고 있다. 즉 성의 동벽을 따라 설치된 도로의 동측을 따라 인가가 즐비하여 따로 신시가를 형성하고 있으며 장래의 번영도 기대된다.

통구 지방의 유적을 도리이가 실사한 것은 현이 설치된 후 오래지 않은 1905년인데, 통구성에 대한 그의 기술은 다음과 같다.[1]

동구(洞溝) 평원의 최남단에 하나의 고성이 있는데 중국인은 이를 능안성(陵安城)이라 부른다. 집안현 시가는 이 퇴폐한 성곽 안에 있다. 이 땅은 1900년 이전까지는 회인현의 관할에 속하였으나 1900년에 비로소 집안현이라는 독립적 현을 설치한 것이다. 1905년 가을 내가 이 지역을 지나갔을 때는 광막한 성곽 중앙에 지현(知縣)의 아문(衙門)이 있고 그 부근에 겨우 30호 정도의 취락을 보았을 뿐이다. 당시 지현이 말한 바에 의하면, 이 방면은 본래 만주 조정에 의해 요동의 금지(禁地) 중 하나로 정해진 지역으로 아무도 이곳에 거주하는 것을 허락받지 못하였다. 나중에 회인현의 관할 구역에 편입되고 다시 집안현이라는 독립된 현치를 두었지만 옛부터 가장 적막한 땅이었다고 한다.

이 고성은 후방에 산을 두고, 앞으로 압록강을 바라보며 압록강으로 흘러들어오는 통구강 강변에 있으므로, 그 위치는 통구강과 압록강이 만나는 곳에 있다고도 할 수 있다. 주위 둘레가 20정(町), 성벽의 높이는 현재는 1장(丈)에서 1장 23척이지만 옛날에는 이보다 높았을 것이다. 성벽은 붕괴되었지만 여전히 완전한 부분도 있어서 부근의 강바닥에서 운반해온 자갈로 축조했음을 알 수 있다. 그 두께는 4척 정도이며 성벽의 석재는 쌓은 방식이 불규칙하다. 성벽 위에는 어떤 건물도 없고 다만 성벽이 잔존할 뿐이다.

도리이의 조사로부터 8년 후인 1913년에 세키노 일행이 실사한 소견은 다음과 같다.[2]

통구성, 이는 대개 옛날 국내성의 왕궁터에 상당하는 것일 터이다. 동서 약 7정 반, 남북 약 5정 반의 지역을 높은 성벽으로 둘렀는데, 동북 구석과 서북 구석은 모서리 각이 없어져서 내면이 전자는 세개의 둔각으로, 후자는 두개의 둔각으로 이루어졌다. 현재 남북 양쪽의 문을 폐쇄하고(북벽에는 별도로 작은 문을 뚫었다) 동서 양 문은 예전대로 개통했다. 서문은 2곳이 있는데 남쪽 문은 성벽이 안쪽으로 꺾어 들어간 형태의 옹성을 만들었고, 북방문은 보통 형태의 옹성을 만들었다. 동문은 현재 남쪽 것이 존재하는데 역시 옹성을 지닌다. 북쪽 것은 후세에 폐쇄한 듯 다소간 흔적이 존재한다. 성벽은 기저변의 두께가 약 30척, 높이는 20여 척으로 모두 돌로 축조되었다. 그 허리 이하는 차례로 돌을 조금씩 밖으로 내면서 각 단의 돌의 높이 또한 증가시켜서

1) 鳥居龍蔵, 『南滿洲調査報告』, 秀英舍, 1910, pp.155~156.
2) 關野貞, 「滿洲輯安縣及び平壤附近に於ける高勾麗時代の遺蹟」『考古學會雜誌』第5卷 第3號, 1914. 11.

안정되고 견고하게 하였다. 또 4면 모두 일정 간격으로 치성(雉城)을 내고, 다시 그 밖에 해자를 둘렀는데 현재는 물이 없다. 북변의 것이 그 형태가 가장 잘 남아 있다. 성벽 위에는 여장(女墻)이 있었을 터이나 현재 붕괴되어 볼 수 없다.

이와 같이 도리이와 세키노 두 사람이 보았을 무렵의 통구성은 뚜렷하게 고성의 모습을 지닌 채 퇴폐되어 있었던 듯하지만 지금은 그렇지 않다. 치소를 설치하고부터 거듭 보수를 거쳤을 뿐 아니라 1921년에 일대 수축이 더해졌기 때문에 전체적으로 자못 새로운 경관을 드러내고 있다. 『집안현지(輯安縣志)』에는 다음과 같이 기록되어 있다.[3]

집안 현성은 고구려의 옛 수도로 배산임수의 천연의 형세를 가지고 있다. 다만 오랜 세월을 거치면서 무너져 거의 없어졌으며, 설치한 이래 거듭된 수리 보수로 인해 옛 성의 남은 터는 태반이 무너졌다. 민국 초기에는 자주 소요를 당하면서 거주민들이 근심하였다. 1921년(민국 10) 성우선이 읍의 수령이 되어 민부 500명을 징발하여 신사 고덕룡을 독공원으로 삼고 장공원과 오풍림을 감공원으로 하여 다시 새로 수축하였다. 문 3개를 건설하였는데 동쪽은 경무문, 서쪽은 준문문, 남쪽은 금강문이라 하였다. 성 안은 거리가 6곳으로 구획되었는데 동서는 회천가, 평정가, 여경가이고 남북은 명원가, 동성가, 서성가로 길이는 다르지만 너비는 모두 3장 6척이었다. 5개월의 공사를 거쳐 비로소 준공되었는데 웅장한 경관이 볼 만하고 또 방어의 바탕을 마련하였다. 이어서 부임한 왕헌장과 유정탁이 누차 중축하여 성가퀴가 완전하고 포루 역시 갖추어졌으며, 성의 높이는 1장 8척에 동서의 너비가 2리 남짓이고 남북은 1리 반이다. 설비 공사를 하기 전에는 집들이 드물고 상점이 거의 없었지만 지금은 회천가에 상점들이 모여들어 무역이 날로 번성하고 있다.

輯安縣城爲高句麗故都, 負山面江, 形勢天然, 惟以歷年久遠, 坍塌殆盡, 設治以来, 屢經修補, 而故城遺址, 大半頹段, 民國之初, 迭遭侵擾, 居民患之, 民國十年, 成公友善宰是邑, 徵民夫五百餘人, 委士紳高德隆爲督工員, 張拱垣·吳風林爲監工員, 重新修築, 建門三座, 東曰經武門, 西曰濬文門, 南曰襟江門, 域內劃街六道, 東西爲會泉街·平正街·餘慶街, 南北爲明遠街·東盛街·西成街·雖長短 不一, 皆寬三丈六尺, 五閱月而工始竣, 旣壯観瞻, 復資防禦, 繼任王公憲章·劉公靜琢, 迭次增

3) 張拱垣 等 編, 『輯安縣志』 卷1, 城鎭, 1928.

修, 雉 堞旣全, 礮樓亦備, 城高一丈八尺, 東西廣二里許, 南北一里半, 前在設治時,

房屋寥落, 商舖無幾, 今則會泉街商肆輻湊, 貿易日繁矣.


1921년의 수축과 그 후의 중수에 의해 퇴폐가 심했던 고성은 완전히 면목을 새롭게 하여 성벽 위에는 포루도 설치된 것이다. 또 경무문, 준문문, 금강문이라 불린 동, 서, 남의 세 문 가운데 동문과 서문은 1931년에 이르러 다시 개수되었다. 그리하여 문의 이름을 고쳐서 경무문을 집문문(輯文門), 준문문을 안무문(安武門)으로 하였다.

1936년(강덕 3) 10월 3일, 필자는 미즈노 세이치와 함께 본 성의 외곽을 조사했다. 미즈노는 실측에 종사하고 필자는 각 부분을 점검했다. 이하 서술하는 바는 그 결과인데, 앞서 말한 세키노의 기술을 참조하면 유감스럽게도 20수 년이 지난 오늘날에는 구태가 남아 있는 부분이 매우 적은 점을 알 수 있을 것이다. 도판 3은 압록강 남쪽 기슭에서 강을 사이에 두고 왼쪽으로 통구성을 바라본 광경이다. 계아강은 왼쪽에서 오른쪽으로 흘러 벌등도가 가로 놓여 있는 압록강으로 들어간다.

통구성은 주위 둘레가 약 24정, 네 변이 각 약 6정이며, 절석을 겹쳐서 대략 방형으로 쌓은 성이다. 남벽은 압록강에 면하고 서벽은 계아강의 왼쪽 기슭에 접하고 있는데, 동서 방향은 동남으로 흐르는 압록강의 수류를 따라 기울어져 있다. 동, 서, 남의 3면에 문을 내어 동문을 집문문, 서문을 안무문, 남문을 금강문이라고 한다(도판 4~6). 북벽에는 문이 없다. 하지만 이는 본래의 상태는 아니다. 북벽 중앙의 바깥면을 보면 그곳에 설치되었던 문을 폐쇄한 흔적이 남아 있다. 이는 세키노의 조사 때와 마찬가지이다. 당시 북문에는 따로 뚫린 작은 문이 있었다고 하지만 지금은 그것도 없다. 또 세키노에 의하면 남문도 북문과 마찬가지로 폐쇄 상태였다고 했다. 그렇다면 지금의 금강문은 1921년의 수축 때에 다시 열린 것이어야한다. 동벽의 집문문과 서벽의 안무문은 모두 양벽의 남부에 편재한다. 이는 원래 양벽의 북부에도 각각 하나의 문이 설치되어 있었기 때문인데, 세키노는 서벽의 두 문에 대해 "서문은 2곳이 있는데 남쪽 문은 성벽이 안쪽으로 꺾어 들어간 형태의 옹성을 만들었고, 북방문은 보통 형태의 옹성을 만들었다"고 하고, 동벽의 문에 대해서는 "동문은 현재 남쪽 것이 존재하는데 역시 옹성을 지니며, 북쪽 것은 후세에 폐쇄한 듯 다소간 흔적이 존재한다"고 서술했다. 그런데 오늘날 존재하는 세 문에는 옹성이 없고, 서벽 북부에 내면의 미장이 다른 부분보다 특별히 두텁게 느껴지는 한 부분에서 문의 설치가 있었던 듯한 흔적을 간신히 추정할 수 있을 따름이다(그림 1 A점 참조). 동벽 북부의 해당 지점에는 그러한 흔적조차 남아 있지 않다. 최근 20여 년 사이의 이와 같은 성문 형태의 변천에 의해 우선 1921년의 수축이 상당히 근본적이었던 것을 살필 수 있는데, 이를 다시 확인하기 위해 성벽의 각 부분을 점검하자.

남벽의 석루(石壘)는 높이가 약 17척, 내면의 미장은 기저에서 30척 정도의 두께를 지니고 높이 10척에 이른다(도판 7). 석루는 크기가 불규칙한 할석(割石)으로 거의 수직으로 쌓아 외관이 자못 새롭다. 외벽 허리 부분의 구조는 상부와 마찬가지이다(도판 6-1). 남문 안쪽 미장에 연한 통로의 북측에는 남문 부근의 성 바닥에서 파낸 20수개의 커다란 석재가 방치되어 있다(도판 6-2). 이는 분명 옛 성벽의 토대

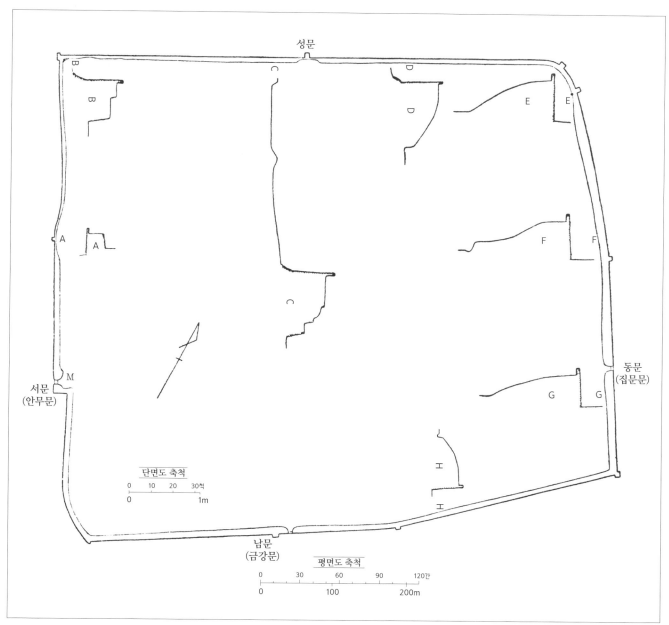

그림 1. 통구성 외곽 평면 및 단면도

석에 사용된 재료로, 남문 부근의 성벽이 원위치를 바꾸지 않았다는 증좌이다. 그런데 성벽의 동쪽 반부는 서반부와 일직선을 이루지 않고 약간 북쪽으로 물러나 있다. 이는 남벽 전체의 개축에 즈음하여 동쪽 절반 부분의 위치가 이동되었음을 말해주는 것이리라. 다음으로 서벽은 구조와 외관이 모두 남벽과 같다. 즉 최하부에서 최상부까지 거의 수직으로 쌓았는데 그 용재는 꽤 새 것이다. 오늘날 안무문이라 불리는 성문은 벽의 중앙부가 아닌 남쪽으로 치우쳐 있다. 안무문을 M이라 하고, 벽의 북단을 B, 그 중간 지점을 A라고 하면 A점의 내면의 미장은 다른 부분에 비하여 두꺼운 느낌이다. 이는 곧 1921년의 개수 이전에 이루어진 세키노의 조사 당시에 옹성을 갖춘 문이 열려 있었던 지점이다. 또 M-A-B의 세 점을 도상에서 연결하면 하나의 직선을 이루는데 B점은 다음에 서술하는 바와 같이 성벽의 옛터로 인정해도 지장이 없는 지점이다. 그런데 M-A 사이의 성벽이 일직선상으로 축조된 것에 비해 A-B 사이의 성벽은 약간 내부로 굽어 들어갔다. 이는 현성이 개축되기 이전에 서벽의 이 부분의 옛터가 계아강의 범람에 의해 쓸려나갔음을 추측케 하는 것으로, 본래는 M-A 사이와 마찬가지로 일직선을 이루고 있었음에 틀림없다. 이 땅의 주민도 실제 그러했다고 필자에게 말했다. 서문 이남의 성벽은 조금 내부로 물러나 있고, 또 서남쪽 모퉁이에 가까운 부분은 만곡되어 있다. 세키노의 조사를 참조하면 이렇게 만곡되어 모서리각을 이루지 않는 것은 옛터에 따른 것인 듯하다. 다음 동벽은 전부 개축을 거친 것이다. 세키노가 폐쇄된 상태로 다소의 흔적을 남기고 있다고 한 북쪽 성문 같은 것은 전혀 찾을 수 없다. 석벽의 높이는 약 20척, 내면의 미장은 높이가 15~6척이고, 저변의 두께는 30척 남짓이다. 벽의 북단(성의 동북 모퉁이)이 둥근 모양을 띠고 있는 것은 옛터에 의거한 것이리라. 남단(성의 동남 모퉁이)의 위치 이동에 대해서는 앞에서 서술했다(도판 8).

북벽을 보면 벽의 서쪽은 계아강에 이르러 끝나고 남쪽으로 꺾어져 서벽이 된다. 그 굴곡점은 성의 서북 모퉁이로서 직각을 이루어 동북과 서남 모퉁이처럼 만곡되어 있지 않다(도판 9-1). 앞에서 말한 바와 같이 서벽의 북쪽 옛터는 강물에 쓸려나간 듯하지만 서북 모퉁이의 위치는 지반이 한단 높아져 있으므로 그러한 변천은 없었던 듯하다. 한편 북벽에서 특히 주목을 끄는 것은 그 외측 허리 부분의 구조이다. 즉 세키노가 "성벽은 기저변의 두께가 약 30척, 높이는 20여 척으로 모두 돌로 축조되었다. 그 허리 이하는 차례로 돌을 조금씩 밖으로 내면서 각 단의 돌의 높이 또한 증가시켜서 안정되고 견고하게 하였다"고 한 것으로, 오늘날에는 다만 북벽에서만 이를 확인할 수 있다. 그리하여 상부의 직립한 석벽이 외관과 구조 모두 최근의 축조를 나타내고 있는 것에 비해 허리부분의 이 튀어나온 부분은 뚜렷이 고색을 띠고 있다. 그 남아 있는 상태는 북벽의 서쪽, 특히 서쪽 끝에 가까운 부분이 가장 양호하다(도판 10). 그림 2는 그림 1의 B점 단면도를 확대한 것으로, 허리 부분 돌출부의 적석은 기저에서 9단을 헤아린다. 다만 그 위에 쌓인 석벽은 최근에 보수한 것으로, B-C 두 점의 중간에는 돌의 조합 및 외관이 다른 것과 달리 명백히 구태가 남아 있음을 엿볼 수 있는 부분이 있다(도판 9-2). 또 B점의 내측 성루(城壘)는 돌을 겹쳐서 2단으로 쌓았는데 그 상태는 그림 2에 보이는 바와 같다. 그러나 C점 등 여러 부분을 참조하면 본래의 구조는 따로 점선으로 덧붙인 바와 같지 않았을까 생각된다. 북벽 전체를 통하여 석벽의 높이 약 20척이며 그 위에는 근년에

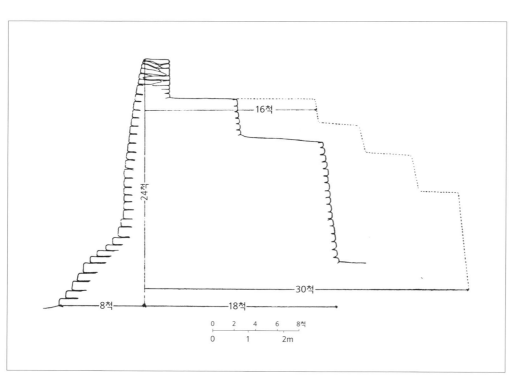

그림 2. 통구성 서북 모서리 성벽 단면도

설치된 여장(女墻)이 있다. 미장의 높이가 20척이며, 그 변의 두께는 30척 안팎을 헤아린다(도판 11-1). 벽 중간 지점의 미장은 얇고 북문은 폐쇄되어 그 외면은 치성을 형성하고 있다.

북벽의 외측에는 오늘날 논이 되어 있는 좁고 긴 요지(凹地)가 있다(도판 11-2). 성벽의 기저에서 50간(間) 정도 떨어져서 이와 나란히 폭 3~40척을 이루고 있으며 길이는 성벽과 같다(그림 1 C점 단면 참조). 이는 이미 세키노도 언급해둔 바와 같이 명백히 외호(外濠)의 유적이다(필자는 독자적으로 발견한 후에 그의 보고를 읽었다). 그 서쪽 끝은 계아강의 왼쪽(동쪽) 기슭에 접하고 있다. 다만 계아강의 수류는 높이가 10척 안팎으로 내려가 있으나 이는 과거 오랜 세월 동안 강바닥이 이만큼 깊어진 것을 말해주는 것으로, 본래 계아강물은 곧장 외호로 통하고 있었을 것이다. 또 외호 터의 한편은 성의 동북 모퉁이에 이르러 끝나는데 아주 조금 남쪽으로 틀어져있는 형태를 남기고 있다. 본래 분명 동벽을 따라 남쪽으로 내려가서 계아강과 마찬가지로 압록강으로 이어졌던 것이리라.

집안현 설치 이전의 통구성 상태에 대해서는 문헌으로 밝힐 만한 것이 전혀 없다. 도리이에 의하면, 현이 설치되고 3년 후(1905, 광서 31)에 그가 본 고성은 성벽이 완전한 부분은 있었어도 전체적으로 상당히 퇴폐되어 있었던 듯하다. 1913년 세키노 일행의 조사 때에도 아마 마찬가지였을 것이다. 그 후 거듭 토비(土匪)의 침략을 받아 점점 심하게 퇴폐되자 1921년에 근본적 수축이 행해졌다. 이리하여 통구성은 오늘날 보는 바와 같이 되었고 고고학적 또는 사학적 연구의 대상으로서는 크게 그 가치가 줄어든 것이다. 하지만 성의 현상이 어떠하든 종래 이곳에서 출토된 와편이 전적으로 고구려 시대에 속하는 점은(도판 12) 고성의 존재 연대를 바로 그 시대까지 소급시킨다. 그리하여 통구 평야가 고구려 제2의 도읍인 환도성, 즉 일명 국내성의 소재지였다고 생각되는 이상, 이 성이 그 도읍의 왕성 유적지라는 것은 평야의 지세로 보아 거의 의심의 여지가 없는 것이다. 네 변의 성벽 가운데 동, 서, 남 3면은 근년의 개축에 의해 약간 그 위치가 변했고 다만 북면만 옛터를 유지하고 있는 듯하지만 대체의 규모는 옛날에도 마찬가지였으리라고 생각된다.

# 2. 산성자산성 - 환도산성터

통구성의 북북서 약 30정, 계아강의 중류가 굽어지는 저편에 남쪽으로 면한 산봉우리의 품을 이용하여 지어진 웅대한 산성이 있다. 부근 지역에 산성자라는 이름이 있는 것도 이 산성이 있기 때문이다. 통구성 옆을 흐르는 계아강 상류를 성의 서북쪽에서 서쪽으로 건너 좌우에 산봉우리가 솟은 계곡을 서쪽 강변의 평탄한 통로를 따라 거슬러 올라가면 한 단 높은 곳에 지어진 석루와 맞닥뜨린다. 즉 산성자산성의 남벽의 일부로, 이를 횡단하는 오솔길은 산성의 내부로 통한다. 이곳은 계아강 중류의 굽어지는 부

날개를 이루는 석루는 조금 올라간 곳에서 끊어진다. B점에 이르면 산세가 갑자기 가파르고 험준해진다. 이곳에 석루가 축조되어 있었던 것을 확인할 수 있지만 붕괴가 심하여 그 구조를 상세히 알 수는 없다. 급경사는 C점에서 극심하고 성벽도 방향을 서북으로 바꾸어 멀리 F점까지 같은 방향을 따라간다. 즉 산성의 동벽이라 칭할 수 있는 부분이다. 그 중간에는 D, E 등의 봉우리가 있어 산세가 기복하며 조금

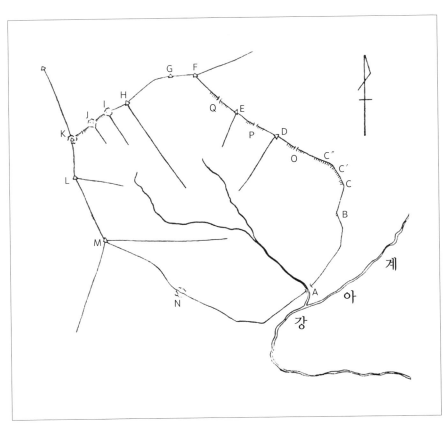

그림 5. 산성자산성 성루 약도

씩 고도가 높아진다. 석벽은 C점에서 시작하여 서북으로 3정 정도 사이가 자못 완전한 상태로 남아있고 (도판 제17), CD, DE, EF의 각 안부(鞍部)에도 성문을 설치한 석루가 단속적으로 잔존한다(O, P, Q). 문터 부근에는 와편이 산포되어 있다.

다음으로 F점부터 G, H 두 봉우리를 지나 암석들이 노출된 고봉 K점에 이르는 부분을 북벽이라고 칭할 수 있다. 그중 FH 사이가 조금 완만히 올라가는 데에 비해 HK 사이는 경사가 가파르고 암석이 험하다. 석루는 IK 사이의 바위산 외면을 따라 지어졌는데 구조가 꽤 견고하고, J점 부근에서는 17척 정도 쌓아 올려져 있다. JK 사이의 안부에는 석루에 벌어진 간극이 있어 와편이 조금 흩어져 있다. 아마 문 터일 것이다. 다음으로 K점에서 서남으로 내려오는 부분이 이 성의 서벽인데 시간 사정상 실사에서 빠졌다. 그러나 그날 우리들의 호위를 맡은 일본군 중 한 명의 말에 의하면 N점 부근에 석루가 있는 것을 확인했다고 한다.

이와 같이 산성의 동벽과 북벽에는 국부적으로 석루가 설치되었고 남벽처럼 연속되어 있지 않다. 하지만 후자가 심하게 붕괴되어 있는 것에 반해 전자에는 구태가 남아있는 부분이 많으며, 특히 동남 모퉁이 및 북벽의 석루는 자못 완전하다. 안팎 모두 절석을 규칙 바르게 쌓았고 내면이 낮고 외면은 높으며 그 내부에는 적당한 천석으로 뒤채움을 했다. 그림 6-I(C′점 석루 실측도)를 통해 그 대략을 알 수 있을 것이다. 다만 석벽의 높이는 일정하지 않다. 즉 C점에서는 4척 1촌, C′점에서는 11척 5촌, C″점에서는 14척 9촌을 헤아리고, 북벽 J점에서는 17척에 이른다. 또 C″점에서는 내벽의 기저부에 절석으로 둘러싼 정방형의 구멍이 뚫려 있는 것을 발견했다. 한 변의 길이가 8촌, 깊이 2척 4촌의 구멍이다(그림 6-II의

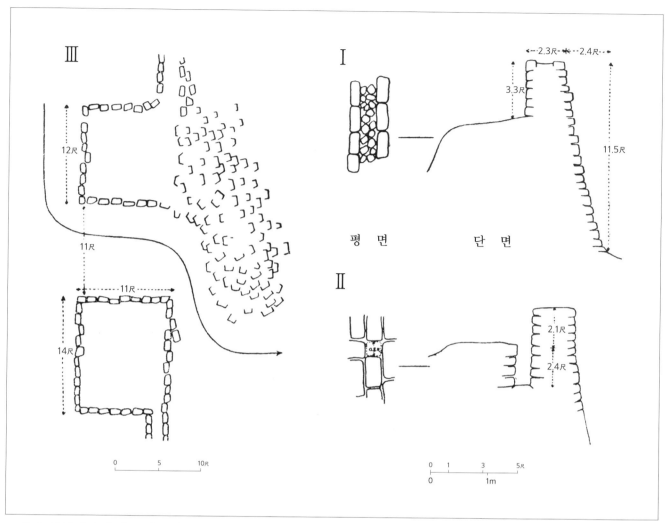

그림 6. 산성자산성 석루 및 문터 실측도 (Ⅰ: C'점 석루 실측도, Ⅱ: C"점 천공부 실측도, Ⅲ: O점 문터 실측도)

C"점 천공부 실측도). J점 부근의 석루 내측에도 같은 구멍이 있는 것을 확인했으나 그 용도에 대해서는 추측하기 어렵다. 동과 북 두 벽에 남아 있는 문터 가운데 그 형태와 체제를 가장 잘 엿볼 수 있는 것은 O 점이다. 그림 6-Ⅲ(O점 문터 실측도)에 나타난 바와 같이 문의 출입구의 남북 성벽은 11척의 통로를 사이에 두고 각각 성안으로 튀어나와 있다. 그 연장 부분은 폭 11척, 길이 10수 척의 사각형을 이루며 절석을 사용한 석벽의 구조는 성벽의 다른 부분과 같다. 그리고 문의 출입구의 외면에는 북측 성벽의 연장으로 보아야 할 부분이 심하게 붕괴되어 안팎을 연결하는 통로를 굴곡시키고 있는데, 이는 본래 옹성을 형성하고 있던 것임에 틀림없다. 이 문터에는 고구려식의 적와(赤瓦) 파편이 산재해 있다. 이는 다른 문터에서도 마찬가지이다.

성내를 조사하기 위해 다시 남문으로 돌아가자. 남문의 옹성을 가로질러 성 안으로 들어가면 길은 두 갈래로 나뉜다. 하나는 성 안에서 발하는 계류를 따라가는 것이고 다른 하나는 오른쪽으로 꺾어져서 웅덩이 사이를 지나는 것으로, 모두 성내의 평지로 통한다. 옹성 부근에서는 전혀 성 안을 엿볼 수가 없는데 그것은 두 길 사이에 좁고 긴 대지(臺地)가 있기 때문이다. 대지의 남단이 옹성에 거의 접하며 자연스레 남문 안의 북쪽면을 가로막고 있는 것이다(그림 3 및 도판 18-1 참조).

한편 남문에서 성 안으로 들어가서 오른쪽 웅덩이 길로 3정 남짓 나아가면 왼쪽의 인가와 얼마 떨어지지 않은 곳에 항간에 음마지(飮馬池) 혹은 양어지(養魚池)라고 불리는 작은 연못이 있다(그림 3 및 도판 제19). 이는 저수지의 흔적에 다름아닌 것으로, 만주 및 조선의 커다란 고성에서는 거의 항상 보이는 것이다. 음마지의 배후에 한단 높은 언덕은 남문의 옹성에 접하는 성 안 대지의 가장 높은 부분이다(그림 3 A점). 언덕의 남단에는 직경 십 수 간, 높이 20척 정도의 원추 모양의 석퇴(石堆)가 있다(그림 7 및 도판 20-1). 항간에서는 점장대

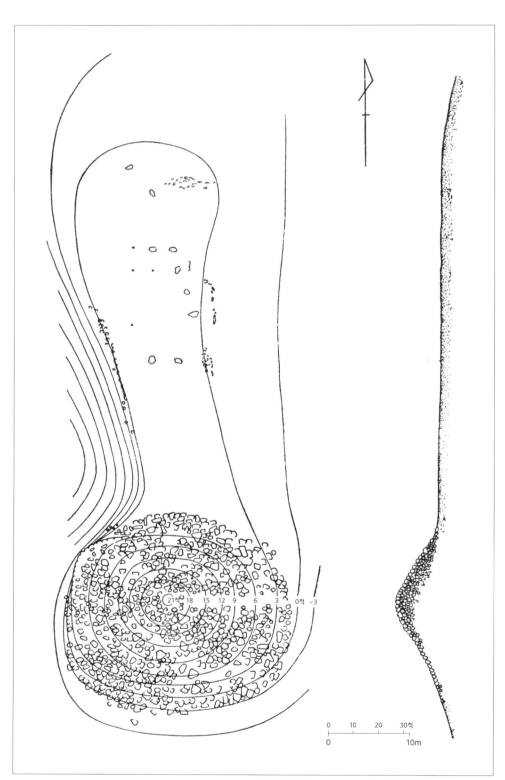

그림 7. 산성자산성 내부 점장대 실측도

(點將臺)라고 하는데, 그 정상에 서면 널리 북, 동, 서 3면에 펼쳐져 있는 이 성의 내부는 물론 남쪽으로는 남문의 전면에 흐르는 계아강의 계곡을 강어귀 부근에 이르기까지 모두 두 눈 속에 담을 수 있다(도판 제16-2). 분명 전망대의 유적일 것이다. 또 점장대에 속하는 북쪽 언덕은, 그 서쪽에 성 안에서 발한 계류를 끼고 있고 계류가 떨어지는 벼랑에는 석담이 직립해 있어 아래에서 올라갈 수 없게 되어 있다. 언덕의 윗면은 동서 폭 5~6간, 남북의 길이 7~8간 정도로, 현재는 밭이 되어 있다. 하지만 원위치에서 이동한 초석이 7~8개 남아있고 또 적색의 와편이 무수하게 산포되어 있으므로(그림 7 및 도판 20) 이도 전망대였던 점장대와 밀접한 관계가 있었던 건물의 유적일 것이다.

성내에는 또 다른 뚜렷한 유적이 있다. 즉 점장대의 동북쪽으로 4~5정 지점, 성의 동벽에 이어지는 경사면 중턱에 상당히 넓은 면적을 차지하는 전후 2단의 평지가 있는데 와편이 산포된 사이로 크고 작은

허다한 초석이 잔존한다(그림 3 B점, 도판 21-1). 이는 그 배열 상태로 미루어 궁전이라고 할 만한 건물의 유적지이다. 전단(하단)의 앞 저지대에는 점장대 아래에서 본 것과 같은 저수지도 있다(도판 21-2). 전단 유적 중앙부의 초석은 거대하며 그 수가 20개 남짓이다. 좌우에 나열되어 있는 것은 비교적 작지만 수는 더욱 많다. 대개 중앙을 정전(正殿)으로 하여 좌우에 익무(翼廡)를 설치한 건물이 있었을 것이다. 후단(상단)에도 이와 병행하여 여러 줄의 초석이 가로로 길게 나열되어 있다. 이도 궁전의 일부를 구성한 건물의 흔적일 것이다. 다만 조사 당시 시간의 여유가 없어 이러한 뚜렷한 유적을 실측하지 못한 것은 유감으로 생각한다.

1935년에 이 산성을 조사한 우리 일행은 점장대 아래에 거주하는 토착민으로부터 그들이 채집해 둔 몇 가지 고와(古瓦)를 구입할 수 있었다(도판 22). 이들은 모두 고구려 시대의 유물로서 의심의 여지가 없는 것으로, 그중에는 이제까지 발견되지 않았던 진귀한 것도 있었다. 아마 성 안 궁전 터에서 얻어진 것일 것이다. 산성 남벽의 전망대터와 동벽 및 북벽의 여러 문터, 그리고 성 안의 2개소 유적에 와편이 산포되어 있었다는 것은 이미 서술한 바와 같지만 모두 고구려 와편이 아닌 것이 없다. 이리하여 산성자산성은 이제까지 일반적으로 인정되고 있는 바와 같이 명백히 고구려 시대의 고성이다.

계아강 하류의 평지에 존재하는 통구성이 환도라고 불린 고구려 국도의 왕성 유적지이리라는 것은 앞에서 서술했다. 한편 이 강 중류의 북쪽에 위치한 산성자산성은 교모하게 천연의 험지를 이용한 요해지의 견고한 성으로, 이 또한 고구려 시대의 것이다. 그렇다면 이 두 성의 관계를 어떻게 보아야 할 것인가. 세키노는 국내성 및 환도성의 위치를 고찰한 논문에서, 통구성은 왕궁과 관아 등이 있었던 국내성의 중추이고, 산성자산성은 평소에는 무기와 양식을 저축하였다가 적이 오면 근거지로 삼아 지키는 곳이라고 하였다. 평양의 동북에 존재하는 고구려 유적인 안학궁(安鶴宮) 터와 대성산(大城山) 산성과 같이 서로 밀접한 관계를 지니는 것이라고 본 것이다.[4] 다만 그는 '국내 환도 별소설'을 주장하고 또 고구려의 유리왕이 도읍을 국내 지역에 옮겨서 위나암성(尉那巖城)을 지었다고 하는 『삼국사기』 기술을 역사적 사실로 인정하여 그대로 신용했다. 이는 동의하기 어렵지만 통구성과 산성자산성의 관계를 그와 같이 보는 것은 지극히 온당하다. 따라서 이를 '환도 국내 동소설'에 적용하면 통구성은 왕성으로서의 환도성 즉 국내성이고, 산성자산성은 주로 전시 용도로 만들어진 부속 산성이 아닐 수 없다. 문헌상에도 역시 그 취지가 명백하게 나타나 있다. 즉 『위지』 권30 〈고구려전〉의 첫머리에 "환도 아래에 도읍하였다(都與丸都之下)"라고 되어 있는 것은 평지에 있는 통구성을 의미하고, 같은 책 권28 〈관구검전〉에 "검이 말을 묶고 수레를 매달아 환도에 올라가서 구려의 도읍지를 도륙했다(儉, 遂束馬縣車, 以登丸都,[5] 屠句麗所都)"라고 한 환도는 주로 산성자산성을 가리키는 것일 터이다.

4) 關野貞, 「國內城及丸都城の位置」 『史學雜誌』 第25編 第11號, 1914.11.
5) 『북사(北史)』 권94 〈고구려전〉에는 "환도산에 올라가서(登丸都山)"라고 기록되어 있다.

여기서 환도성의 위치와 유명한 관구검기공비(毌丘儉紀功碑) 출토지의 관계에 대해 조금 언급해 두고자 한다. 1905년 6월, 당시의 봉천성 동변도(東邊道) 집안현의 관내인 판석령(板石嶺, 판차령板岔嶺)에서 비석의 단편이 발견되었다. 때문에 1900년대 말 환도성의 소재에 관한 논의 중에 이를 판석령 부근으로 비정하고자 하는 설이 나타났고, 또 이에 찬성하는 논자도 있었다. 세키노는 실지 답사를 통해 이를 명확히 하기 위해 1913년의 통구 지방 조사 때에 동행한 다니이 사이이치(谷井濟一) 및 이마니시 류(今西龍)로 하여금 일을 담당하게 하였다. 이듬해 발표된 바에 의하면 두 사람의 보고는 다음과 같았다고 한다.[6]

　　마선구(痲線溝)를 2리 정도 계류를 따라 올라가면 길이 두 개로 갈라진다. 우측으로 가면 10정 정도 되어 길이 다시 갈라진다. 오른쪽은 통화로 가는 본길이고, 왼쪽은 대판차령(大板岔嶺)을 거쳐 회인에 이르는 것이다. 왼쪽 길로 나아가면 골짜기가 좁아서 길이 매우 험하다. 약 3리로 소판차령(小板岔嶺)의 기슭에 이른다. 이로부터 급경사의 비탈길을 올라가서 고개 정상에 도착한다. 정상의 오른쪽 약 2정 정도 지점에 옛 길이 있다. 도로를 수축할 때 이 고개의 석퇴 속에서 비석 단편이 발견되어 집안지현(輯安知縣) 오광국(吳光國)에게 보냈다. 이것이 관구검의 기공비이다. 이후 오광국이 10인 정도의 인부를 써서 이 퇴석을 하나하나 검토하며 찾았지만 끝내 다른 단편을 발견하지 못했다고 한다. 이 지점은 통구에서 직선 거리가 서북쪽으로 약 6리 정도이고, 해발이 매우 높고 전망이 광활하여 멀리 조선의 낭림산(狼林山)을 바라볼 수 있다.

　스스로 조사하지 않았던 세키노는 다니이와 이마니시 두 사람의 보고를 지도에 비추어 고찰하고, 소판차령의 주위는 높고 험한 산악이 중첩되어 도저히 도성을 쌓을 만한 땅이 아니므로 이를 환도성으로 비정하는 것은 부당하다고 단정하였다.[7] 이에는 본디 이론이 없는 바이다. 『위지』〈관구검전〉 및 『북사(北史)』 권94 〈고려전〉에 의하면, 위의 정시(正始) 5년(244)에 고구려를 친 관구검은 현토군(玄菟郡)을 출발하여 고구려왕 위궁(位宮; 줄여서 궁이라고 함)이 거느린 군사와 비류수에서 만나 양구(梁口)라는 지역에서 싸워서 위궁을 패주시켰다고 한다. 당시의 현토군치는 지금의 봉천 부근이므로 관구검은 혼하(渾河)의 한 지류인 소자하(蘇子河)를 따라 흥경노성(興京老城) 부근(삼국 이전 옛 현토군의 치소)에 이르러, 분수산맥(分水山脈)을 동으로 넘어서 혼강(동가강) 유역으로 나아갔음에 틀림없다. 혼강은

6) 關野貞, 「國內城及丸都城の位置」, 앞의 글.
7) 위의 글.

그림 8. 관구검기공비 단편

즉 옛 비류수이다. 생각건대 검의 군대와 만나 싸운 위궁은 처음에 환도성에서 나와서 양구의 패전 후 환도성으로 퇴각해 돌아갔을 것이다.

그런데 환도성이 존재하는 통구 평야는 평야의 서쪽 끝에서 압록강으로 유입되는 마선구, 이 강과 분수령을 사이에 두고 그 반대의 방향으로 흐르는 신개하(新開河), 그리고 부이강(富爾江) 어귀에서 혼강으로 모이는 부이강, 이 세 물의 계곡을 차례로 서북쪽으로 따라가며 흥경, 봉천과 연결된다. 따라서 비류수(혼강)의 위쪽 땅이어야 할 양구는 부이강 어귀 혹은 그 부근일 것이라고 생각된다. 또 신개하와 마선구를 나누는 분수산맥의 고개는 소판차령이다. 즉 부이강 어귀에서 신개하를 따라 동남으로 나아가 소판차령을 넘으면 마선구 계곡이 나오는 것이다. 그런데 『북사』〈고려전〉을 보면 『위지』〈관구검전〉과 거의 같은 내용에 양구의 전투 이후 검이 궁을 쫓아서 혁현(覩峴)에 이르렀다고 하는 사실이 덧붙여져 있다. 『통전』 권186 및 『문헌통고(文獻通考)』 권325에도 같은 구절이 있는데 覩을 賾으로 쓰고 있다. 賾은 賾의 속자인데 『북사』의 覩峴은 賾峴의 잘못일 것이다. 즉 『북사』의 기사로 알 수 있는 사실은 양구에서 위궁을 추격한 관구검이 환도성에 공격해 들어가기에 앞서 고개를 넘었다는 것이다. 때문에 나는 혁현(賾峴)을 소판차령으로 추론해도 좋다고 생각한다.

이와 같이 현토군에서 출정한 무구검은 이를 맞아 공격하고자 한 고구려왕 위궁의 군사를 부이강 어귀 부근(양구)에서 패퇴시키고, 그 뒤를 쫓아 소판차령의 험지(혁현)을 넘어, 통구의 왕도로 닥쳐와서 마침내 궁이 지키고 있던 산성자산성을 공격하여 함락시켰을 것이다. 다만 검은 산성자산성을 공격하기에 앞서 분명 왕도인 환도성을 잔혹하게 파괴했음에 틀림없다. 관구검전의 "관구검이 말을 묶고 수레를 매달아 환도에 올라가서 구려의 도읍지를 도륙했다"라는 구절 속에는 그 의미도 포함되어 있는 것으로 보아도 지장이 없을 것이다. 이리하여 검은 정시 5년의 제1회 정벌을 끝냈는데, 돌아오는 길에 다시 소판차령을 지나게 되자 전망이 광활한 이 고개에 그들의 기공비를 세운 것이리라.

환도 공격 당시 관구검의 행동을 통구 성의 위치 및 산성자산성의 현상으로 추론하면, 검은 환도의 왕성(통구성)을 침략한 후, 계아강의 서쪽 기슭을 따라 거슬러 올라가서 그 막다른 곳의 성벽을 부수고 이 성을 함락했을 것이다. 성이 함락된 후 위궁의 동정은 관구검전에 "궁이 홀로 처자를 데리고 도망했다(宮單將妻子逃竄)"라고 기록되어 있을 뿐이지만, 아마 그들은 남문을 통해 성 밖으로 도주하여 계아강 상류에 연한 통로를 경유하여 난을 면한 것이라고 생각된다.

# 3. 광개토왕비

광개토왕은 고구려가 환도를 수도로 했던 시대의 마지막 왕이다. 거비의 주인공으로서 보통 호태왕이라는 이름으로 알려져 있는데 이는 왕의 시호의 일부로, 완전한 시호는 '국강상광개토경평안호태왕(國岡上廣開土境平安好太王)'이다. 또 재위 동안 영락(永樂)의 연호를 사용하였으므로 영락태왕이라고도 한다. 왕이 훙서한 다음다음 해인 갑인년(東晉 安帝 義熙10년, 414년), 다음 왕인 장수왕은 대행왕을 산릉에 장사지냈다. 그리하여 그곳에 비를 세우고 왕의 훈적을 새겨서 후세에 전하고자 했다. 즉 현재 통구성의 동쪽 동강(東崗)의 평지에 서있는 거비이다(도판 23, 24).

통구 평야에 있어서 거비의 존재는 일찍부터 명대(明代)를 통하여 당시의 조선인 사이에 알려져 있었다. 즉 『용비어천가』 제39장의 주해에 "평안도 강계부 서쪽 강(압록강) 건너 140리에 큰 들이 있는데, 가운데에 대금황제성이라 칭하는 고성이 있고 성 북쪽 7리에 비가 있으며 또 그 북쪽에 석릉 2개가 있다"라고 되어 있고, 이수광의 『지봉유설』 권19에는 "만포 건너편에 큰 무덤이 있는데, 황제의 무덤이라고 전해 온다. …… 심언광이 만포로 가는 길에 황제묘를 바라보면서 '완안의 옛 나라에 황폐한 성이 있고 황제의 옛 무덤에 큰 비석이 있네'라고 읊은 시가 바로 이것이다"라고 했다.[8] 전자는 명 초기에 속하고 후자는 명 말에 속한다. 하지만 명대의 조선인이 비의 존재를 알고 있었다 해도 그것은 그저 단순히 알고 있었던 것일 뿐이다. 즉 비면의 문자 등에는 전혀 무관심하여 막연히 이를 금대의 제왕이 남긴 것이라고 생각하고 있었던 것이다. 청조 시대에는 강희(康熙), 건륭(乾隆) 이후 고증학의 부흥과 함께 금석학의 창성이 극에 달했는데 그 학풍은 반도에도 또한 영향을 주었다. 그런데 이 비가 조선의 김재로(金在魯)나 김정희(金正喜), 청조에서는 유희해(劉喜海) 등과 같은 반도 관계 금석문 수집가와 연구자의 탐방에서 빠진 것은 주로 봉금제 때문일 것이다. 김재로(호는 청사晴沙 또는 허주자虛舟子)는 이씨 조선 영조 때의 사람으로, 『금석록(金石錄)』을 편찬했으며, 김정희(호는 완당阮堂 또는 추사秋史)는 순조 때의 금석 대가로서 특히 고명하며 그 저서에 『금석과안록(金石過眼錄)』이 있다. 유희해(자는 연정燕庭)가 『해동금석원(海東金石苑)』 및 『해동금석존고(海東金石存攷)』의 찬자임은 말할 것도 없다.

광개토왕비의 탁본이 처음으로 일본에 들어온 것은 1984년이다. 스가 마사토모의 「고려 호태왕비명고」[9]에, "1984년 모씨가 청국에 가는 기회에 그 땅에 이르러 탁본을 구해서 돌아왔다"라고 되어 있고,

---

8) 본서 p.27 주4 참조.
9) 菅政友, 「高麗好太王碑銘考」 『史學雜誌』 第22號, 1891.9.

나카 미치요가 「고구려 고비고」[10]에서 말한 바도 마찬가지이다. 나카는 일본인 모 씨가 이를 가지고 온 유래를 명확히 하기 위해 요코이 다다나오의 「고구려비 출토기」 전문을 인용했다. 요코이의 글은 1989년 6월 아세아협회가 발행하는 『회여록』 제5집에 게재된 것인데, 그 속에 다음과 같이 서술되어 있다.

> 비는 청나라 성경성(盛京省) 회인현(懷仁縣)에 있는데 그 지역은 동구(洞溝)라 부르며 압록강 북쪽에 있다……현지인들의 말에 근거하면 이 비는 예전에는 흙 속에 매몰되어 있었는데 300여 년 전에 처음으로 점점 드러나기 시작하였다. 작년에 어떤 사람이 천진에서 기술자 4명을 고용하여 여기에 와서 파내어 씻고 닦았다. 2년의 공력을 들여 겨우 조금 읽을 수 있게 되었으나 오랫동안 계류에 씻긴 탓에 결손된 곳이 매우 많았다. 처음 파냈을 때 4척 남짓에 이르렀는데 그 문장을 보고 비로소 그것이 고구려의 비라는 것을 알게 되었다. 이에 사방에 받침대를 세우고 기술자로 하여금 털어내고 탁본하게 하였다. 하지만 비 표면의 요철이 고르지 않아 큰 종이로 한번에 시공할 수 없어 부득이 1척 정도의 종이를 사용하여 차례차례 탁본해야 했다. 따라서 만드는 비용은 많이 들고 성공한 것은 적어 지금에 이르러서 겨우 2폭을 얻었다고 한다. 일본인 모씨가 이 지역에 여행와서 그 하나를 얻고자 노력하여 가지고 돌아갔다.[11]

미야케 요네키치의 「고려 고비고」[12]에 의하면, 탁본을 가져온 일본인 모 씨는 당시의 육군 포병대위였던 사코(酒勾)이다. 이후 1915년 나카의 유고가 편찬되기에 이르러 제35장에 〈외교역사(外交繹史)〉로 「고구려 고비고」가 수록될 때, 『사학잡지』 게재 당시 '황국인(皇國人) 모 씨'라고 했던 것이 '육군 포병대위 사코'라고 수정되었다. 또 지난 1918년 육군 중장 오시가미 모리조(押上森藏)가 일본 역사지리학회의 강연회 석상에서 그 사코의 이름이 가게아키(景明)라는 것을 밝혔다.[13] 비석의 발견에 관한 유력한 문헌으로서 일본 학계에서 중시되었을 뿐 아니라 중국에서도 상당한 주목을 끈 요코이의 「고구려비 출토기」는 탁본을 가지고 온 사코 가게아키의 견문담을 기록한 것이다.

한편 1898년 주로 요코이의 글에 의거하여 비석 발견의 유래를 설명한 미야케는 탁본 전래자의 신분과 성을 병기하였을 뿐 아니라, 요코이가 "작년에 어떤 사람이 천진에서 기술자 4명을 고용하여 여기

10) 那珂通世, 「高句麗古碑考」 『史學雜誌』 第47號, 1893.10.
11) 橫井忠直, 「高句麗碑出土記」 『會餘錄』 第5集, 亞細亞協會, 1889.6.
12) 三宅米吉, 「高麗古碑考」 『考古學會雜誌』 第2編 第1號, 1898.1, p.8.
13) 押上森藏, 「彙報欄 講演會記事」 『史學雜誌』 第32卷 第5號, 1898.11.

에 와서 파내어서 씻고 닦았다"고 한 것에 대해 "1882년, 성경(盛京)장군 좌(左)씨가 공인 4명을 천진에서 불러서 이를 취합하여 본뜬 일이 있었는데, 이때 비의 주변을 4척 정도 파내어 비로소 비문의 하단에 달했다"[14]고 상술하였다. 즉 요코이가 말한 '작년'을 1882년으로, 천진에서 기술자를 고용해 와서 비문을 탁출(拓出)한 자를 성경장군 좌씨라고 하였다. 이는 제국박물관 소장 「고려고비의 유래(高麗古碑本來由)」라는 출토기 이외의 기록을 참고한 것인데, 그 기록이 근거하는 바도 역시 사코의 담화일 것이다. 하지만 근거한 바가 무엇이든, 1982년에 해당하는 광서 8년이나 그 전후에도 좌씨 성의 사람이 성경장군이 되었던 일은 없으므로 이에 대해서는 쉽사리 믿기 어렵다. 이후에 같은 사실을 설명한 것들 중에 좌씨를 좌종당(左宗棠)이라고 한 것이 있는데,[15] 이는 1881년 9월에서 1884년 정월까지 양강(兩江) 총독의 임무에 있었던 좌종당[16]을 성경장군으로 보았다는 점에서 매우 허황하다고 할 수 있다. 1881년 7월부터 1883년 12월까지의 성경장군은 숭기(崇綺)이다.[17] 요코이의 출토기에서 본디 흙 속에 매몰되어 있었던 이 비석이 3백년 전부터 조금씩 나타나기 시작했다고 하고, 또 오랫동안 계류에 씻겨 결손된 곳이 많다고 한 점도 또한 심히 의심스럽다. 비석의 소재지에 대한 정확한 지식을 지닌 자라면 부근의 지형으로 판단하여 반드시 이를 부인할 것이다.

그런데 문제는 1884년 이 비의 탁본이 사코 대위에 의해 일본에 들어오기 이전, 비석 그 자체가 그곳에서 언제 어떻게 발견되었는가 하는 점이다. 단 이 발견이라는 것은 단순히 그 존재가 알려졌다는 것이 아니고 고구려 시대의 진귀한 고비로서 비로소 식자의 주목을 끈 것을 의미한다. 먼저 유승간(劉承幹)의 『해동금석원보유(海東金石苑補遺)』[18] 권1에는 북경에 비의 탁본이 최초로 전해진 상황에 대해 "이 비석은 동치 연간 말기에 처음으로 북경에 전해져 들어왔는데 오현 출신인 반문근공(조음)이 먼저 이를 얻었다. 조선 기술자들이 탁본 뜨기에 능숙하지 않아 단지 돌의 윤곽선만으로 억지로 겨우 글자를 알아볼 수 있을 따름이었다(此碑同治末年, 始傳入京師, 吳縣潘文勤公(祖蔭) 先得之, 海東工人不善拓墨, 但就石勾勒才可辨字而己)"라고 서술되어 있다. 이에 의하면 비석의 발견은 동치 말년이나 혹은 약간 이전이라는 것이 된다. 같은 사실은 엽창치(葉昌熾, 자는 국상鞠裳)의 『어석(語石)』[19]에 보다 상세하게 기록되어 있다. 하지만 거론되어 있는 연차는 완전히 다르다. 즉 권2 〈봉천일칙(奉天一則)〉 조항에 의하면 다음과 같다.

---

14) 三宅米吉, 앞의 글, pp.7~8.

15) 『高勾麗永樂大王古碑』, 편자불명 소책자, 1908.

16) 『清史稿』 疆臣年表 第12.

17) 위의 책.

18) 1922년 6월 간행.

19) 1901년의 자서(自序)가 있다. 1909년 3월 간행.

고구려 호태왕비는 봉천 회인현 동쪽 390리에 위치한 통구 입구에 있다. 높이는 3장 남짓이며 문장이 사면을 둘러서 새겨져 있고 대략 평백제비와 같다. 광서 6년 변경 백성들이 산의 나무를 베어내고 처음으로 얻었다. 궁핍한 변경에 종이가 없어 현지인 들은 1척의 가죽종이에 석탄을 갠 물로 두드려 탁본하였다. 이끼가 침식하여 그 패인 곳에는 탁본하는 자가 자기 생각대로 묘사하여 때때로 참됨을 상실하였다. 을유년(광 서11, 1885년) 중강의 이미생(홍예)가 2본을 얻어 그 하나를 반문근 선생(반조음)에 게 증정하였는데 모두 34장이었다. 나에게 문장의 교정과 해석을 부탁하여 열흘 동 안 온 힘을 쏟았으나 연결할 수 없었다.

高句麗好太王碑, 在奉天懷仁縣東三百九十里通溝口, 高三丈餘, 其文四面環刻, 略 如平百濟碑, 光緒六年邊民斬山刊木, 始得之, 窮邊無紙, 土人以經尺皮紙, 搗煤汁 拓之, 苔蘚封蝕, 其坳垤之處, 拓者又以一意描寫, 往往失眞, 乙酉年(光緒十一)中 江李眉生丈(鴻裔)得兩本, 以其一贈潘文勤師(潘祖蔭), 共三十四紙, 屬余爲排比攷 釋致, 竭旬日之力, 未能聯綴.


즉 비석의 발견 연도는 1880년(광서6)이고, 반조음이 탁본을 손에 넣은 해는 1885년(광서11) 을유 년으로 되어 있다. 또 김육불의 『요동문헌징략(遼東文獻徵略)』 권3에는 엽창치의 『어석』 외에 이 문제 의 고찰에 바탕으로 삼을 만한 두세 가지 문헌이 수록되어 있다. 첫째 담국환(談國桓, 자는 철황鐵隍)의 「수찰(手札)」, 둘째 고섭광(顧燮光, 자는 정매鼎梅)의 『몽벽락석언(夢碧簃石言)』, 셋째 장연후(張延厚, 자는 백미白未)의 「발어(跋語)」이다. 담국환이 설명한 발견의 유래는 매우 상세하다.


최근 고구려 호태왕비를 발견하였는데 상태가 그리 나쁘지 않으니, 광서 초기 탁본한 것이 있습니다. 이 비의 최초의 역사에 대해 제가 아는 것이 있어 감히 주변 사람들에 게 고하니 참고하시기 바랍니다. 봉천 회인현을 설치할 당시에 처음 수령으로 뽑힌 사람은 장월로 자가 유초입니다. 휘하에 관월산이라는 자가 금석에 관심이 있어 공무 중 틈틈이 여러 들판을 돌아다니다가 수풀이 우거진 황량한 곳에서 이 비를 발견하였 습니다. 미친 듯이 기뻐하여 손수 몇 글자를 탁본하여 같은 취미를 가진 인사들에게 나누어 주었습니다. 제가 어렸을 때에 이미 그것을 보았는데 글자가 제법 정교하였습 니다. 당시에는 전체 탁본이 없었습니다. 비의 높이는 2장이 넘고 너비는 6척이 넘어 서 층층으로 축대를 쌓지 않고서는 작업을 할 수가 없었으며, 바람이 불거나 햇볕이 쪼이면 더욱이 착수하기가 어려웠습니다.

近得高勾麗好大王碑, 尙不惡, 當在光緒初葉時所拓, 此碑最初歷史, 弟有所知, 敢 貢左右, 藉備參攷, 奉天懷仁縣設治之時, 首膺其選者, 爲章君樾字幼樵, 幕中關君

月山癖於金石, 公餘訪諸, 野獲此碑於荒煙蔓草中, 喜欲狂, 手拓數字, 分贈同好,
弟鬐年, 已及見之, 字頗精整, 當時並未有全塌本, 以碑高二丈餘寛六尺强, 非築層
疊, 不能從事, 而風日之下, 更不易措手也.

즉 광서 초기 회인현 설치 때 처음으로 그 요직을 맡은 자가 장월(章樾)이었는데, 장씨의 휘하에 금석을 애호하는 관월산(關月山)이라는 사람이 있어 종래 알려지지 않았던 이 비를 황폐한 수풀 속에서 발견했다는 것이다. 한편 고섭광의 『몽벽락석언』에는 다음과 같이 나온다.

봉천 사람 대규보(유침)가 나에게 말하기를, 호태왕비는 봉천성 집안현 동문 밖 10리, 장군묘 남쪽 1리 쯤에 있다고 하였다. 광서 원년(엽창치의 『어석』에는 6년)에 동쪽 변경의 황무지를 개간하면서 처음으로 발견하였는데, 비의 표면에 이끼가 무성하게 덮여 제거하기가 극도로 어려웠다. 현지인들이 비의 표면에 똥을 바르고 마르기를 기다렸다가 불을 놓아 태워서 이끼를 제거했지만 비에 균열이 생겼다.
戴君葵甫(名裕忱, 奉天人)爲余言, 好太王碑(原註略), 在奉天省輯安縣(原註略), 東
門外十里, 將軍墓(原註略)南里許, 光緒元年開墾東荒地始發見, 碑面爲蒼苔漫沒,
剔除極難, 士人以糞塗碑面, 俟乾縱火焚之, 蒼苔去而碑裂矣.

설명이 매우 간략하지만 발견의 유래와 연대가 담국환의 말과 거의 일치하고 있다. 회인현의 설치에 대해서는 『집안현지』 권2에 다음과 같이 설명되어 있다.

청나라 초기에 압록강 이북은 모두 우리 영토였다. 그러나 변방에 담을 설치하여 이 땅이 변방의 담 밖에 있게 되면서 국경선이 만들어졌으므로, 백성들이 넘어가서 개간하거나 곡식을 심을 수 없게 되었다. 대게 장백 일대부터가 곧 만청의 발상지이다. 몰래 넘어가려는 자는 변방을 범한 것으로 논해졌는데, 오래되어 법망이 점차 느슨해져서 몰래 넘어가 사사로이 개간을 하는 자들이 날로 많아졌다. 율령은 비록 엄하였으나 법이 대중에 미치지 못하였다. 광서 2년에 성경장군인 숭실이 바로잡을 것을 아뢰어, 동쪽 변방의 황무지를 개간하고 현의 치소를 건설하였다. 노령 남쪽과 북쪽에 통화현과 회인현(뒤에 환인현으로 고침) 2현을 설치하였다.
清初, 鴨綠江以北盡隷版圖, 然設有邊墻, 此地在邊墻之外, 劃爲荒徼, 人民不得越
邊墾植, 蓋自長白一帶, 乃滿清發祥之地, 有偷渡者, 以邊犯論, 久則法網漸疏, 偷
渡私墾者日多, 律令雖嚴, 而法不及衆, 光緒二年, 盛京將軍崇實奏准, 開墾東邊荒
地, 建設縣治, 老嶺南北, 設通化·懷仁(後改 桓仁)二縣

청 초기 이래 봉금제에 의해 변계의 금지된 땅(이른바 구탈甌脫)의 일부가 되어 있던 압록강의 북변 땅에 처음으로 통화와 회인 두 현이 놓인 것은 광서 2년이다. 그것은 당시의 성경장군 숭실(崇實, 자는 박산樸山)의 건의에 근거한 것이었다. 그렇다면 앞에서 기술한 담국환의 「수찰」에서 말한 장월은 숭실의 명을 받아 회인현 설치의 일을 맡았던 것일텐데, 그때 장씨의 휘하에 있었던 금석 애호가 관월산의 탐방에 의해 광개토왕비가 발견되었다고 하는 것은 참으로 있을 법한 일로서 의심하려고 해도 할 수가 없다. 비석 발견의 유래가 이와 같았다고 한다면 유씨의 『해동금석원보유』에서 "이 비석은 동치(同治) 연간 말기에 처음으로 북경에 전해져 들어왔는데 오현(吳縣) 출신인 반문근공(조음)이 먼저 이를 얻었다"고 한 것은, 『요동문헌징략』이 인용한 장연후의 「발어」에 "이 비는 봉천성 집안현 압록강변에 있는데 역대 금석가가 일찍이 탁본한 적이 없었다. 광서 초에 오현의 상서 반정암(반조음)이 처음으로 찾아가서 이를 얻었다(此碑在奉天省輯安縣鴨綠江濱, 歷代金石家未有箸錄, 勝淸光緒初, 吳縣潘鄭盦尙書始訪得之)"라고 기록된 것에 의해 시정되어야 한다. 즉 전자의 '동치 말년'은 오류이고, 후자에 '광서 초'라고 한 것이 올바른 것이다. 따라서 엽창치가 『어석』에서 "광서 6년에 변경 백성들이 산의 나무를 베어내고 처음으로 얻었다. ……을유년(광서11, 1885년)에 중강의 이미생(홍예)이 2본을 얻어 그 하나를 반문근 선생(반조음)에게 증정하였다"고 한 것은, 전해들은 것 혹은 기억의 착오로서 배제하지 않으면 안 된다. 고섭광이 『석언』에서 광서 원년 발견이라고 한 것도 섣불리 따르기 어렵다. 아마 회인현 설치 해인 1876년(광서 2)일 것이다.

비석을 발견한 관월산은 직접 몇 글자를 본떠서 동호의 문사에게 나누어 주었지만 전체 탁본을 만들지는 않았다고 한다. 이윽고 반조음이 북경에서 비로소 한 장을 손에 넣었는데 이것이 엽창치가 『어석』에 "을유년에 중강의 이미생(홍예)이 2본을 얻어 그 하나를 반문근 선생(반조음)에게 증정하였는데 모두 34장이었다. 나에게 문장의 해석을 부탁하였는데 열흘 동안 온 힘을 쏟았지만 연결할 수 없었다"고 기록한 바와 같이, 이홍예(자는 미생)로부터 받았다고 하는 그 탁본이 틀림없을 것이다. 다만 이홍예가 어떻게 2장을 얻었는지는 알 도리가 없다. 또 그 해가 광서 11년 을유년(1885)이라는 것은 오류이고, 아마 광서 2, 3년 무렵일 것이다. 장연후의 「발어」에는 다음과 같이 나와 있다.

> 광서 초기에 오현의 상서 반정암이 처음으로 찾아가서 이를 얻었다. 북경의 이대룡에게 명하여 양식을 준비해 가서 탁본을 하게 하였는데, 두루 험난한 과정을 거쳐 50본을 얻었다. 그 당시 귀족들이 다투어 서로 사들이고 탐하였으므로, 대룡이 대단히 다시금 가고 싶어 하였으나 길이 멀고 일이 컸기 때문에 그만두었다. 때문에 전해지는 것이 나날이 줄어들었다. 남쪽 지방에서 일삼기를 좋아하는 자들이 쌍구침목으로 전하기에 이르렀으니, 그 묵본이 희귀해진 까닭을 알 수 있다.
> 光緒初, 吳縣潘鄭盦尙書始訪得之, 命京師李大龍, 裹粮往拓, 歷盡艱險, 得五十本, 一時貴游争相購觅, 龍顏頗欲再往, 以道遠工巨而止, 因是流傳日寡, 南中好事者,

至雙句錄木以傳,[20] 其墨本之稀, 有可知矣.

또한 엽창치의 『어석』을 보면, 위에 인용한 글에 이어서 다음과 같이 설명한다.

그 뒤에 비석 거래인 이운종이 식량을 준비하여 종이와 먹을 가지고 수천 리 길을 갔
는데 두 번 다녀온 뒤에야 비로소 정밀한 탁본을 얻게 되었다. 석재의 질이 거친데다
가 또 들불에 타다 보니 지금은 이미 점차 깎여서 훼손되었다고 하였다.
其後碑估李雲從, 裹粮挾紙墨, 跋涉数千里, 再往返, 始得精拓本, 聞石質麤駿, 又
經野燒, 今己漸剝損矣.

한편 마찬가지로 앞에 인용한 『해동금석원보유』의 뒷부분은 다음과 같다.

광서 15년(기축년)에 종실의 좨주 백희(성욱)이 비로소 재물을 모아 창사의 비석 거래
인 이운종에게 명하여 식량을 준비해 가서 탁본을 하게 하였는데, 이때부터 점차 널
리 전해지게 되었다.
光緖己丑(十五年), 宗室伯義祭酒(盛昱)始集資, 令廠肆碑估李雲從裹粮往拓, 于是
流傳稍廣.

이들을 참고하면, 청의 종실 가운데 학인으로 유명한 국자감 좨주 성욱(盛昱, 자는 백희伯義)는 북
경 유리창(琉璃廠)의 비석 거래인인 이운종(李雲從)으로 하여금 충분히 준비하여 가서 "이때부터 점차
널리 전해지게 되었다"라고 말해질 정도로 다수의 정밀한 탁본을 만들게 한 것으로, 그 해는 광서 15년
기축년(1889)이었던 것이다. 거슬러 올라가 2년 전인 광서 13년(1887)에는 그 연간의 일로서 담국환의
「수찰」에 "학사 양용 포신은 광동의 무명현 사람인데, 이 비(탁본)가 제 아버지에게 있다고 듣고 사람을
구해서 가서 탁본하게 하여 약 6본을 얻었습니다(學使楊蓉浦頤, 廣東之茂名縣入, 聞此碑屬家君, 覓人
往撮, 約得六本)"라고 기록된 6본의 탁출도 있었다. 그보다 1년 전인 1886년 2월, 봉천에서 혼춘(琿春)
으로 가는 길에 철령현을 지나간 오대징(吳大澂)은 일찍이 회인현령이었던 철령현령 진사운(陳士芸, 자
는 학주鶴舟)로부터 탁본 1통을 받았다. 그는 당시의 여행기 『황화기정(皇華紀程)』[21]에 그 일을 서술했

........................................

20) 이는 김육불이 지적한 바와 같이, 1909년 양수경(楊守敬)이 간행한 쌍구본(雙鉤本) 『고려호태왕비(高麗好太
王碑)』를 가리키는 것이다.
21) 吳大澂, 『皇華紀程』東北叢刊 第14期, 1930.2.

는데, 그 탁본에 대해서 "글자가 많이 선명하였는데 문리가 매우 연결되지 않았다. 대개 묵수곽전지본으로 반백인 선생(반조음)이 소장한 탁본과 종이와 먹이 동일한 것이다. 안타깝게도 좋은 기술자를 구하지 못해 한 번 가서 탁본하지 못했다(字多淸朗, 文理不甚貫, 蓋以墨水廓塡之本, 與潘伯寅師所藏拓冊, 紙墨皆同, 惜不得良工一往椎拓耳)"라고 하고 있다. 즉 오씨가 얻은 것은 그 해의 새 탁본이 아니고 비석이 발견된 후 오래지 않아 만들어진 조악한 구본의 하나였던 것이리라. 또 거슬러 올라가기를 4년, 1882년에도 한 번의 탁출이 있었던 것은 1903년(광서 29) 장백(長白) 사람 영희(榮禧)가 지은 「고구려 영락태왕묘비 난언(讕言)」이라 제목한 글[22]에 의해 알 수 있다. 실로 영희는 그 당사자였던 것으로, 이 글 속에서 "내가 광서 8년 임오년에 일찍이 산동의 백성 방단산을 고용하여 가서 탁출하였는데 완벽한 것을 얻었다(余於光緒八年壬午, 曾倩山東布衣方丹山往撮, 得獲完壁)"라고 하고 있는데, 광서 8년 임오년은 1882년이다.

한편 요코이가 "작년에 어떤 사람이 천진에서 기술자 4명을 고용하여 여기에 와서 파내어 씻고 닦았는데 2년의 공력을 들여 약간 읽을 수 있게 되었다. ……일본인 모 씨가 이 지역에 몰래 여행와서 그 하나를 얻고자 시도하여 가지고 돌아갔다"라고 하고, 또 미야케가 "1882년, 성경 장군 좌씨가 공인 4명을 천진에서 불러와서 이를 베끼게 한 일이 있고, ……1884년 육군 대위 사코가 이 땅에 이르러 그 한 장을 얻어 가지고 돌아왔다"라고 한 것은 모두 같은 사실을 서술한 것이다. 사코 대위가 탁본을 일본에 가져오기 2년 전인 1882년, 성경장군 좌씨가 탁본은 만들게 했다는 설은 믿을 수 없다는 것은 위에서 말한 바와 같다. 하지만 영희가 정밀한 탁본을 얻기 위해 산동 사람 방단산(方丹山)을 보내어 가서 탁출하게 한 사실이 있고 그것이 마침 1882년이었다고 한다면, 이 두 가지를 엮어서 생각하는 것은 결코 부당하지 않을 것이다. 즉 이 해의 탁출에 관해서 후년(1903) 영희가 스스로 '난언'으로 인정한 바는 본디 올바른 사실에 틀림없고, 그 사실을 잘못 듣고 일본에 전하여 성경장군 좌씨가 천진의 공인을 고용하여 탁본을 만들게한 것처럼 한 것은 당시 마침 그 지역을 유람한 사코일 것이다. 그리고 그가 가지고온 탁본은 방단산이 만든 몇 통의 탁본 중 하나일 것이라고 생각된다. 요코이의 글에서 "파내어 닦고 털어내는 데 2년의 공정이 소요되어 조금 읽을 수 있게 되었다"고 한 것은, 방단산의 탁출 공정이 2년에 걸친 사실과 후단에 따로 서술한 비석 발견 직후의 탁출 사실을 혼동하여 그럴 듯하게 전한 것으로 해석된다. 영희는 방단산이 만든 탁본을 찬미하여 "완벽하게 되었다"고 했는데, 사코가 가지고와서 제실박물관에 소장된 것은 정밀한 탁본이라 칭해도 지장이 없는 것이다. 그러나 요코이의 글에 "지금에 이르러서 겨우 2폭을 얻었다고 한다"라고 되어 있는 것 또한 인정하기 어려운 것이다. 광서 초에 이홍예가 얻은 두 장 중 하나가 반

........................................

22) 이 글은 1908년 간행된 편자 불명의 소책자 『고구려 영락대왕 고비』에 수록되어 있다. 담국환의 「수찰」에 "관찰사 영희가 또한 고찰한 글이 있다(榮觀察禧亦有考訂之文)"라고 한 것과 같은 것임에 틀림없으나 미처 원전을 상세히 보지 못했다.

조음에게 주어진 후, 반조음 스스로 북경 사람 이대룡에게 명하여 50장을 탁출하게 한 것은 위에서 서술한 바와 같고, 그것은 반드시 1882년 이전일 수밖에 없기 때문이다. 즉 위에 전하는 바는 사실을 왜곡한 사코의 공명담일 것이다.

요코이의 출토기에서 알려진 사코의 견문에는 그 자신이 와전했거나 혹은 요코이가 잘못 들은 것으로 인정해야 할 부분이 적지 않다. 장군총의 존재 상태에 대해서 "비의 동쪽에 또 하나의 커다란 고분이 있는데 세간에서 장군총이라고 부른다. 매우 광대하여 그 봉분이 지상에 돌출된 것이 1장 7척, 위에 두 층이 있고 지하에 또 여러 층이 있는지 알 수 없다(碑之東又有一大墳, 俗呼將軍塚, 極廣大, 其墳突出地上者, 一丈七尺, 上有兩層, 地下更不知有幾層)"라고 설명하고 있는 것도 그 한 예라고 할 수 있다. 호태왕비가 오랫동안 계류에 씻겨졌기 때문에 결손된 곳이 매우 많다고 한 것과 마찬가지로 도저히 신용할 수 없다. 만약 1884년경에 7층의 방단(方壇)을 지닌 장군총이 상부의 두 층만 지상에 드러내고 제5층 이하가 지하에 묻혀 있었다고 한다면 그로부터 오늘날에 이르는 사이에 현재와 같이 기저부까지 완전히 노출되는 상당히 큰 토목공사를 일으킨 일이 있었다고 보지 않으면 안 된다. 그런데 그러한 소식을 전하는 문헌은 전혀 존재하지 않을 뿐 아니라 유적의 현상, 특히 주분의 배후에 심하게 무너진 배총군이 남아있는 상태는 단연 이를 부인한다. 이와 같이 사코의 담화나 그를 전한 요코이의 글에는 학술상 유감이라고 할 점이 적지 않지만, 양호한 탁본을 일본에 가지고온 사코의 공적은 당연히 매우 크다. 요코이의 「고구려 고비고」(1888), 스가의 「고려 호태왕비명고」(1891), 나카의 「고구려 고비고」(1893), 미야케의 「고려 고비고」(1898) 등과 같은 여러 연구를 속출시킨 계기와 기운을 연 것은 실로 우리 학계에 대한 그의 공헌이다. 중국에서는 발견 이래 주로 서도 분야에서 애완되었을 뿐 오래도록 연구와 분석이 없었으나, 1900년에 비로소 정문작(鄭文焯, 자는 준신俊臣, 호는 숙문叔問)의 「고려국 영락호태왕비석문 찬고(高麗國永樂好太王碑石文纂攷)」가 세상에 나왔다.

광개토왕비가 존재하는 곳은 동강의 중심 부락이다. 통구 평야를 동서로 관통하는 큰 길은 이 부락을 지나며 북쪽 토구자령으로 통하는 또 다른 길로 갈라지는데, 비는 그 분기점에서 3정 정도 떨어진 통구의 동편에 서 있다(도판 23). 동쪽 저지대에는 압록강으로 유입되는 개울이 있고, 서남쪽으로 약 3정 지점에 있는 장대한 분묘가 태왕릉이다. 비는 거대한 사각 기둥 모양의 자연석에 다소 인공을 가한 것이다(도판 26, 27). 지평면에서 정점에 이르기까지 높이가 20척 3촌이고, 비신(碑身)의 평면은 이지러진 사변형을 이루며 각 변의 넓이에는 부분적 차이가 있다. 기저부에서 측정하면 모서리각은 대체로 방위선과 일치하는데, 네 면에 새겨져 있는 명문의 내용으로 보아 동남을 제1면, 서남을 제2면, 서북을 제3면, 동북을 제4면으로 할 수 있다. 네 변의 폭은 제1면이 5척 1촌, 제2면이 4척 5촌, 제3면이 6척 4촌, 제4면은 4척 9촌이다(그림 9). 네 면의 상부와 하부에는 가로선이 있어 명문의 천지를 가르고 있는데 윗선은 정점의 아래 약 2척 3촌, 아래 선은 지상에서 3~4촌 지점에 있다. 또 명문의 각 행을 구분하기 위해서 약 5촌의 간격을 지니는 세로선이 상하의 경계선을 이으며 줄지어 그어져 있다(도판 25). 명문은 행마다 41

자씩으로 제1면은 11행, 제2면 10행, 제3면 14행, 제4면이 9행이다. 따라서 총 글자 수는 1천 8백 자 정도인 셈이다. 제1면은 동남쪽에 면하는데 이 면이 나타내는 방향은 대체로 압록강의 흐름과 일치하고 있다. 이는 특별히 주목해야 할 점이다.

비석의 지하에 숨겨져 있는 부분의 상태에 대해서는 19년 전인 1918년 6월, 구로이타가 통구의 사적을 탐방했을 때 토사를 제거하고 조사한 일이 있다. 보고서를 발표하지는 않았지만 동행했던 사와 슌이치(澤俊一)의 손으로 이루어진 사진은 현재 조선총

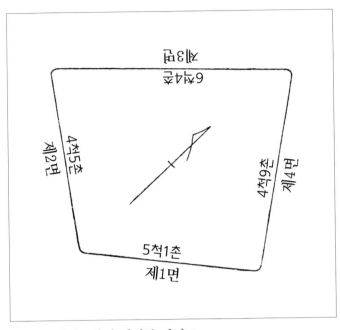

그림 9. 광개토왕비 기저부 평면도

독부 박물관에 보존되어(도판 28, 29) 있고, 같은 해 10월에 행해진 구로이타의 조사담은 잡지 『역사지리』 휘보란에 그 대강이 게재되었다.[23] 그 기사의 일절을 인용한다.[24]

비가 세워진 모양은 일찍이 들었던 바와 달랐다. 비는 지하에 묻힌 것이 겨우 2촌, 아래에 대석(臺石)이 있었다. 크기가 사방 6척이며 기저는 작은 돌로 굳혔다. 대석의 표면에는 비의 한 면(제1면)을 따라 얕게 패인 구선(溝線)이 있다(도판 28-2, 29-2 참조). 그리고 대석은 비면의 양 끝 부분에서 균열되었다(도판 28-1 참조). 비의 높이는 2장 2척, 네 면의 폭이 6척에서 4척을 헤아린다. 서남쪽의 모서리(제2면 왼쪽 끝)은

••••••••••••••••••••••••••••••••••••••

23) 黑板勝美, 彙報欄 講演會記事, 『歷史地理』 第32卷 第5號, 1918.11.

24) 독자의 이해를 돕기 위해 원문의 의미를 고려하여 글을 고쳤다. 원문은 다음과 같다.
"그 서 있는 방향을 보건대 평판되는 설과 다르게 비가 지하에 묻혀들어간 것은 겨우 2촌이다. 사방 6척의 대석이 있고, 대의 아래는 작은 돌로 굳혔다. 대의 윗면에 비의 한 면을 따라 얕게 파인 선이 있다. 대석은 양 모서리 가까이에 갈라진 곳이 있고, 비의 높이는 2장 2척, 폭이 6척에서 4척이고, 서남쪽 위의 한 모서리가 결손되었는데 문자가 없는 곳이다. 이들에 의거하여 생각하건대, 한번 쓰러졌던 것이리라. 그 때문에 한쪽 모서리가 손실되었고 또 그때에 대석이 깨어졌을 것이다. 그리고 대면의 구선은 처음 세웠을 때의 표선으로, 재건 때에 이 선에 합치시키지 못했기 때문에 나타난 것일 터이다. 견고한 대석이 있고, 또 대면의 구선과 비의 척도가 서로 적절한 것으로 생각건대 다른 곳에서 옮겨 온 것도 아니고 또 다른 대에 비를 올린 것도 아닐 것이다. 또 흘러온 것이 아니라는 것은, 비의 중간에 존재하는 선이 갈라진 것이 아니고 원래부터 응회암에 존재했던 것으로, 깨어진 2개 돌을 겹쳐서 합한 것도 아니다."

상부가 결손되어 문자가 없어졌다(도판 30-2 참조). 이 비는 아마도 한번 쓰러졌을 것이다. 한쪽 모서리가 훼손된 것과 대석이 균열된 것도 그 때일 것이다. 대석의 표면에 존재하는 구선은 대개 처음 비석을 세웠을 때의 표식일 것이다. 그리고 다시 세웠을 때에는 이 선에 합치시키지 못했으므로 오늘날과 같이 명백히 확인할 수 있게 되었을 것이다. 또 견고한 대석이 있다(이 문장은 아마 잘못 삽입된 듯; 필자주). 구선과 비신의 저면이 세밀하게 일치된 것으로 보면 비석은 다른 곳에서 이동된 것도 아니고 또 다른 대석 위에 놓여졌던 것도 아닐 것이다. 이 비가 강물 위로 흘러왔다는 것은 있을 수 없는 일이다. 비신의 중간에 선 모양의 흠이 있지만(도판 26 참조), 이는 본래 응회암인 석재에 존재한 것으로 균열은 아니다. 따라서 갈라진 두 석재를 접합한 것도 아니다.

구로이타가 수행한 이 조사는 매우 흥미롭고 또 학술상 극히 유익한 것이었다. 지하 겨우 2촌 정도 지점에 거대한 부석(趺石)이 존재한다는 것은 처음으로 명백해진 사실이다. 요코이의 출토기에는 "비가 이미 파내어진 것은 그 높이가 1장 8척인데, ……흙 속에 매몰된 것이 여전히 몇 척이 있는지 알 수 없다"라고 서술되어 있는데, 이는 분명 잘못 전한 것으로 구로이타도 조사담에서 설명했다. 본래 하나의 큰 반석이었을 부석이 깨어져 갈라져 있다는 것도, 또 그 표면에 비신의 저면과 세밀하게 일치하는 구선이 남아 있는 것도 함께 주목해야 할 사실이다. 사진(도판 28, 29)을 바탕으로 독자의 이해를 돕기 위한 그림을 작성해 보이면 그림 10과 같다.

그런데 여기서 특별히 생각해보고 싶은 것은 구로이타가 제창한 바와 같이 비신이 한번 쓰러졌었고 또 그것이 재건되었다는 일이 실제 있었는가 하는 점이다. 우선 비신이 쓰러진 적이 있었다고 한다면 그것은 언제였을까. 이에 직접 답하는 문헌이 없는 것은 말할 것도 없지만, 쓰러졌다가 다시 세워졌다고 하면 반드시 고구려 왕조가 존재한 기간이었어야 한다. 왜냐하면 고구려가 멸망한 후에 그 옛 땅의 북부를 점유한 발해가 아무 연고도 없는 전조의 유적비, 게다가 변경 땅에 쓰러져 있는 것을 새삼 재건하여 보존하는 일 따위를 할 리가 없기 때문이다. 하물며 그것은 막대한 노력을 요하는 거대한 역사가 아닌가. 이는 또한 요, 금, 원 세 왕조에 있어서도 마찬가지이다. 이후 명대의 여진인은 이 비를 돌아보지 않았을 것이고, 금석학이 발흥한 청조에서도 봉금제가 완화될 때까지 식자들의 주의를 끌지 못했다는 것은 이미 서술한 바와 같다. 그리고 조선 측의 한두 문헌에 의하면 명 초 이후에는 쓰러져 있지 않았던 것으로 보아야한다. 그렇다면 고구려 시대에 한번 쓰러진 일이 있었던 것일까.

구로이타가 쓰러졌다가 재건되었다고 보는 근거 중 하나는 부석에 존재하는 균열이다. 즉 균열이 비신이 쓰러졌을 때에 생겼을 것이라는 것이다. 부석의 사진을 보면 특히 뚜렷한 균열이 두 곳 있다. 그 하나는 비신의 제4면 하단을 따라 생긴 것으로(그림 10 AB), 이 때문에 부석은 비신 전체의 중량을 지지하는 중부와 그 부분에서 유리된 부분으로 절단되었고, 전자는 후자에 비해 조금 침하되어 있다(도판

28-1, 29-1). 그렇게 부석의 제1변에서 제4변에 걸쳐 본래 완존했었을 석재의 일부는 완전히 유실되어 있다(그림 10에 가상으로 점선을 표시함). 또 다른 균열은 제1변의 우측부에서 비스듬히 비신의 앞을 지나 제2변의 중부에 걸쳐 있다(그림 10 AC). 이 제2의 균열에 의해 부석은 다시 절단되어 그 한 선의 외측에 속하는 부분은 비신에서 유리될 수밖에 없게 되어 있는데, 이 경우에도 비신을 지지하는 중부는 상대적으로 얼마간의 침하를 보이고 있다

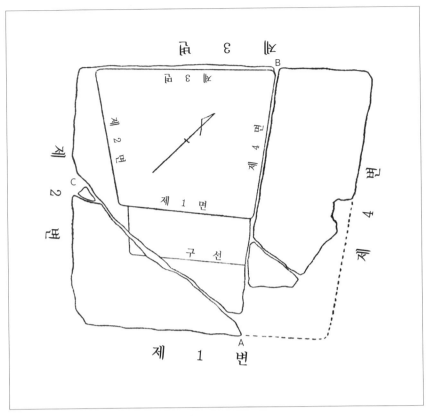

그림 10. 광개토왕비 부석 평면 약도

(도판 28-1, 29-2). 이와 같이 부석의 균열과 손상은 심한 편으로 결코 경미한 것이 아니다. 특히 이 때문에 비신을 지탱하는 부석의 면적이 현저히 축소되었으므로 거비의 존립이 매우 위태로워 보이기까지 한다. 때문에 만약 환도 시대 최후의 왕인 광개토왕에서 몇 대인가 후에 당시의 옛 도읍에 존재하는 이 왕릉비가 쓰러진 것을 재건한 일이 있었다고 한다면, 이토록 심하게 파손된 부석을 그대로 사용하는 일과 같은 임시방편의 처치를 했을 리가 없을 것이다. 반드시 이를 새로 수리하여 한층 견고하게 했을 것이다. 이와 같이 부석의 상황으로 보아 비신이 쓰러졌다가 재건된 일을 상상하는 것은 상당히 곤란하리라고 여겨진다.

구로이타가 비신이 쓰러졌다고 상상한 또 다른 근거는 제2면의 상부 좌측 끝에 명문이 결손된 부분이 있는 것을 비신이 쓰러졌을 때에 생긴 현상이라고 본 것이다. 하지만 명문이 결손된 사정에 대해서는 이를 밝힐 수 있는 문헌이 있으므로 경솔히 그렇게 볼 수는 없다. 『요동문헌징략』 권3이 인용한 고섭광의 『몽벽락석언』에 "광서 원년 동쪽 변경의 황무지를 개간하면서 처음으로 발견하였는데 비의 표면에 이끼가 무성하게 덮여 제거하기가 극도로 어려웠다. 현지인들이 비의 표면에 똥을 바르고 마르기를 기다렸다가 불을 놓아 태워 이끼를 제거했지만 비에 균열이 생겼다"라고 했고, 또 담국환의 「수찰」에서는 다음과 같이 전한다.

이 비에 관해 듣건대, 몇 년 전에 어떤 무지한 백성 아무개가 이끼가 지나치게 두터워 탁본하기가 쉽지 않자 말똥(『집안현지』에는 소똥)을 써서 태웠다. 비석이 본래 조악

한 상태에서 이런 불질을 거치면서 조각조각 떨어져 나가게 되어 이로부터 훼손되었다. 사물의 성패에는 운수가 있으니 애석하도다.

関此碑, 前 數年, 有傖父某, 以苔蘚過厚不易拓, 用馬矢燒之, 而碑石本粗劣, 經此煆煉, 恆片片墜, 碑乃自此燬矣, 物成敗有數, 惜哉

이는 반드시 사실을 전한 것임에 틀림없다. 또 1913년에 세키노와 함께 통구의 유적을 조사한 이마니시는 당시에 직접 견문한 바를 다음과 같이 서술했다.

이 비는, 현재 비의 관리인이라 칭할 만한 초붕도(初鵬度)라고 하는 66세(1913년 당시) 노인이 주변에 발판을 상설해두고 공인 한 사람을 고용하여 끝없이 탁본을 작성하고 있다.…… 이 노인의 담화에 의하면 30년 전까지는 석상에 이끼가 무성하여 문자가 남아있는지 어떤지도 알 수 없었지만 그가 지현(知縣)의 명을 받아 이끼를 없애고 문자를 드러내었는데 그 때 비의 일부가 훼손되었다. 이후 이 비 옆에 있으면서 탁본의 작성에 종사한다.[25]

이는 고섭광과 담국환 두 사람이 말한 바에 부합한다. 이마니시로 하여금 비석의 조사를 담당시킨 세키노의 보고에도 같은 기록이 있다. 그는 불에 타서 없어진 개소를 "비석의 구석 모퉁이"라고 했다.[26] 양수경의 쌍구본「고려 호태왕비」의 비발(碑跋)은 다음과 같다.

광서 임인년(28년)에 옛 친구 조이경(조정걸曹廷杰)이 2통을 보내 왔는데 초탁본이라 하였다. 조군은 동삼성에서 20여년간 관리 생활을 하여 대단히 믿을 만하다. 펼쳐놓고 읽어보니 비록 빠진 글자들이 있지만 남아 있는 것은 분명하고 깨끗했다. 예전에 얻었던 것들과 크게 달라 일본어 번역의 잘못을 바로잡기에 충분하고 또 10여 자가 더 많이 나왔다. 서신으로 물어보니 조군이 말하기를 비석이 처음 나왔을 때 사람들이 다투어 탁본하자 현지인들이 그 이끼를 마구 밟으며 소똥을 그 표면에 발라 불로 태웠으므로 벗겨지고 떨어져나갔다고 한다.

光緖壬寅舊友曹彝卿寄來二通, 謂是初拓本, 曹君宦遊東三省二十餘年, 固可信也, 展讀之, 雖有缺失之字, 而所存者明晰清朗, 與舊得大異, 足正日本人釋文之誤, 又

25) 今西龍,「廣開土境好太王陵碑に就いて」『朝鮮古史の研究』, 1937, pp.453~454.
26) 關野貞,「滿洲輯安縣及び平壤附近に於ける高勾麗時代の遺蹟」『考古學會雜誌』第5卷 第4號, 1914.12.

多出十餘字, 以書問之, 曹君云, 碑初出時, 人爭拓之, 土人以其踐踏禾苗, 以牛糞

塗其上, 用火燒之, 故剝蝕乃爾.

또한 앞에서 인용한 엽창치의 『어석』에 "듣기로 석재의 질이 거친데다가 또 들불에 타다 보니 지금은 이미 점차 깎여서 훼손되었다고 하였다"라고 한 것은, 같은 사실에 근거하지만 잘못 전해들은 것으로 인정된다. 요코이의 출토기에, "작년에 어떤 사람이 천진에서 기술자 4명을 고용하여 여기에 와서 파내어 씻어 닦았는데 2년의 공력을 들여 조금 읽을 수 있게 되었다"라고 기록되어 있는 것은 거의 잘못 전해지고 잘못 들은 것이라고 해도, '씻고 닦았다'고 하고 '읽을 수 있게 되었다'라고 한 것은 역시 이 사실에서 발단했을 것이다. 요컨대 오늘날 볼 수 있는 비면의 일부, 특히 그 모서리가 떨어져나간 것은 광서 초기에 비석이 발견된 후 두텁게 비면을 덮고 있던 이끼를 제거하고 탁출을 가능하게 하려고 했을 당시 부주의한 작업에 의해 생긴 것이다. 따라서 이 훼손은 비석의 발견 이전으로 거슬러 올라갈 수 없을 뿐 아니라 비신이 쓰러졌던 것을 입증하는 근거로 보는 것은 불가능하다.

사진을 보면 비신은 표면이 넓적한 부석 위에 안치되어 있다. 비신은 높이 20척이 넘는데 편평하지는 않고, 아랫면의 네 변은 가장 긴 것이 6척 4촌(제3변), 가장 짧은 것이 4척 5촌(제2변)의 넓이를 지닌다. 따라서 기초공사가 불완전하지 않는 한 상당의 안정성은 확보되어 있다고 할 수 있다. 현재 부석이 균열로 인해 3등분 되어 있는데도 불구하고 그 중부만으로 비신을 지탱하고 있는 점으로 볼 때 기초공사가 견고함은 미루어 알 만하다. 부석의 크기는 구로이타의 조사담(『역사지리지』 휘보란 기사)에는 '사방 6척'이라고 되어 있다. 하지만 제1면의 사진(도판 28-1)으로 추정하면 비면의 폭이 5척 1촌인 데 비해 부석의 한 변 길이는 적어도 11~2척은 되는 듯하다. 또 제3면의 사진(도판 29-1)에는 부석의 두께가 명확히 나타나 있는데, 비신의 해당 변의 폭(6척 4촌)으로 미루어 부석의 두께는 2척 내외일 것으로 생각된다.

그렇다면 부석에 사용된 석재는 하나의 큰 반석이지만 그 크기에 비해서 두께는 비교적 얇다고 해야 할 것이다. 앞에서 부석의 균열 상태를 설명하며 현재 비신의 전 중량을 지탱하고 있는 중부가 다른 두 부분에 비해 얼마간 침하되어 있음을 지적했었는데 여기서 그 이유를 생각해보자. 이는 비교적 두께가 얇은 부석이 장대한 비신의 중량을 감당하지 못하고 그 스스로 파쇄되었음을 나타내는 것으로 볼 수밖에 없다. 하지만 기초공사가 극히 견고하게 이루어져 있었으므로 비신이 기울어지거나 쓰러지지 않고 오늘날에 이른 것이리라.

그러나 비석의 현상에 대해서는 조금 이상하게 느껴지는 사실이 있다. 즉 비신이 부석의 중앙에 위치하지 않고 한 쪽으로 치우쳐있는 것이다. 사진에서 부석의 주변을 보면 제1변은 오른쪽 부분(동쪽 구석)의 석재가 완전히 유실되어 있는 외에는 중부가 조금 결손된 제2변과 함께 거의 원형을 유지하고 있다. 그리고 표면과 외측면의 경계는 두드러지는 각도를 이루지 않고 어깨선처럼 미끄러져 있는데 이는 제1변의 왼쪽 끝을 보면 명확하다(도판 28-1). 다음 제3변은 우반부 위에 비신이 놓여 있어 직접 그 부분의 표면을 엿볼 수는 없지만 좌반부의 표면은 완전히 노출되어 있다. 외측면은 비신의 면과 마찬가지로 표면에 대해서 약 90도의 각을 이루고 있어 완만한 기울기를 보이는 제1변 및 제2변과 다르다. 그러나 비신의 전방에 뻗어나와 있던 석재가 결손되거나 한 듯한 형적은 없으므로 이도 원형 그대로라고 할 수 있다(도판 29-1). 한편 비신을 얹고 있지 않은 좌반부의 표면은 비신의 제4면의 전방으로 넓어져서 제4변의 표면을 이루고 있다. 부석의 이 부분이 비신에서 유리되어 있는 것은 이미 기술한 바와 같지만, 그 면적은 꽤 넓다. 이와 같이 비신은 부석의 중앙부에 서 있지 않고 서쪽 모서리로 치우쳐 있다. 이는 어찌된 일일까.

한편 부석의 표면에 얕게 패인 구선이 존재하는 것은 구로이타의 조사에 의해 밝혀진 사실이다. 이는 그림 10에 표시한 바와 같이 비신의 제1면 전방에 존재한다. 갈고랑이처럼 굽은 곱자 형태를 이루며 가로선은 길고 세로선은 짧다. 가로선은 비신의 제1면 하단과 나란하고 세로선의 방향은 제2면의 하단과 일치되어 있는 듯하다(도판 29-2, 28-2). 제1면의 기저부를 나타내는 사진(도판 28-1)에서 그 형적이 보이지 않는 것은 촬영시 광선의 상황 탓일 것이다. 구로이타는 이 구선에 대해서 "대석의 표면에 존재하는 구선은 대개 처음 비석을 세웠을 때의 표식일 것이다. 그리고 다시 세웠을 때에는 이 선에 합치시키지 못했으므로 오늘날과 같이 명백히 확인할 수 있게 되었을 것"이라고 했다. 구선을 처음 비석을 세웠을 때의 표식으로 확인한 것은 참으로 탁견이다. 즉 비신의 제1면과 제2면을 이에 합치시키면 비신은 부석의 중앙에 위치할 것이다. 하지만 그가 제창한 재건되었다는 설이 성립 곤란한 이유는 앞에서 이미 거듭 설명한 바와 같다. 그렇다면 본래 구선과 일치되어 있던 비신은 지진 혹은 그 외의 사고에 의해 현재의 위치로 이동한 것일까. 부석의 표면은 매우 매끈하여 막대한 중량을 지닌 비신이 미끄러져 움직일 경우에 생겼을 흔적이 남아 있지 않은 듯하므로 그리 생각하는 것도 어렵다. 또 급격하게 이동했다고 하면 장대한 비신은 반드시 쓰러졌을 것이다. 나의 상상으로는, 처음 비신을 세웠을 때 비신의 석재는 면적이 가장 넓은 제3면을 아래로 하고 제1면을 위로 하여 부석의 제3변 근방까지 운반된 다음, 비신 기저의 제3변 및 부석의 같은 변을 합치시킨 후에 서북에서 동남으로 향하여 일으켜졌을 것이다. 그렇게 비신을 일단 부석의 한 구석에 세운 후 다시 가로선으로 표시한 예정된 위치까지 옮기려고 했을 것이다. 그런데 사각 기둥 형태의 거대한 석재는 그 바닥면이 작으므로 한번 부석 위에 세워지자 지상에 눕혀져 있던 때와 달리 모든 수단을 다해도 옮기기 어려웠을 것이다. 때문에 어쩔 수 없이 처음 일으켜 세운 그대로의 위치, 즉 현재 서 있는 위치에 고정시켜 버린 것이리라. 그리고 비문은 비신을 수립한 후에 새겨졌을 것이라고 생각된다. 비석 수립 이전의 운반 방법이 어떠했는지 등은 여기서는 논외로 하고 서술하지 않겠다.

이와 같이 비신은 부석 중앙의 예정된 위치에 세워지지 못했지만 그 방향에는 차질이 없었다. 즉 비신의 제1면은 정확히 구선과 병행하고 있고 그 방향은 대략 압록강 수류의 방향과 일치한다. 그렇다면 이 비는 옛 환도성의 유적지로 인정할 수 있는 지금의 통구성과 마찬가지로 압록강에 면하는 것을 기준으로 세워진 것이리라고 생각된다.

비의 석재는 교토제국대학 교수 나카무라 신타로(中村新太郎) 씨에 의하면 각력응회암(角礫凝灰

巖)이다. 종종 화강암이라고 말해지고 있는 것은 물론 잘못이다. 표면이 꽤 거칠고 풍화가 심한 부분에는 팥알 크기의 자갈이 드러나 있다. 1935년 가을의 조사 때에 동행한 오바 쓰네키치(小場恆吉)가 태왕릉의 석퇴 가운데에서 동질의 석편을 발견한 것으로 미루어 볼 때 이 거대한 석재는 통구 평야 부근의 산에서 채집해낸 것이리라. 비는 지금 함석지붕의 육각형 정자로 가려서 비바람을 면하도록 되어 있다(도판 24). 이는 1925년 말에서 1926년에 걸쳐 당시 집안현장 유천성(劉天成)이 그 취지로 널리 자본을 모아 1927년 여름과 겨울 사이에 구축한 것이다.[27] 하지만 이 정자는 사다리에 의해 자유롭게 오르내릴 수 있도록 되어 있는 2층 건물로, 생각없는 일반 관람자의 방문과 수십 년 동안 이 비의 탁출을 전업으로 하는 자들의 발걸음으로 채워져서 유감스럽게도 비석 보호의 목적에 걸맞지 않다. 속히 적절한 방법을 강구하지 않으면 일찍이 유례가 없는 이 유물은 날로 손상의 정도를 더해갈 것이다. 또 탁비를 업으로 하는 자들은 소인묵객을 만족시키기 위해 회반죽[漆喰]으로 자획의 결손을 보완하거나 혹은 완전히 불분명한 문자를 보충해 넣는 일조차 감행하고 있다. 이미 학술상의 입장에서 몇 번인가 식자들을 슬프게 한 바이다. 조선 용강(龍岡)의 점선현비(秥蟬縣碑)와 같이 완전한 모형을 만들고 원비의 탁출을 금하는 것도 이를 영원히 보존하는 한 방법일 것이다.

# 4. 나머지 유적

통구 평야에 존재하는 고분 이외의 유적은 매우 적어서 이상에서 설명한 통구성, 산성자산성 및 광개토왕비가 그 주요한 것이다. 이에 부가하여 소개해두고자 하는 것은 동대자(東抬子)에 남아있는 일군의 초석과 서강(西崗)에 남아있는 2개의 석주이다. 모두 일찍이 이미 세키노가 주목했던 것으로,[28] 이번의 새로운 발견은 아니다.

통구성에서 동동북쪽으로 7, 8정 지점에 위치하는 고대를 동대자라고 하고, 성의 동문에서 토구자령으로 통하는 도로는 이 고대를 지난다. 이곳에 도로를 중간에 끼고 고구려의 특색을 지닌 고와의 단편이 허다하게 산포되어 있는데 그 범위가 상당히 넓으며 그 사이에 다수의 초석도 잔존한다. 초석은 도로의 개착이나 토사의 채굴 등으로 훼손되고 이곳저곳으로 이동되어 옛날 위치를 그대로 유지하고 있는 것은 극히 적다(도판 32-1). 도로의 남측 지반은 한 단 높은데, 이곳에 존재하는 2개의 초석(A와 B)는 17

---

27) 張拱垣 等 編, 『輯安縣志』 卷1, 1927.
28) 關野貞, 「滿洲輯安縣及び平壤附近の高勾麗時代の遺蹟」, 앞의 글, 1914.12, p.225.

척 3촌의 거리(양자의 중심에서 측정)를 두고 나란히 도로가에 있는 것으로 지반과 함께 교란되지 않았다(도판 32-2). 또 이들과 갈고리 모양을 이루며 제2석(B)에서 8척 3촌 정도 떨어져 있는 제3의 초석(C)도 같은 높이의 지반 위에 있는데, 전면의 토사가 긁혀져 나간 탓에 조금 기울어져 있다. 또 도로를 사이에 두고 제2석과 마주보는 곳에도 본래의 위치를 유지하고 있는 것이 1개 보인다(도판 31-1). 토사가 긁혀져 나가서 와지(窪地)로 굴러 떨

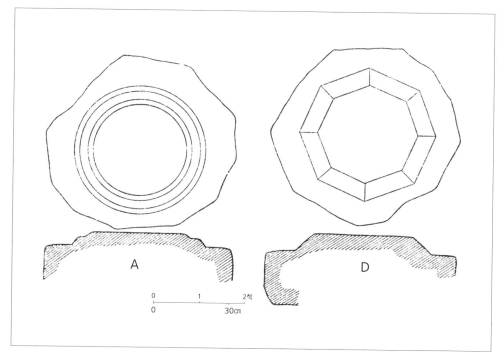

그림 11. 동대자 유존 초석

어져 있는 것이 몇 개 되는데, 그중의 하나는 8각형의 조형을 지닌 점이 특히 주목을 끈다(D).

이들 초석은 모두 화강석재를 사용했고, 윗면에 2중의 원형이 조형되어 있다. 주좌(柱座)에 채워진 내원(內圓)은 한단 높고 직경이 약 2척이다. 앞에서 지적한 바와 같이 주좌의 외부 조형을 8각형으로 한 것이 1개 있는데 그 크기는 전자에 비하여 약간 작다(도판 32-3, 그림 11 D). 부근에 널리 산포된 와편 가운데 1935년 가을의 조사 때 발견된 유물로 눈에 띄는 것으로는 고구려의 특색을 지니는 인동문 및 연화문의 환와(丸瓦), 치미(鴟尾)의 파편 등이 있다(도판 34, 52-2). 하지만 이들 유물이 나타내는 건조물

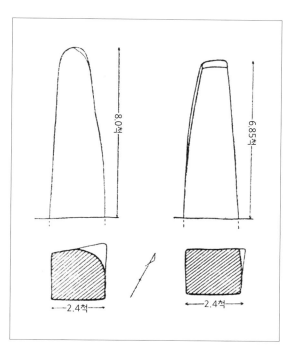

그림 12. 서강 유존 석주

이 어떠한 종류의 것이었는지에 대해서는 앞으로 한 층 정밀한 조사를 기다려야 할 것이다.

다음으로 서강 부락에는 2개의 석주와 2개의 초석이 남아있다. 이 부락에는 동강 소속의 소학교가 있어서 멀리 압록강의 수류에 면한다. 교사 뒤편 민가의 담을 끼고 2개의 석주가 동서로 50보 정도의 거리로 서있다(도판 35). 용재는 화강암이고 평면 방형에 가깝다. 동쪽 것은 지상 높이가 7척이 조금 못되고 서쪽 것은 약 8척을 헤아린다(그림 12). 표면이 매끈하여 탁마의 흔적이 있는데 특히 동쪽 석주의 동과 서 2면에서 뚜렷하다. 일견 비석과도 같은 이들 석주에 문자가 새겨져 있었는지 여부는 상세히 알 수 없고, 따라서 무슨 용도로 세워진 것인지도 의문이다.

2기의 석주와 함께 2개의 초석 또한 잔존한다. 그 하나는 동쪽의 석주에서 남으로 6척 정도 물러나서 그 서쪽 14척 5촌 지점(민가 담의 동벽에 가까운 곳)에 위치하며(도판 35-1), 다른 하나는 서쪽의 석주에서 민가 담의 서벽 곁으로 난 길을 지나 서쪽으로 32척 간후 다시 북쪽으로 9척 정도 나아간 곳에 있다(도판 35-2). 둘 다 화강암재를 사용했고 그 윗면에 두께 3촌 8분, 안 구역의 직경 2척 2촌의 8각형이 조형되어 있다(그림 13). 이들 초석은 위의 두 석주와 함께 본래의 위치를 유지하고 있는 듯하며, 또 서로 관계가 있는 것 같지만 이번의 표면적 조사만으로는 그 관계를 밝힐 수가 없었다.

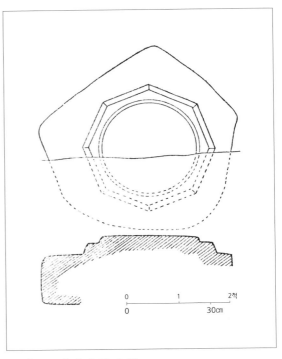

그림 13. 서강 유존 초석

끝으로 기록해두고자 하는 것은 통구성 동문 밖의 유적이다. 문을 동쪽으로 나가서 4~50간, 큰 길의 북측 민가에 접하여 두서너 개의 초석이 남아있는데, 비교적 완전한 하나는 원형으로 조형된 것이다(도판 4-2). 그리고 그 부근에는 적색의 와편이 흩어져 있다.

제5장

# 고구려의
# 고분

통구 평야에는 놀랄 만큼 많은 고분이 있다. 크고 작은 고분이 무수히 산재하는 것이 실로 성라기포(星羅碁布)라는 문자 그대로이다. 압록강변의 저지대를 제외하면 평야는 거의 분묘로 뒤덮여 있다고 할 만하다. 이하에서는 우선 이들의 고분 분포를 개관하고, 다음으로 1936년 가을에 이루어진 우메하라의 조사를 바탕으로 특히 주목할 만한 두서너 고분의 현황에 대해 조금 상세히 기술하고자 한다. 새로 발견된 벽화 고분의 설명은 거의 모두 II부로 미룬다.

# I. 개관

여산(如山)의 남쪽 기슭 일대는 고분의 분포가 가장 밀집된 지구의 하나이다. 서강 부락의 서북쪽에 5기의 대분이 동서로 줄지어 있는데, 따라서 그 지역에 오괴분(五塊墳)이라는 명칭이 있다. 오괴분 부근에서 동북쪽, 토구자령 아래의 토구자에 이르는 경사지와 평지가 그 지구로서, 세키노가 "대강 헤아려도 약 1만을 밑돌지 않을 것"이라고 했을 정도로 매우 많은 고분이 있다(도판 36, 37). 본서의 제II부에서 특히 주요한 대상으로 취급할 사신총(四神冢), 삼실총(三室冢), 무용총(舞踊冢), 각저총(角抵冢) 등의 벽화고분은 모두 이 구역에 존재한다. 오괴분이라 불리는 5기의 대분과 이들 벽화고분은 토분인데, 고분군의 절반이 토분이고 다른 절반은 석총이다. 석총 가운데 동강의 태왕릉은 규모가 크기로 유명하며, 토구자에 존재하는 조금 작은 장군총은 보존된 상태가 완전한 것으로 가장 잘 알려져 있다. 광개토왕비에 가까운 임강총(臨江塚)도 심하게 무너져 있기는 하지만 규모가 상당히 크다.

두 번째 밀집지는 통구와 산성자 사이의 좁은 계아강 계곡과 산성자 동쪽 산간의 작은 평지이다(도판 38~40). 여산 아래와 마찬가지로 석총과 토분이 즐비한 것이 이 고구려 고도가 아니면 달리 볼 수 없는 광경이다. 다만 분의 규모는 중간 정도이거나 그보다 작은 것으로 여산 아래와 같은 대분은 없다. 계아강 양쪽 연안에 있는 것은 모두 작고 붕괴되었는데 그중에는 석실이 노출된 것도 볼 수 있다. 산성자 동쪽의 작은 평지에 있는 석총으로는 형총(兄塚), 제총(弟塚)과 같이 원형을 살피기에 충분한 것과 절천정총(折天井塚)과 같이 석실이 완전한 것이 있고, 또 토분으로는 귀갑총(龜甲塚) 등과 같이 벽화를 갖춘 것이 있다. 형총, 제총, 절천정총, 귀갑총은 모두 세키노의 명명이다.

제3의 밀집지로는 마선구가 흐르고 있는 동명의 지방을 들 수 있다. 즉 이 강의 남쪽 연안 및 그 좌우의 고지대이다(도판 59-1). 이곳에 존재하는 고분은 대개 소규모이지만 강 하류의 동쪽 연안에 가까운 천추총(千秋塚) 및 서쪽 산기슭의 고지대에 있는 서대총(西大塚)은 대단히 크며 모두 석총이다. 통구와 마선구의 중간 요미구(腰尾溝)에도 상당히 큰 석총이 무너져 있는 것이 약간 있는데, 그들 중에는 대석총의 석실로 분류되지 않는 토분의 석실과 같은 것의 입구가 열려 있는 것도 있다.

또 만포진과 마주보는 압록강 서쪽 연안 하양어두의 산기슭에는 십 수 기의 토분이 점재한다. 이는 1935년 조사 때 처음 우리의 주목을 끈 것으로, 그 가운데 모두루총(牟頭婁塚)과 환문총(環文塚) 두 기가 이름을 얻게 된 것이다.

통구 평야에는 이와 같이 무수한 고분이 몰려 있다. 세키노는 그 수를 무려 수만이라고 했으나 과연 얼마 정도일지는 단시일에 도저히 헤아리기 어려우므로 정확한 수는 앞으로의 조사를 기다릴 수밖에 없다. 외형은 한결같지 않지만 크기의 차이를 제외하면 다종다양하지는 않고 대체로 석재만으로 쌓은 석총과 토양을 쌓아올린 토분 두 종류로 나뉜다. 대강 추측건대 양쪽의 수는 서로 비슷한 듯하다. 분포 구역에는 구별이 있는 것이 아니고 서로 섞여서 존재하는데 토분은 산 쪽보다 평지 쪽에 많은 것으로 보인다.


# 2. 장군총


광개토왕비의 북북동쪽으로 약 15정, 토구자산 기슭에 연한 고지대에 특히 유명한 석총이 있다. 즉 장군총이라 불리는 것이다. 통구 평야의 동북 모퉁이인 높고 메마른 지역에 위치하여 총의 정상에 서면 평야의 구석구석을 한 눈에 볼 수 있다(도판 41, 42-1). 총 자체는 거의 완전한 형체를 갖추어 같은 형식의 다른 많은 무너진 고분들을 대표하고 있다고 할 수 있다(도판 42~45).

장군총의 구조에 대해서는 이미 세키노에 의한 매우 상세한 보고가 있지만,[1] 우리 일행은 1936년 10월 4일, 이 중요한 유구에 대한 가능한 한 정밀한 조사를 수행하였다. 우메하라는 외부의 관측을, 미즈노와 미카미 두 사람은 석실의 관측을 맡았고, 필자 역시 기존의 보고를 바탕으로 다소의 견해를 더한 것이다.

이 총은 정성들여 가공한 화강석재로 7겹의 방단(方壇)을 피라미드식으로 쌓아올린 것이다. 단 정상부는 복분(覆盆)과 같은 형태를 이루며, 절석(切石)을 사용하지 않고 콘크리트로 굳혔다. 이번 실측에 의해 그 외형 및 입면(立面)에 대해서 그림 14에 제시한 바와 같은 결과를 얻을 수 있었다. 총은 서남쪽에 면해서 구축되었고 사방의 모퉁이각은 거의 방위선 위에 놓여 있다. 기단(제1단) 아래에는 거대한 토대석이 깔려 있는데 그에 대해서는 후술한다. 기단의 돌계단은 4층이고 밑변의 길이는 102척이다. 다른 3면도 거의 동일하다. 높이는 10척에 이른다(도판 45-2). 제2단에서 제7단의 돌계단은 각 3층이고, 올라감에 따라 각 단의 높이가 점차 줄어드는데 6단 합쳐서 28척, 기단을 더하면 38척이다. 4변의 길이도 제7단에서는 기단의 절반 이상 줄어서 45척 남짓을 나타낸다.

장군총의 전모는 언뜻 매우 완전해 보이지만 중부 이상에는 파손된 개소가 많다. 특히 정면이 심하여 제7단 같은 것은 거의 원형을 상실하고 있다. 하지만 제7단 상부의 우측면과 배면은 거의 옛 모습으로 존재한다. 갈석(葛石)에 일정한 간격으로 촉꽂이 구멍[柄孔]이 뚫려 있는 것이 확인된다(도판 46-1). 다음으로 제7단의 윗면을 살펴보면 주변 갈석의 안쪽에는 편평한 대석을 약간 위를 향하여 경사지게 포열(布列)하고, 그 간격 틈에는 회반죽[漆喰]을 메워 넣었다. 또 중앙부 즉 총의 정상부는 지름 3촌 정도의 천석과 회반죽으로 굳혀서 갈석의 윗면에 대해서 4척 정도 높아져 있다. 지금은 그 사이에 떡갈나무 등의 잡목이 우거져 상당히 황폐해 있으나 본래 이 총의 최상부는 통구의 유적 중에서 많이 보이는 방형의 작은 토분과 같은 형상을 나타내고 있었을 것이다. 제7단의 갈석 윗면에 존재하는 촉꽂이 구멍은 지름 약 3촌, 깊이 약 4촌으로, 배후의 한 면과 우측면에 잘 남아 있다. 배면에서는 좌측 끝에서 우측 끝에 이르기까지 약 3척의 간격으로 모두 17개를 헤아리며 우측면에는 2척 3촌 정도의 간격으로 26개가 있다. 한편 총의 최상부에 와편이 산재하는 것도 역시 주목할 만하다. 프랑스의 샤반느는 이들 촉꽂이 구멍을 주공(柱孔)으로 생각하여 총 위에 다시 기둥으로 지지된 기와로 지붕을 이은 옥개(屋蓋)가 있었을 것이라고 상상했다.[2] 하지만 세키노는 촉꽂이 구멍이 최상단의 가장자리에 존재한다는 점에서 이 설을 부인하고, 갈석을 따라서 둘러진 구란(勾欄)의 설치가 있었을 것이라고 하였다. 대체로 수긍되는 견해이

1) 關野貞, 「滿洲輯安縣及び平壤附近の高勾麗時代の遺蹟」 『考古學雜誌』 第5卷 第3號 1914.11. 朝鮮總督府, 『朝鮮古蹟圖譜』 第1冊, 1920.
2) Édouard Chavannes; Les monuments de l'ancien royaume Coréen de Kao-keou-li, T'oung Pao, 1908.

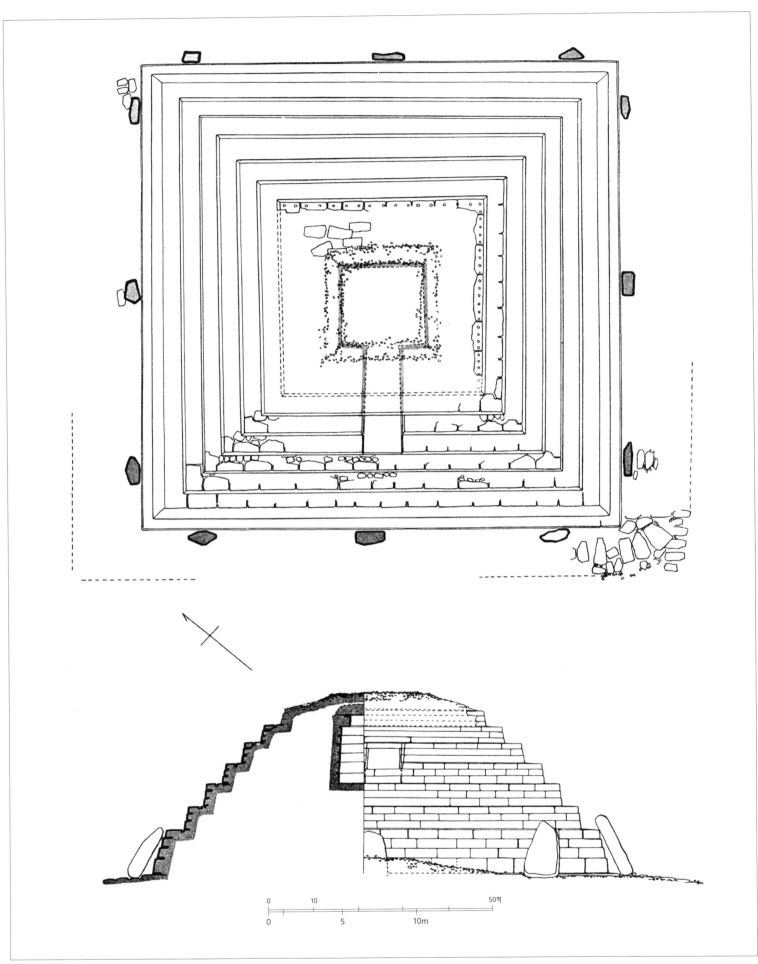

0    10                    50척
0         5         10m

그림 14. 장군총 외형 실측도

다. 또 세키노가 말한 바와 같이
회반죽으로 굳힌 총의 최상부는
빗물의 침입을 막기 위해 다시
기와로 덮여 있었을 것이라고 생
각해도 지장이 없을 것이다(도판
52-1).

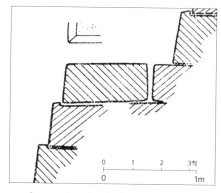
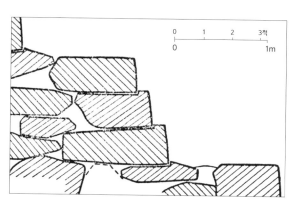
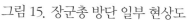
그림 15. 장군총 방단 일부 현상도

　나아가 방단의 세부 구조를
살펴보면, 각 단 모두 올라감에
따라 돌층계의 외면이 차례로 내측으로 들어가 있다. 즉 각단의 돌층계는 매우 얕은 계단을 형성하고 있
는 것이다(도판 45, 47). 그리고 제2단 이상에서는 3층의 돌층계의 가운데와 아래 돌 상면에 가장자리 둘
레를 설치하여 윗돌을 받치는 데 있어서 서로 맞물리도록 해둔 것을 붕괴된 부분의 석재를 통해 알 수 있
다. 또 각 단 최상부의 석재는 그 바깥 가장자리를 따라 폭 3~4촌 정도의 완만한 경사면을 취하고 있다
(도판 46-2, 그림 15). 이와 같은 축조법은 태왕릉에서도 보인다(그림 22). 내부의 구조를 충분히 밝힐 수
는 없지만 상반부의 붕괴된 개소 중 정면 제6단의 우측 부분을 보자면, 그 용재가 다른 석총들보다도 크
고 방단을 받치는 부분 등에는 특수한 축조 방식이 고안된 듯하다. 그리고 커다란 석재의 사이 틈은 작은
돌과 토사로 메운 듯하다.

　내부의 석실로 옮겨가 보자. 석실은 제3단의 윗면에 기저를 두고, 총의 정면 즉 서남쪽 면에 입구를
열었다. 현실은 가로 세로 모두 17척 남짓이고 높이도 거의 같다. 네 벽은 세로 2척 5촌, 가로 4~5척에서
10척에 이르는 화강암의 절석을 6겹으로 쌓았다. 그 위에는 4면에 각각 하나의 거대한 방주(方柱)를 가
로놓아 꾐장식[持送]으로 삼았고 천정에는 하나의 큰 반석이 놓여 있다(도판 49). 총의 외관도 웅장하지
만 석실의 내부를 보면 한층 그 느낌이 강하다. 연도(羨道)는 현실에서 방단의 외면으로 통하는 길이가
27척이다. 연도의 덮개석은 3개의 큰 돌로 이루어졌다. 그중 입구에 접한 하나는 다른 것 보다 한층 높게
놓여서 연도의 덮개석임과 동시에 제6 방단의 바탕석이 되어 있다. 또 그 하면의 가장자리는 특별한 가
공에 의해 내부로 움푹 들어가 있는데, 그곳에 폐쇄용의 석재가 맞춰져 있었음을 알 수 있다(도판 48).
이 덮개석의 바로 아래에서 현실의 벽과 6척 5촌 떨어진 곳까지의 사이에는 약간의 절석이 마치 현실내
로 인도하는 계단과 같은 형상을 이루며 잔존하고 있는데, 이는 연도를 폐쇄한 용재가 본래의 위치를 잃
어버린 것이리라. 연도가 완전히 폐쇄되어 있었던 때에는 그 전면은 방단의 일부를 이루고 있었을 것이
다. 또 연도가 현실과 접하는 부분에는 그 덮개석의 하면과 좌우의 벽에 띠 모양의 조형이 있으므로 본래
그곳에 문비석[扉石] 등이 세워져 있었던 것이 아닐까 생각된다. 현실의 바닥에는 네 벽을 따라 폭 1척
정도의 얕은 고랑이 파여 있고 주축과 병행된 2개의 관대가 매우 파손된 상태로 남아 있다. 관대의 폭은
4척 5~6촌, 길이는 11척 남짓으로, 네 변에 각각 둘레 가장자리를 약간 높게 만들어 두었다(도판 49-2).

　이상은 장군총 자체의 구조에 대해서인데, 외부에도 주목할 가치가 있는 두서너 가지 유구가 존재

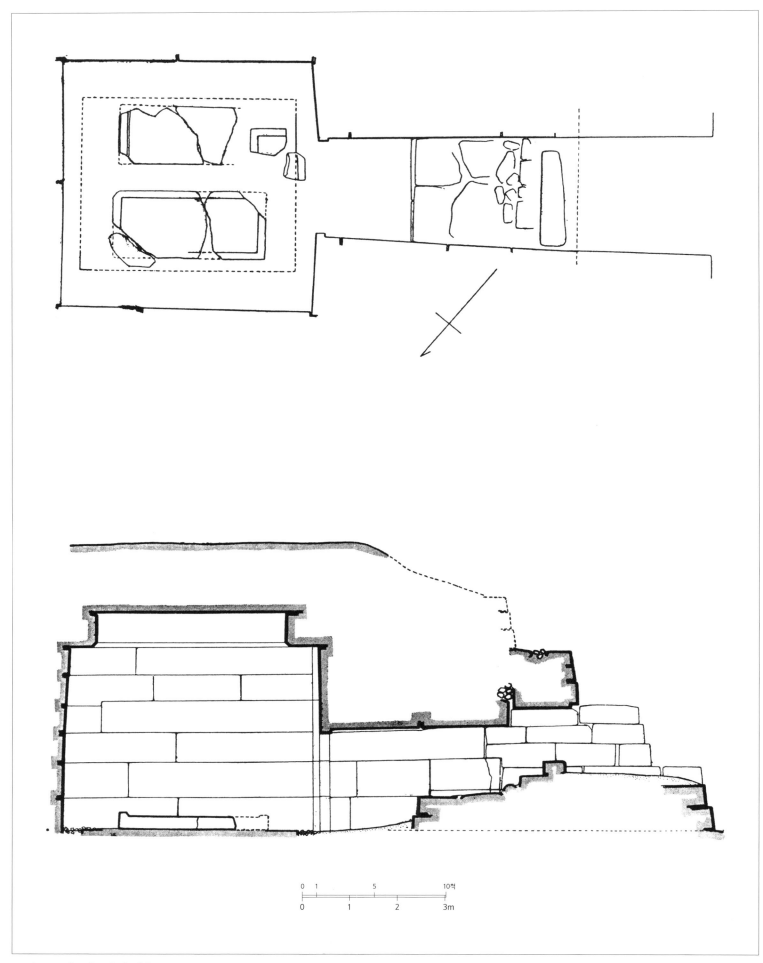

그림 16. 장군총 석실 실측도

한다(그림 17). 우선 4중으로 쌓인 제1방단(기단)의 기저에는 매우 커다란 토대석이 있다. 그 일부는 2척 수 촌의 폭으로 기단 밖으로 불거져나와 있다. 이를 기단의 남쪽 모퉁이에서 보면, 석재의 넓이는 정면과 우측면 모두 15척 이상을 헤아린다. 이로써 기단 아래에 숨겨져 있는 전체의 크기를 예상할 수 있을 것이다. 그 주위에는 지름 수 척 정도의 편평한 돌을 깔아 채웠다. 돌을 깐 범위는 토대석의 주변으로 지름 십 수 척 사이에 펼쳐져 있고 바깥으로 향해 다소의 경사를 보인다. 또 기단의 네 변에는 거대한 자연석이 토대석 주변에 깔린 돌 위에 그 하단을 두고 기대어져 있다. 한 면마다 3개씩, 가장 큰 것은 길이 15척, 폭 9척에 이르며, 그중에는 상단이 뾰족한 것도 있다(도판 45-2). 또한 전혀 가공되어 있지 않은 것이 뚜렷하게 눈에 띈다. 세키노는 이를 총의 붕괴를 방지하

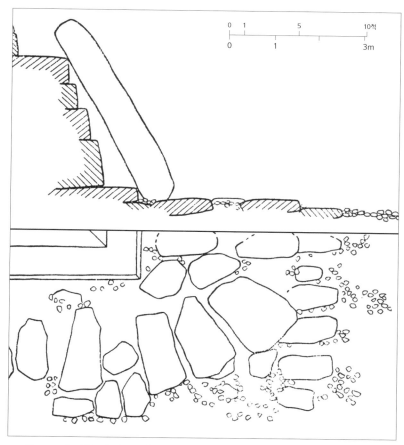

그림 17. 장군총 기단 토대석 세부

기 위한 보강 설비로 확신하였지만 절석으로 정연하게 쌓은 총의 전모에 비해 너무나도 어울리지 않는 외관이다. 따라서 가령 보강의 의의가 있다고 해도 단순히 구조상의 필요로 고안해 만든 것이 아니라, 고구려에서 이전 시대의 분묘로부터 행해진 전통으로 그 자체가 주술적 종교적 의의를 지니고 있는 것이라고 생각된다.

나아가 부석의 외부로 주의를 돌리면 한층 넓은 범위에 걸쳐 천석을 깐 흔적이 확인된다. 그 한계를 명확히 정하는 것은 매우 곤란하지만, 특히 뚜렷한 흔적이 존재하는 개소는 대체로 오늘날 잔디밭이 되어 있는 구역을 벗어나지 않는다. 총의 배면에서는 그 한계가 총의 기저에서 백 척 정도 떨어진 곳이었던 것 같고, 그곳에는 다음에 서술하는 바와 같이 매우 붕괴된 일군의 배총이 석루 형상을 이루며 남아 있다. 이와 같이 방단식의 총을 중앙에 두고, 그 기저 부분에서 백 척 내외의 간격을 지니는 광대한 방형의 외곽을 구획하면 그것이 천석이 깔린 구역의 한계라고 생각된다. 이 외곽의 내부는 주분(主墳)인 장군총의 조역(兆域)에 다름 아닐 것이다(그림 18). 물론 총의 서북방 1정 정도인 곳에 좁고 긴 와지(窪地)를 앞에 둔 구릉이 있고 그 자락에도 천석이 산포되어 있으므로 서북 방면에서는 이곳까지 조역을 넓히는 것도 가능할 것 같다. 하지만 그렇게 되면 다른 방면과 균형이 유지되지 않을 뿐 아니라 총의 북방에 존재하는 1기의 작은 토분(장군총과 직접 관계가 없음이 거의 확실함)을 조역의 북쪽 모퉁이에 쌓은 것으로서 그 내부에 포함시키지 않으면 안되므로 역시 상기와 같이 추정해 두는 것이 온당할 것이다.

장군총의 배후에는 배총으로 인정할 만한 소규모의 석총이 나란히 존재한다. 그중에서도 가장 뚜렷

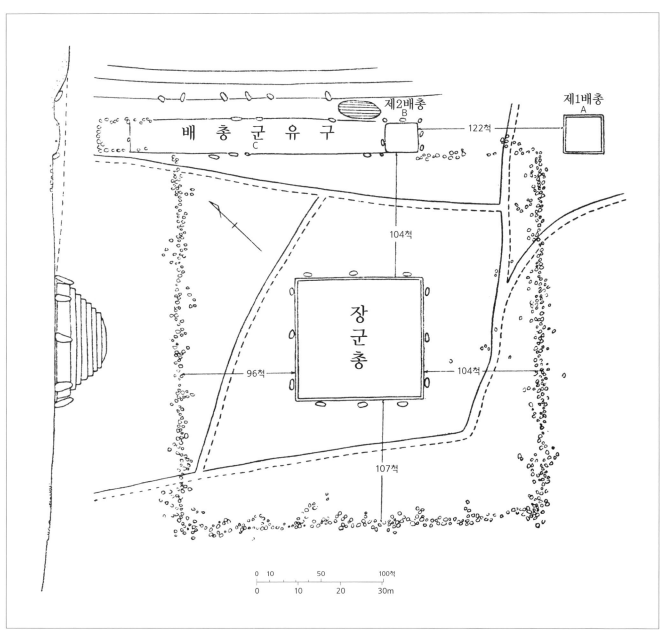

그림 18. 장군총 조역도

한 1기는 이전부터 거듭 보는 이의 주목을 끈 것으로, 주분의 동쪽 모서리에서 1백 60척 정도 떨어져서 같은 방위선상에 위치한다(그림 18). 현재 상반부의 축석이 붕괴되어 석실이 중앙에 노출되어 있는데, 그 천정석이 매우 크므로 조선 북부 지방에 많이 존재하는 지석총과 유사성을 떠올리게 한다(도판 50). 하지만 배면에서 보면 본래 주분과 같은 방분이었던 것은 거의 확실하다. 약 30척 평방의 땅을 구획하여 절석을 사용한 토대석 위에 6층의 돌계단을 지닌 제1단을 쌓고(높이 8척 내외), 그 위에 보다 작은 제2단을 얹은 듯한 흔적을 남기고 있다. 석실은 거대한 절석을 조합시켜 만들었는데 그 바닥면은 제1단의 윗면에 위치한다. 장군총과 마찬가지로 서남 쪽으로 입구를 열었고 실내의 벽은 깊이 8척, 폭 및 높이가 각 4척 3~4촌을 헤아린다. 하지만 전면에는 본래 폐쇄를 용도로 한 거석이 있어 전체가 상자 모양을 이루고 있었던 것은 거의 틀림없을 것이다. 천정석은 극히 커서 길이 16척에 이른다. 그 평활한 아랫면에는 둘레 가장자리를 따라 약간 깊은 홈이 패여 있는데, 그것이 어떤 용도로 만들어진 것인지는 쉽사리 생각

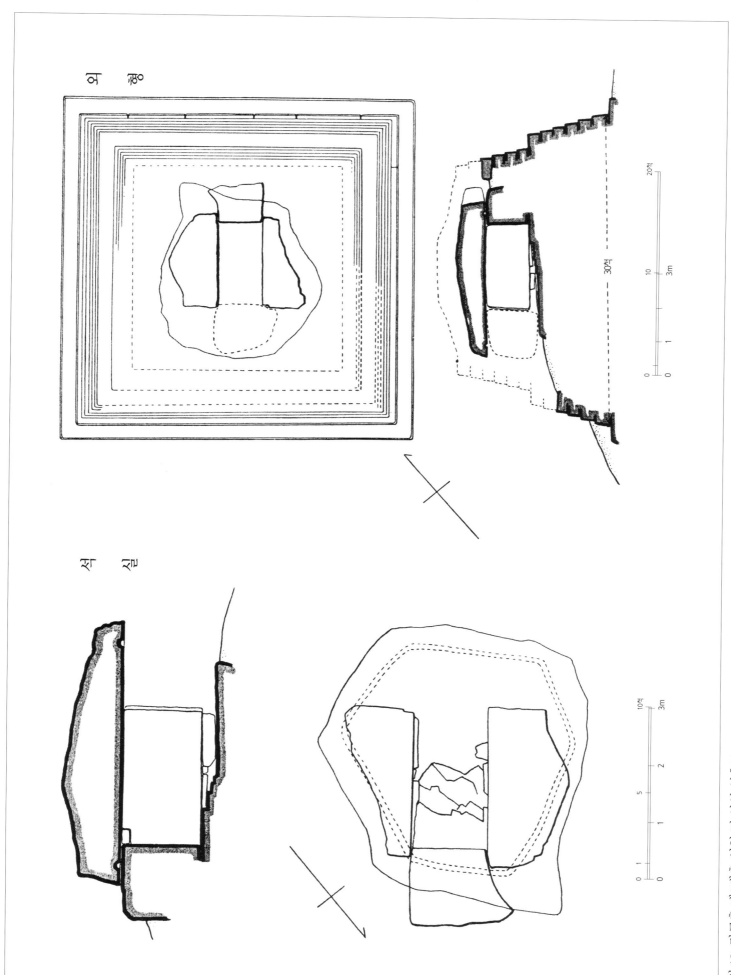

평 면

측 면

그림 19. 장군총 제1배총 외형 및 석실 실측도

하기 어렵다(그림 19).

최신의 조사 결과에서 위의 배총을 유일한 것으로 할 수 없다는 것이 알려졌다. 서북쪽으로 약 20척, 즉 주분의 동쪽 모서리에서 백 척 정도 떨어진 곳에 매우 붕괴되어 있기는 하지만 위치와 크기상 1기의 배총으로 인정할 수 있는 유구가 존재한다(그림 18). 4변이 각 약 30척, 즉 제1 배총과 거의 같은 면적을 차지하며 높이는 현재 5척 내외에 지나지 않지만 몇 개의 방단이 구축되었던 흔적이 남아 있다. 기단의 4면에 기대어진 특수한 석재도 한 면에 3개씩 현존한다. 필자는 이를 1기의 배총으로 인정하여, 제2 배총이라 명명했다(그림 20, 도판 51-1). 이 배총의 한 변과 넓이를 같이 하며 곧장 서북쪽으로 2백

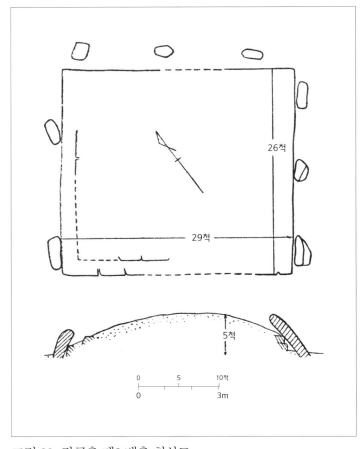

그림 20. 장군총 제2 배총 현상도

4~5십 척 연장되는 좁고 긴 지역은 조금 융기되어 일견 도로와 같은 외관을 드러내고 있다. 하지만 자세히 점검하면 이도 붕괴된 하나의 석총 유적에 틀림없는 것이다. 비단 석괴가 흩어져 있을 뿐 아니라 예의 기댄 돌들도 곳곳에 남아 있다(그림 18, 도판 51-1). 즉 제2 배총의 서북쪽에는 그에 이어진 몇 개인가의 배총이 인접하여 군재하고 있었을 것이다. 필자는 이를 장군총의 배총군으로 가칭을 붙였다.

배총군의 외측은 좁고 길게 패여서 움푹 꺼진 길을 이루며(폭 15~6척), 또 그 길에 접한 배면의 언덕은 10척 정도 비스듬히 깎여져 있다(도판 51-2). 후술할 태왕릉은 북으로 언덕을 등지고 그 자락에는 석루의 흔적이 남아있는데 이들은 서로 유사성을 지니는 구조이다. 그리고 이들이 있으므로 오늘날 거의 알 수 없게 된 두 묘의 조역의 한계를 어느 정도 추정할 수도 있다.

# 3. 태왕릉, 천추총 등

광개토왕비의 서남쪽 약 3정, 약간 높은 구릉의 남단에 매우 황폐한 거대한 석총이 있다. 장군총과 어깨를 나란히 하는 유명한 태왕릉이다. 이와 같은 명명은 종래 석퇴 속에서 다수의 벽돌이 발견되었고,

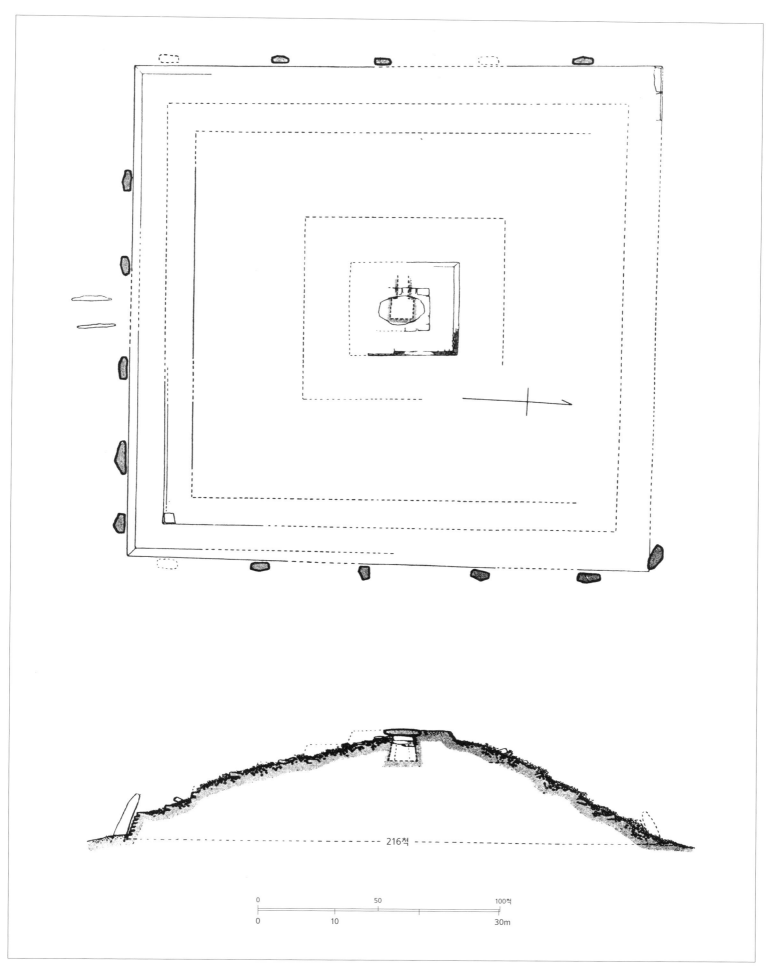

216척

0        50        100척

0        10        30m

그림 21. 태왕릉 외형 실측도

그림 22. 태왕릉 방단 세부

그것에 "원태왕릉안여산고여악(願太王陵安如山固如岳)"이라고 양각된 명문이 있었기 때문이다(도판 56). 거의 원형이 남아 있지 않을 정도로 붕괴되었지만 장군총과 동일 형식이 었으리라는 점은 잔존하는 기단의 일부와 그에 기대어진 가공하지 않은 석재, 상부의 중앙에 존재하는 석실 등으로부터 용이하게 추측될 수 있다(도판 53~55). 일찍이 세키노는 이 유구의 주요 부분을 실측하여 장군총을 참고로 그 복원을 시도하였는데,[3] 우리의 제2회 벽화고분 조사 때에 우메하라 등은 보다 정밀한 조사를 시행했다. 이하 우메하라의 조사를 바탕으로 그 결과를 기술하고자 한다.

그림 21에 나타난 바와 같이 태왕릉의 평면은 방형을 이루고 기저의 네 변은 거의 방위선과 일치하고 있다. 한 변의 길이는 약 212척으로[4], 이 총의 기저는 장군총이 약 100척인 것에 비해 4배 이상의 면적을 차지하고 있다. 실로 놀랄 만한 규모이다. 기단의 둘레 변에 기대어 있는 자연석도 극히 커서 가장 큰 것은 높이 19척에 이른다. 현재 남변에 5개, 동변에 4개, 북변에 1개, 서변에 4개가 남아 있는데 본래 각 변에 5개씩 있었을 것이다. 방단은 기단 위의 1단만 절반이 무너진 상태로 잔존한다. 기단의 돌계단은 6층이며 높이 10척에 이른다. 올라갈수록 용재의 높이를 점차 줄이면서 아랫돌이 윗돌을 받는 곳에는 주위 가장자리를 설치하여 서로 맞물리게 하였고 또 각 돌의 외면은 둥글려진 느낌이다(그림 22). 그 이상의 방단은 붕괴의 정도가 특히 심하여 다만 비교적 작은 천석과 할석이 거듭 퇴적되어 있는 것을 볼 수 있다. 모퉁이각에 채워진 절석이 잔존하는 것도 적어서 겨우 제2단과 제3단의 형적을 남기고 있을 뿐이다. 총의 상부에는 석실의 천정석을 둘러싼 단상의 돌계단이 있다. 하지만 이 돌계단과 제3단 사이에 몇 단의 방단이 있었는지 오늘날 명확히 할 수는 없다. 세키노의 복원도에는 7단으로 되어 있으나 이는 단지 장군총에서 유추된 것에 지나지 않을 것이다.

........................................

3) 『朝鮮古蹟圖譜』 第1冊, 圖版.

4) 실측 수치는 남변 213척, 동변 216척, 북변 224척, 서변 220척이다. 남아있는 상태로 말하면 남변이 가장 원형에 가깝다고 생각되므로 본문에는 그 수치를 제시했다. 세키노가 제시한 수치는 남면의 길이 약 200척, 좌측면의 길이 약 202척, 지반에서 석실 천정석 정상까지의 높이가 약 55척이다.

이 총의 평면은 상술한 바와 같이 매우 크다. 그런데 기저에서 석실의 천정석에 이르는 높이는 44~5척을 넘지 않고, 그것이 장군총과 큰 차가 없는 것은 특히 주목해야 할 것이다. 생각건대 제2단 이상의 각 단의 높이가 비교적 낮고 정상부로 향하며 줄어드는 비율도 상당히 컸던 것이 아닐까.

석실의 천정석은 화강암으로 된 하나의 큰 반석이다. 길이는 동서로 약 14척, 남북이 약 18척이고, 겹겹의 할석과 천석의 퇴적 속에 수평의 위치를 유지하며 표면을 드러내고 있다. 천정석 주위에는 그것과 윗면의 높이를 같이 하는 방단 형상의 돌층계가 있는데 한 변의 길이가 약 36척 5촌을 헤아린다. 북변의 벽 높이는 5척 정도이며 돌을 쌓은 방식은 산성자산성 등의 성벽에서 보는 바와 같은 연와적식(煉瓦積式)이다. 하지만 이것이 본래 이 총의 일부를 이루는 구조였는지 아닌지는 자못 의심스럽다. 천정적은 옛날 그대로의 위치를 유지한 듯 어떤 이동의 흔적도 확인되지 않는다. 그 아래에는 거의 퇴석에 묻힌 석실이 남아있는데 내면은 상부의 넓이가 동서 9척 5촌, 남북 10척 남짓이다. 남벽은 상부가 결손되어 현재 이곳을 통해 출입할 수 있도록 되어 있다. 본래의 입구는 서측에 있었던 것으로 거의 매몰되어 있다(그림 23). 세키노가 현실은 남쪽을 향해 있고 연도는 모두 파괴되어 있다고 한 것은 현재의 무너진 입구를 연도로 오인한 것이다. 연도

는 하반부만 남아 있고 상반부가 무너진 용재로 보이는 큰 돌이 현실 외부의 서쪽에 흩어져 있다. 현실의 평면은 방형이며 서측 중앙에 연도가 열려 있다. 네 벽은 세로 1척 안팎의 가공된 화강암 석재를 정연히 겹쳐 쌓아서 상부가 점차 안으로 좁혀 들어가 있다. 연도의 윗벽과 현실 천정과의 높이 차이는 4척을 넘지 않는다. 따라서 오늘날 측정하기 어려운 현실의 높이도 그리 크게 추정할 수는 없다. 요컨대 이 총의 석실 규모는 장군총보다 작고 구축도 조금 간단하다.

이상은 태왕릉 구조의 대략이다. 그런데 이 총에서도 장군총과 마찬가지로 그것을 둘러싼 조역의 존재를 확인할 수 있다.

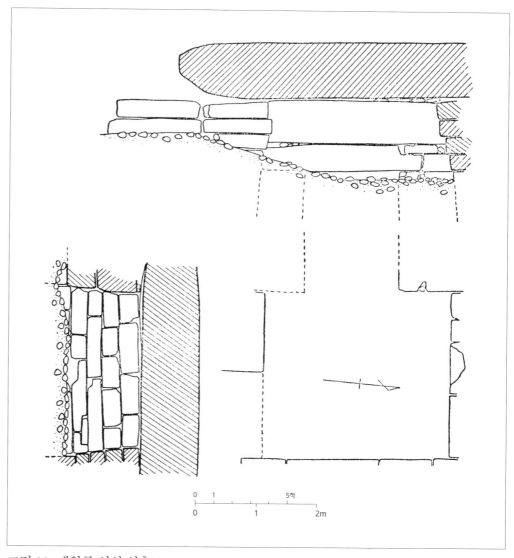

그림 23. 태왕릉 석실 실측도

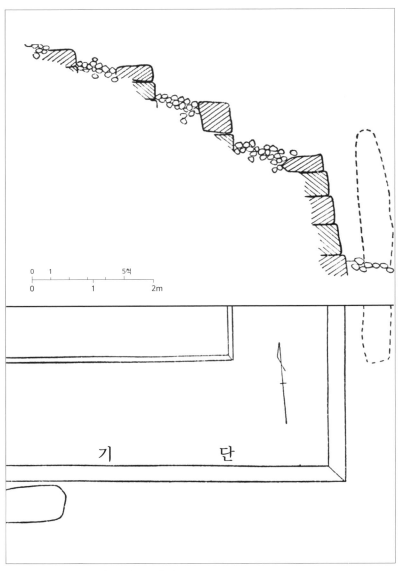

그림 24. 천추총 기단 일부 현상도

총의 기변은 위에서 무너져내린 퇴석에 매몰되어 있으므로 기초적 구축에 대해서는 알 도리가 없으나, 어찌됐든 총의 주위를 둘러보면 상당히 넓은 범위에 걸쳐 천석이 깔려 있다. 현재 윗면이 잔디밭으로 되어 있는 부분으로, 총의 남쪽과 서쪽 및 동남 방면에서 특히 뚜렷하다. 또 총의 북측은 약간 높은 언덕에 접해 있는데 총과 반 정 정도 떨어진 그 기슭에는 총의 기저와 병행하여 축조된 석루의 흔적이 있다. 이 석루가 서쪽과 남쪽까지 미치고 있었던 것으로 보이는 흔적이 1913년 도리이의 조사 때 동행자 사와가 촬영한 설경에 나타나 있다(도판 53-1). 생각건대 이 석루는 조역의 경계를 구획한 것임에 틀림없을 것이다.

태왕릉에 필적하는 대규모의 석총으로 천추총과 서대총이 있다. 천추총은 마선구 하류의 동쪽 기슭 가까이에 축조되었다(도판 57-1). 석퇴 사이에 와편이 무수히 산재하고 "천추만세영고(千秋萬歲永固)", "보고건곤상필(保固乾坤相畢)" 등의 명문을 양각한 벽돌이 다수 발견되었으므로[5]

세키노로부터 이 명칭을 얻은 것이다(도판 58). 붕괴 정도는 대체로 태왕릉과 같지만 기단의 네 모퉁이와 동쪽의 한 변에 비교적 원형이 잘 남아 있다. 네 변은 거의 방위선과 일치하고(정밀히 말하면 10도 정도 동쪽으로 기울었다), 한 변의 길이가 190척을 헤아린다. 기단은 동남 끝에서 이를 볼 때 높이 약 10척에 태왕릉과 거의 같은 구축법이 사용되었고(그림 24) 모퉁이각 가까이에 두서너 개의 기댄 돌도 잔존한다(도판 57-2). 기단 위에는 본래 6, 7층의 방단이 얹혀 있었을 것인데, 현재 그 흔적을 밝힐 수 있는 것은 다만 3단에 지나지 않는다. 석퇴의 정상부는 함몰되었고 또 그 패임은 남쪽으로 펼쳐져 있다. 이는 아마

........................................................

5) 세키노 일행은 이들 벽돌 외에, 둘레 가장자리가 뚜렷하게 돌출된 파와(巴瓦) 2종과 다른 두세 종의 파와 및 당초와(唐草瓦)에 상당하는 평와 등을 발견했다. 실물 사진은 『조선고적도보』에 실려 있다. 본서 도판에는 『도보』에서 복사한 것을 실었다(도판 58). 우리의 조사에서 명문이 있는 벽돌은 발견되지 않았으나 평와의 파편 중에는 한 쪽 끝에 손끝으로 일종의 장식을 더한 것을 보았다.

석실이 파헤쳐진 흔적일 터인데, 이 쪽으로 석실 연도의 입구가 열려 있었던 것을 암시하는 것이다.

총의 서북쪽으로 약 반정, 도로에 접한 민가의 석담에 화강석재의 커다란 초석이 기대어져 있다. 8각형의 조형을 지닌 자못 훌륭한 것이다(도판 33-2, 그림 25). 그리고 이 민가의 남쪽, 즉 총의 서쪽 일대인 저지대에는 천석이 깔린 건물의 유적지처럼 보이는 석재도 그 사이에 점재한다. 대개 천석을 나포하는 것은 그 부분이 조역내에 속하기 때문이므로, 그곳에는 위의 초석을 사용한 부속 건물도 설치되어 있었을 것이다.

다음으로 서대총은 천추총의 서쪽 십 수 정, 마선구의 서쪽에 솟아있는 높은 산(표고 535m) 기슭의 고대 위에 위치한 발군의 큰 무덤이다(도판 59-2). 통구 평야의 서쪽 끝에 해당하는 지역이므로 세키노가 이와 같이 명명했다. 석축의 방분인데 붕괴가 심하여 원형을 남긴 부분은 극히 적다. 기저의 네 변은 대체로 방위선 위에 놓이며 북쪽의 한 변의 길이가 164척을 나타낸다. 동남 모퉁이에 기단의 축석이 비교적 잘 남아 있는데

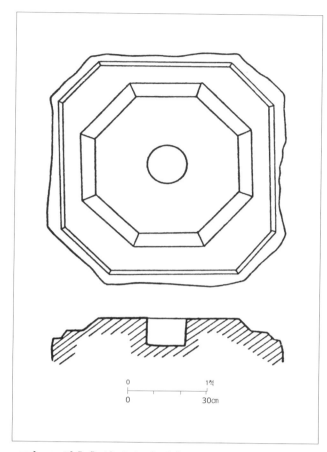

그림 25. 천추총 부근 초석 실측도

높이 14척을 헤아린다. 또 동북 모퉁이는 층단의 흔적이 비교적 잘 유지되어 현재 7단을 헤아릴 수 있다. 전체적 구조는 태왕릉과 닮았다. 석퇴 중앙부는 심하게 함몰되어 남면의 하부에 이르고, 또 서남부의 석퇴가 앞쪽으로 무너져 떨어졌으므로 묘의 평면은 움푹 꺼진 모양을 드러내고 있다. 함몰된 퇴석 속에는 할석에 회반죽을 입힌 것이 섞여 있는데 석실 용재의 잔편인 듯 생각된다. 와편도 흩어져 있으나 눈에 띄는 것은 발견되지 않았다.

# ㄴ. 작은 석총들

산성자산성의 동쪽 소평야에 군재하는 수많은 고분 가운데 세키노가 형총, 제총, 절천정총 등으로 명명한 비교적 작은 규모의 석총은 외형과 내부의 구조상 특히 주목할 가치가 있다. 형총과 제총은 남아 있는 상태가 장군총 다음으로 완전하고 구조도 또한 유사하다(도판 60). 형총은 기단에서 제4단에 이르기까지 거의 원형을 유지하고 있다. 기단의 한 변 길이가 75~6척이며 제4단에서는 45~6척을 헤아린다. 석괴가 중첩된 상부의 중앙은 떨어져나가 패였고 그 남변 가까이에 연도의 일부분이 남아있는데, 석실

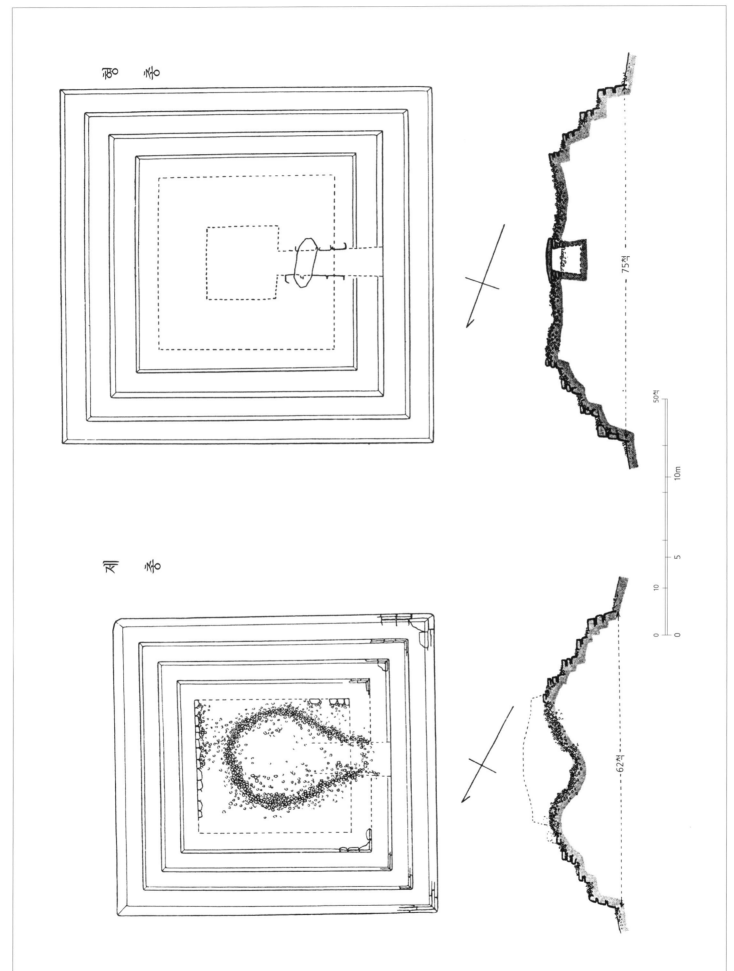

평 면

제 충

75척

62척

50척

10m

10

5

0

그림 26. 형총과 제총 실측도

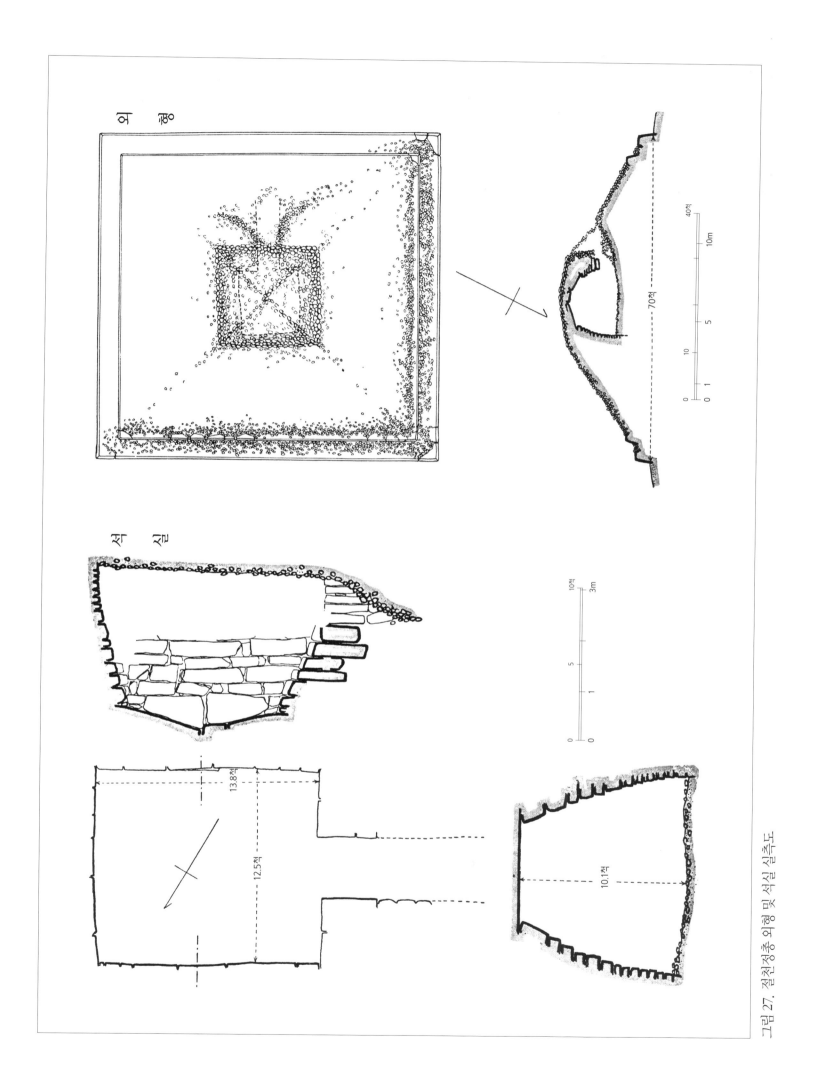

평면

석실

그림 27. 절천정총 외형 및 석실 실측도

과 연도의 기저는 제2단의 상면에 놓인 듯하다. 그리고 연도의 천정 상태로 추측하건대 본래 제4단 위에 최상단인 제5단이 존재했으리라고 생각된다.

제총은 기단 변의 길이가 약 65척으로 형총에 비해 약간 작다. 하지만 구조는 거의 같고 일부에서 방단이 5단이었던 흔적을 확인할 수 있다. 각 단의 표면은 가공한 화강암의 석재를 쌓았고 내면에 할석을 채워둔 것은 다른 석총과 같다(그림 26).

절천정총은 석실의 내부 구조에서 이 명칭이 유래한 것이다. 방형 석축의 현실은 벽의 상부를 점차 안쪽으로 쌓았고, 그 위에 구축된 천정은 양쪽이 내려간 지붕 형태를 드러내고 있다(도판 61). 세키노의 보고는 구리야마(栗山) 공학사가 제작한 석실의 실측도만을 제시하고 총의 외형에 관한 설명이 빠졌는데[6], 우메하라의 실사에 의하면 그림 27에 나타낸 바와 같이 외부의 구축도 매우 진기한 것이다. 방형의 기단 각 모퉁이가 방위선 위에 놓이는 점은 장군총과 같다. 한 변의 길이가 70척, 높이는 40척에 가깝고, 기단 위에는 면적을 작게 축소한 낮은 방단 즉 제 2단이 형성되어 있다. 서남쪽으로 입구가 열린 석실의 기저는 그 윗면에 놓여 있는 듯하다. 그리고 이 방단 위에는 다시 단을 겹치지 않고 비교적 큰 할석을 쌓아 사아형(四阿形)으로 볼 수 있는 봉분을 일으켜서 기단의 저면에서 20척의 높이에 달하도록 하였다. 이는 총의 외부 구조를 내부의 석실에 순응시켰다는 점에서 상당히 흥미로운 것으로, 유사 사례의 발견은 장래의 조사에서 기대할 수 있을 것이다.


# 5. 오괴분의 토분


통구 평야에 나포하는 고분은 절반이 석총이고 나머지 절반을 차지하는 것은 토분이다. 앞에서 잠깐 언급한 오괴분은 이들 토분 중 특히 유명한 것이다. 소재는 서강 부락의 서북쪽으로, 여산 기슭에 접한 평지에 5기의 대분이 서에서 동으로 나열해 있는 데서 이 명칭이 유래했고(도판 36), 나아가 이 부근의 지명으로 되어 있다. 5기 가운데 서쪽의 2분과 동쪽의 3분이 각각 근접해 있고 두 그룹 사이에는 약간 거리가 있다. 따라서 세키노는 전자를 이총(二塚), 후자를 삼총(三塚)이라 명명했는데 우리는 편의상 서쪽에서 헤아린 순서에 따라 부르기로 한다. 5분의 외형은 모두 같다. 즉 봉분의 기저는 배흘림이 있는 방형을 이루고 그 위에 높이 토양을 쌓아올렸다. 규모는 놀랄 만큼 커서 다른 무수한 토분들 중에서 단연

6) 關野貞, 「滿洲輯安縣及び平壤附近の高勾麗時代の遺蹟」, 앞의 글, 1914.12.

두각을 나타낸다. 석총인 장군총과 더불어 이 일군의 토분이 특히 유명한 이유이다. 그중에서도 가장 큰 것은 제2호분이고 제5호분이 그 다음이다. 제2호분은 상부의 남쪽 절반이 꺼져있어 도굴의 흔적이 보이지만 전체적으로는 잔디에 덮인 채 거의 원형을 유지하고 있다. 한 변의 길이는 약 180척, 높이가 40척을 넘는다. 제5호분은 반 이상 토양이 파헤쳐져서 거의 폐멸에 가깝다.

제1호분의 후방에도 4기의 토분이 서로 접하여 서에서 동으로 늘어서 있다. 즉 세키노가 말한 사총(四塚)이다. 외형은 오괴분과 같지만 규모는 작다. 우리는 오괴분이라는 지명을 붙여서 이들 4기를 각각 제6호분에서 9호분으로 부르고, 또한 부근의 다른 뚜렷한 토분에도 같은 칭호를 붙이고자 한다.

본서의 Ⅱ부에서 상세히 설명될 신발견의 사신총은 오괴분의 제4호분에서 북쪽으로 얼마 떨어지지 않은 곳에 있는 토분이다. 1915년 집안지현 오광국이 엮은 『집안현 향토지』에 오결분(五闋墳)이라고 하여 설명한 조목에는 "북산(여산) 기슭에 토총 5기가 둘러서 있는데 구릉처럼 높고 위에 구멍이 있다. 호사가들이 끈을 매달아 탐색했는데 석회로 구획한 벽들이 꺾여져 있고 위에 인물이 그려져 있었으며 다른 특이한 것은 없었다(北山之麓, 土塚環立有五, 高似丘陵, 上有穴, 好事者, 繩縋探之, 有石灰隔壁數曲, 上畫人物, 無他異)"라고 하였다. 즉 오괴분 중 하나에도 벽화가 있다는 것으로, 이는 토분의 성질에 대해 특히 주목할 만할 것이다.

# 6. 모두루총

모두루총은 하양어두의 북쪽 산기슭에 산재하는 십 수 기의 작은 토분 중 하나이다. 하양어두의 나루터에서 북쪽 2정 반 정도의 지점에 있다. 봉분의 지름이 약 60척, 높이 10척으로 현재 거의 원형을 나타내고 있는데, 어쩌면 하양어두의 환문총, 동강의 무용총과 각저총, 오괴분(지명)의 여러 토분 및 사신총 등과 같은 배흘림이 있는 방분이 원래 형태를 잃은 것인지도 모른다(Ⅱ부 도판 93).

이 총의 석실은 주실 및 전실로 이루어졌는데 연도는 정서에서 30도 정도 남으로 기울어진 방향으로 입구를 열었다. 전실의 평면은 가로로 긴 장방형이고 주실은 방형인데, 천정부는 각각 구조를 달리한다. 전자는 우진각 지붕의 내면과 같은 상태를 드러내며, 후자는 삼각형의 굄장식을 2중으로 하여 그 위에 평평한 대석을 얹고 있다. 벽면은 전부 회반죽으로 칠해져 있다. 주실의 시상 위에는 좌우의 양 벽에 접하여 각각 1개의 관대가 나란히 있어 본래 이 총이 두 사람을 장사지내기 위해 조영된 것임을 나타내고 있다. 또 전실의 오른쪽 벽 상부에는 달아맨 선반이 있었던 흔적이 보이며 못 구멍도 군데군데 남아 있다. 주실과 전실 모두 매우 간소한 구조인데 아마 벽화를 그리고자 하다가 결국 이루지 못한 듯하다(Ⅱ부 도판 94).

전실 정면의 윗벽에는 언뜻 경권(經卷)을 펼친 듯한 외관을 보이는 부분이 있다. 이는 이 총의 주인공인 고구려인 모두루의 묘지(墓誌)로, 회반죽의 벽면을 적갈색으로 칠하고, 10자 79행의 종횡 괘선을 그어서 먹으로 쓴 거친 필치의 묘지문이다(그림 28). 최초의 2행은 제기(題記)인데, 그곳에는 괘선이 생략되어 있다. 세로선은 먹으로 그었고 가로선은 벽면을 송곳 같은 것으로 얕게 파서 표시했는데 이러한 괘선은 고비(古碑)의 표면과 흡사한 점이 있다. 각 네모칸은 세로 1촌에서 1촌 2푼, 가로 9푼을 헤아린다. 명문은 벽면(정면)의 오른쪽 구석에서 1척 2촌 떨어진 지점에서 시작하여 7척 3촌 2푼의 길이로 왼쪽 구석에 달하며, 다시 앞쪽으로 꺾여져서 3촌 3푼 정도 왼쪽 벽의 오른쪽 끝에 이르고 있다. 앞의 부분은 괘선이 없는 2행의 제기를 포함하여 78행이고, 뒷 부분이 3행으로 모두 81행이다.

괘선이 나타내는 바에 의하면 묘지의 전문은 약 8백자로 이루어져 있던 것이다. 그런데 그 대부분이 매우 흐려져서 거의 해독하기 어렵게 된 점은 유감을 금할 수 없다. 우메하라, 미카미 두 사람이 총의 안팎을 실측하는 동안 필자는 하마다, 다나카, 구로다, 이토, 미즈노 등 여러 사람과 협력하여 명문의 판독에 노력하였는데 그 결과는 대체로 다음과 같다.

| | 1 | 2 | 3 | 4 | 5 | 6 | 7 | 8 | 9 | 10 | 11 | 12 | 13 | 14 |
|---|---|---|---|---|---|---|---|---|---|---|---|---|---|---|
| I | 大 | 文? | 河 | 聖 | 方 | 治 | 王 | 餘 | 之 | 世 | 聖 | 祀 | 非 | 叛 |
| II | 使 | | 泊 | 王 | 知 | 此 | 奴 | 隨 | 故 | 遭 | 太 | 仉 | 宀 | 送 |
| III | 者 | | 之 | 元 | 此 | 郡 | 客 | 聖 | 造? | 官 | 王 | 滇 | 枝? | 纟 |
| IV | 牟 | | 孫 | 出 | 國 | 之 | 祖 | 王 | | 恩? | 之 | | | |
| V | 頭 | | 日 | 北 | 郡? | 嗣? | 先? | 來 | | | 世 | | | 之 |
| VI | 婁 | | 月 | 夫 | 冣 | 治 | | 奴 | | | 辶 | | | |
| VII | | | 之 | 餘 | 聖? | | | 客 | | | | | | |
| VIII | 奴? | | 子 | 天 | 亻 | | | 叵? | | | | | | |
| IX | 客? | | 鄒? | 下 | | | | | | | | | | |
| X | | | 牟? | 四? | | 聖? | | 是? | | | | | | |

| | 15 | 16 | 17 | 18 | 19 | 20 | 21 | 22 | 23 | 24 | 25 | 26 | 27 | 28 |
|---|---|---|---|---|---|---|---|---|---|---|---|---|---|---|
| I | 冉 | 遣 | 狗 | 曁 | 悅 | 恩 | 宮 | 牟 | 慕 | 河 | 之 | 牟 | | 牟 |
| II | | 招? | 雞 | | | 亻 | 客 | 令 | 容? | 泊 | 地 | 扌 | | 婁 |
| III | | | | | | | | 彡 | 鮮 | 之 | 來 | | | |
| IV | | | | | | | | 靈 | 卑 | 孫 | | | | |
| V | | | | | | | | | | 日 | 北 | 公? | | |
| VI | | | | | | | | 氵 | | 月 | 夫 | 義? | | |
| VII | | | | | | | | 使? | | 之 | 餘 | 彡 | | |
| VIII | 之 | | | | | | | 人? | | 子 | 大 | | | |
| IX | | | | | | | | | | 所 | 兄 | | | |
| X | | | | | | | | | | 知 | 生 | 冉 | | |

| | 29 | 30 | 31 | 32 | 33 | 34 | 35 | 36 | 37 | 38 | 39 | 40 | 41 | 42 |
|---|---|---|---|---|---|---|---|---|---|---|---|---|---|---|
| I | | | | | | | | | | | | | | 世 |
| II | 遣 | | | | | | | | | 河 | | | | 遣 |
| III | | | | | | | | | | 泊 | | 於 | 大 | 宮 |
| IV | | | | | | | | | | 日 | 祖 | 彼 | 兄 | 恩 |
| V | | | | | | | 合 | | | 月 | 大 | 喪 | 慈? | 恩 |
| VI | 白? | | | 造 | 苑 | | | | | 之 | 兄 | 亡 | 慈? | 貝 |
| VII | | 宀 | | 世 | 囧 | | | | | | 冉 | 糸 | 大 | 祖 |
| VIII | | | | | | | | | | | 牟 | 田 | 兄 | 之 |
| IX | | | | | | | | | | | 壽 | 祖 | | |
| X | | | | | | | | | | | 盡 | 父 | | |

| | 43 | 44 | 45 | 46 | 47 | 48 | 49 | 50 | 51 | 52 | 53 | 54 | 55 | 56 |
|---|---|---|---|---|---|---|---|---|---|---|---|---|---|---|
| I | 道 | 育 | 聖 | 介 | 牟 | 泊 | | | | | | 還 | | |
| II | 城 | 如 | 地 | 恩 | 教 | 之 | | | 不 | | | | 潤 | 令? |
| III | 民 | 此 | 好 | 教 | 遣 | 孫 | | 怒 | | | | | 太 | 教 |
| IV | 㞷 | 還 | 太 | 奴 | 令 | 日 | 昊 | 客 | | | | 教 | 隊? | 老? |
| V | 民 | 至 | 聖 | 客 | 北 | 月 | 天 | 在 | 月 | | | 之 | 踊? | 奴 |
| VI | 幷 | 國 | 王 | 牟 | 夫 | 之 | 不 | 遠 | 不 | | | | 躍? | 客 |
| VII | 令 | 囧 | 緣 | 頭 | 餘 | 子 | 弔 | 襄? | 明 | | | | | |
| VIII | 前? | 上 | 祖 | 婁 | 守 | 聖 | 奄 | 切 | 肇 | | | | | |
| IX | 王? | 大 | 父 | | 事 | 王 | 便? | 如? | | | | | | |
| X | | | | | 河 | | | 若 | | | | | | |

| | 57 | 58 | 59 | 60 | 61 | 62 | 63 | 64 | 65 | 66 | 67 | 68 | 69 | 70 |
|---|---|---|---|---|---|---|---|---|---|---|---|---|---|---|
| I | 官 | 使 | 竆 | | | | | | | 知 | 可? | | | |
| II | 恩 | 之? | 極 | | | | | | 公? | | 之? | | | |
| III | 緣 | 西? | 言 | | | | | | 依 | 鼔 | | | | |
| IV | | | 教 | 兄? | | 喪? | | 一 | 如 | | | 玥 | 池 | |
| V | | | | | | 不 | | | 若 | | 如 | 月 | 海 | |
| VI | 道 | | | | | | | | | 氵 | 我? | | | |
| VII | | | | | | | | | | | | | | |
| VIII | | | | | | | | | | | | | | |
| IX | | | | | | | | | | | | | | |
| X | | | | 述 | | | | | | | | | | |

| | 71 | 72 | 73 | 74 | 75 | 76 | 77 | 78 | 79 | 80 | 81 |
|---|---|---|---|---|---|---|---|---|---|---|---|
| I | | | | | | | | | | | |
| II | | | | | | | | | | | |
| III | | | | | | | | | | | |
| IV | | | | | | | | | | | |
| V | | | | | | | | | | | |
| VI | | | | | | | | | | | |
| VII | | | | | | | | | | | |
| VIII | | | | | | | | | | | |
| IX | | | | | | | | | | | |
| X | | | | | | | | | | 趣 | |

　　명문의 제3행에서 제4행에 "하백의 손자 일월의 아들 추모성왕은 본디 북부여에서 나와서(河泊(伯)之孫日月之子鄒牟聖王元出北夫餘)"라고 한 서두 부분은 광개토왕비의 서문에 "시조 추모왕의 창기함을 상고하노라. 북부여에서 나온 천제의 아들로 어머니는 하백녀이니(惟昔始祖鄒牟王之創基也, 出自北扶餘, 天帝之子, 母河伯女郎)"라고 되어 있는 것과 취지를 같이 하며, 말할 것도 없이 고구려 건국의 유래를 설명한 문구이다. 제기 속에 "대사자 모두루(大使者牟頭婁)"의 문자가 있고, 제46행에는 "노객 모두루(奴客牟頭婁)"라고 되어 있다. 대사자는 고구려의 관직명으로, 『주서(周書)』 권49 〈고려전〉에 "대관으로서 대대로가 있고 다음에 태대형, 대형, 소형, 의사사, 오졸, 태대사자, 대사자, 소사자, 욕사, 예속, 선인과 욕살, 모두 13등급이 있으며 내외의 사무를 나누어 맡는다(大官有大對盧, 次有太大兄·大兄·小兄·意俟奢·烏拙·太大使者·大使者·小使者·褥奢·翳屬·仙人幷褥薩, 凡十三等, 分掌內外事焉)"라고 되어 있다. 따라서 모두루는 이 묘의 주인공에 틀림없고, 그의 조부가 광개토왕과 시대를 같이 했을 것이라는 점이 제45행과 46행에 "호태성왕이 조부인 □尒와 인연이 있어 노객 모두루에게 은혜로운 교지를 내렸다(好太聖王緣祖父□尒恩敎奴客牟頭婁)'라고 한 것에 의해 추측된다. 즉 모두루는 장수왕 혹은 그 다음인 문자명왕(文咨明王) 무렵의 사람이었을 것이다.

　　석실의 벽면에 먹으로 쓴 묘지가 지니는 가치는 고구려뿐 아니라 백제나 신라의 것에서도 아직 발견된 예가 없으므로 매우 진귀하다. 또 8백여 자의 장문이므로 1천 8백 자에 이르는 광개토왕비에 이어서 극히 귀중한 사료이다. 그런데 실사의 결과는 상기와 같이 단속적으로 겨우 2백 수십 자를 판독할 수 있는 데 불과했으므로 이 진귀한 사료 속에서 특별히 새로운 사실을 추출해 내기 어려운 것은 거듭 유감이다.

그림 28. 모두루 묘지

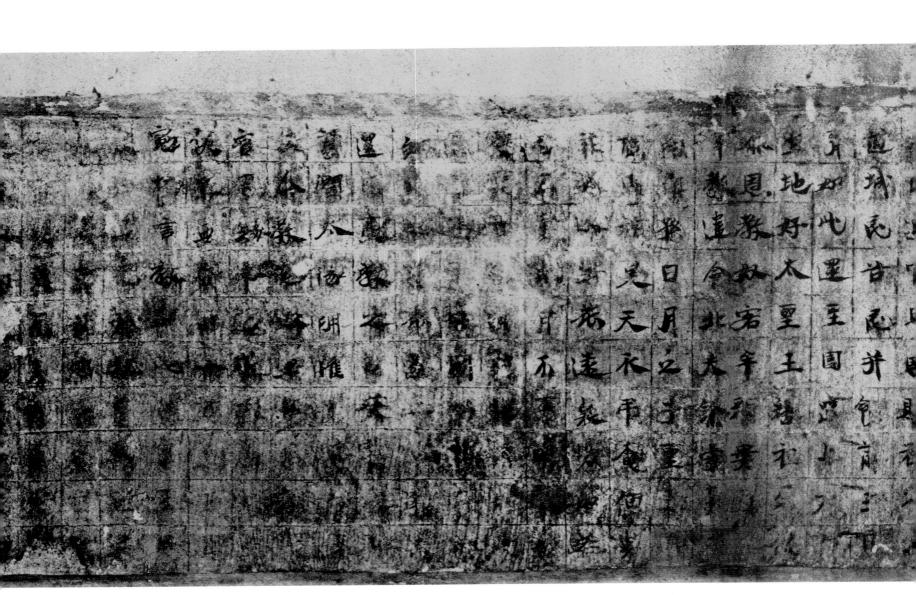

제6장
# 석총과 토분의
# 연대

　　통구 평야에 군재하는 석총 중에 높고 건조한 곳에 위치한 장군총은 형태의 완전함으로 특히 유명하고, 태왕릉은 광개토왕비에 가장 가까이 존재하는 웅대한 황묘이다. 여기서 우선 이들 묘의 주인이 어떤 사람인가를 알고 싶은 자연스러운 욕구가 생긴다. 거비의 명문에 의하면 광개토왕의 완전한 시호는 '국강상광개토경평안호태왕(國岡上廣開土境平安好太王)'이고, 또 재위 기간에 왕 스스로 사용한 연호가 영락이었으므로 '영락태왕'이라고도 불리고 있다. 그리고 비석에 가장 가까운 서남 약 3정 지점에 있는 대묘의 석퇴 사이에서 다수 출토된 벽돌에는 "원태왕릉안여산고여악(願太王陵安如山固如岳)"이라는 명기가 있다. 때문에 다수의 학자는 모두 거비와 대묘, 즉 태왕릉을 연결시키기에 주저하지 않았다. 요코이가 그러했고 나카가 그러했으며 미야케, 도리이, 샤반느 또한 그러했다. 그런데 유독 세키노는 이를 부인하고, 광개토왕의 능이 장군총이라는 것을 역설함과 동시에 이른바 태왕릉의 주인공은 어떤 왕인지 알 수 없다고 하였다. 필자는 오랫동안 이 문제에 관심을 가지고 있었으므로 1935년 처음 이 땅을 밟았을 때에도, 이듬해 다시 추가 조사를 했을 때에도 특별히 고려한 바가 있었지만 역시 통설이 온당함을 깨달을 수밖에 없었다. 세키노가 통설에 반대하여 그 주장을 관철하기 위해 소극적, 적극적 양면으로 제시한 주요한 이유는 다음의 여러 조건이다[1].

1) 關野貞, 「滿洲輯安縣及び平壤附近の高勾麗時代の遺蹟」『考古學會雜誌』第5卷 第3號, 1914.11.

1) 첫 번째 반증은 비를 세운 방향과 총(태왕릉)의 방향이 모순되는 것이다. 태왕릉은 토구자산에서 연장되어 온 높은 언덕 위에 남쪽을 향하여 서 있다. 만약 이 능에 대한 비라면 반드시 그 전면 참도(參道)의 좌우 어느 쪽인가에 세워졌을 것이다. 그런데 광개토왕비는 그 왼쪽(동북) 약 2정 지점에 뒤쪽으로 치우쳐서 세워졌고 그 제1면은 태왕릉의 방향과 직각으로 동남을 향하고 있으므로 그와는 아무런 관계가 없는 것과 같다. 만약 이 비가 태왕릉에 속한 것이라면 어찌 이러한 지점을 선택했겠는가.

2) 두 번째 반증은 이 비와 태왕릉의 중간에 너댓개의 붕괴된 석총이 있다는 것이다. 가령 순장이라고 해도 능과 비 사이에 이러한 총묘를 조영하겠는가. 이들 총묘가 개재하는 것은 양자가 관계가 없다는 것을 증명하고도 남는다.

3) 장군총은 비의 동북쪽으로 약 12정에 위치하며, 구릉과 골짜기가 그 사이에 섞여서 조금 멀리까지 나가는 듯하다. 이것이 보통 장군총이 아닌 가까운 태왕릉을 취하는 이유이다. 그렇지만 비가 있는 곳에서 바라보면 흡사 일직선으로 이 총이 토구자산 아래의 고지대에 엄연히 서 있는 것이 보인다. 총에서 참도를 만들면 곧장 이 비의 전면을 통과할 것이다. 즉 비는 참도의 오른쪽에 있게 되고 제1면이 이 참도를 향한다. 총과 비의 위치가 서로 잘 부합되는 것이 아닌가. 하물며 총과 비의 사이에 개재된 고분이 하나도 없지 않은가.

세키노는 이와 같은 이유로 통설을 부인하고 장군총이야말로 광개토왕의 능으로 비정해야 한다고 하였다. 하지만 비가 반드시 묘를 배후로 하고 참도의 좌우 어느 쪽에 서 있어야 한다는 것은 너무나도 중국 묘제에 얽매인 견해이다. 광개토왕 시대의 고구려가 그만큼 깊이 중국 문화에 침윤되지 않았다는 것은 방단식의 석총 그 자체를 보아도, 비석에 자연석을 사용하고 있는 것을 보아도 명백하다. 따라서 중국의 묘제를 가지고 곧바로 고구려의 그것에 기준으로 삼는 것은 부당할 것이다. 장군총은 세키노 스스로 인정한 바와 같이 비에서 떨어진 거리가 상당히 멀어서 적어도 14~5정의 간격이 있다. 남북의 폭이 겨우 1리를 넘지 않는 작은 평야에서 양자를 동일 묘역 내에 포함하고 그 사이에 참도를 설치하는 것이 가능할까. 실제 참도의 설치가 없었을 것이라는 것은 임강총(臨江塚), 태왕릉, 천추총, 서대총 등의 여러 대총에서 그것을 확인할 수 없다는 점으로도 유추할 수 있다. 방단식의 장군총은 각 모퉁이각을 방위선상에 두고 서남쪽 한 면에 연도의 입구가 있으며 광개토왕비의 제1면은 90도 안팎의 차이를 가지고 동남쪽을 향하고 있다. 즉 세키노가 "비는 참도의 오른쪽에 있게 되고 제1면이 이 참도를 향한다. 총과 비의 위치가 서로 잘 부합되는 것이 아닌가"라고 한 이유이다. 하지만 총과 비의 상관적 위치가 잘 부합한다고 하는 것은 참도의 존재를 가정했을 때의 견해이다. 양자를 연결하는 참도가 없었다고 하면 총은 통구 평야를 멀리 바라보도록 서남쪽에 면하여 축조되었고 비는 압록강의 수류 방향을 기준으로 그 제1면을 동남쪽을 향하게 했다고 보는 것이 온당할 것이다.

다음으로 비석의 서남쪽 3정 정도의 지점에 위치하는 태왕릉은 사방 약 200척의 면적을 차지하는 장대한 분묘이다. 이를 주분으로 하는 조역은 장군총의 조역과 함께 우리들의 조사 결과 새롭게 밝혀진 것으로, 비석이 그 구역 밖에 속하는 것은 거의 확실하다. 또 비석의 제1면이 동남쪽에 면한 것에 비해 능은 네 변을 방위선상에 두고 서쪽의 한 면에 연도의 입구를 열고 있다. 이도 우리의 조사에 의해 밝혀진 사실이다. 그렇다면 세키노가 능과 비의 상관적 위치 및 방향에 대해 "광개토왕비는 그(태왕릉) 왼쪽(동북) 약 2정 지점에 뒤쪽으로 치우쳐서 세워졌고 그 제1면은 태왕릉의 방향과 직각으로 동남을 면하고 있으므로 그와는 아무런 관계가 없는 것과 같다"고 한 것은, 태왕릉이 서남에 면하는 것을 전제로 한 것이다. 이는 약간 방향의 오류는 있어도 아무런 관계가 없어 보인다는 점은 인정해도 좋을 듯하다. 하지만 이 경우에도 먼저 문제삼지 않으면 안 될 것은 광개토왕비가 세키노로 하여금 "참도의 좌우 어느 쪽인가에 세워졌을 것"이라고 말하게 한 것과 같은 신도비인가 하는 것이다.

광개토왕비는 제1면의 제1행에서 제6행을 차지하는 서문의 말미에 "갑인년 9월 廿九일 을유에 산릉으로 모시고 이에 비를 세워 그 공훈을 기록하여 후세에 전한다(以甲寅年九月廿九日乙酉, 遷就山陵, 於是立碑, 銘記勳績, 以示後世焉)"라고 했고, 다음의 제7행에서 제2면을 넘어 제3면의 제8행에 이르기까지 왕의 일대 공적을 기록하고 있다. 이것만으로는 비석의 위치나 방향은 차치하고 문장의 내용상 신도비라고 말할 수 없는 것은 아니다. 하지만 위 문장의 말미에는 "공파한 성이 64개, 촌락이 1,400이었다(所攻破城六十四, 村一千四百)"라고 하며 "수묘인 연호(守墓人烟戶)"를 설명하여 "구민(奮民)" 및 "새로 온 한과 예(新來韓穢)"에 대해 기록하고 있다. 즉 왕의 즉위 이전 구 영토의 여러 성과 왕이 새롭게 공략한 한(韓)과 예(穢)의 여러 성에서 데려와서 수묘인으로 충당시킨 연호 수를 열거하고 있는 것이다. 최후에 이들 수묘호를 둔 사정에 대해 다음과 같이 서술하고 있는 것은 특히 주의해야 할 점이다.

국강상광개토경호태왕이 살아 계실 때에 교지를 내려 말하기를, 선대 왕들이 다만 멀고 가까운 곳의 구민들만을 데려다가 무덤을 지키며 관리를 맡게 하였는데, 나는 이들 구민들이 점점 몰락하게 될 것이 염려된다. 만일 내가 죽은 뒤 나의 무덤을 편안히 수묘하는 일에는 내가 몸소 다니며 약취해 온 한인과 예인들만을 데려다가 무덤을 수호 관리하게 하라고 하였다. 왕의 말씀이 이와 같았으므로 그에 따라 한과 예의 220가를 데려다가 수묘케 하였다. 그런데 그들 한인과 예인들이 수묘의 예법을 잘 모를 것이 염려되어 다시 구민 110가를 더 데려왔다. 수묘호가 국연이 30가이고 간연이 300가로서 도합 330가이다. 선대 왕들 이래로 능묘에 석비를 세우지 않았기 때문에 수묘인 연호들이 섞갈리게 되었다. 오직 국강상광개토경호태왕께서 선대 왕들을 위해 묘상에 비를 세우고 그 연호를 새겨 기록하여 착오가 없게 하라고 명하였다. 또한 왕께서 규정을 제정하시어, 이제부터 다시는 수묘인을 서로 팔아넘기지 못하며, 비록 부유한 자가 있을 지라도 또한 함부로 사들이지 못할 것이니, 만약 이 법령을 위반하는 자가 있으면 판 자는 형벌을 받을 것이고 산 자는 자신이 수묘하도록 하라고 하였다.

國岡上廣開土境好太王存時敎言, 祖王先王, 但敎取遠近奮民, 守墓洒掃, 吾慮奮民轉當贏劣, 若吾萬年之後, 安守墓者, 但取吾躬率所略來韓穢, 令備酒掃, 言敎如此, 是以如敎令, 取韓穢二百廿家, 慮其不知法, 則復取奮民一百十家, 合新奮守墓戶, 國烟卅, 看烟三百, 都合三百卅家, 自上祖先王以来, 墓上不安石碑, 致使守墓人烟戶差錯, 惟國岡廣開土境好太王, 盡爲祖先王, 墓上立碑, 銘其烟戶, 不令差錯, 又制, 守墓之人, 自今以後, 不得更相轉賣, 雖有富足之者, 亦不得擅買, 其有違令賣者刑之, 買人制令守墓.

죽은 왕의 일대 공적을 비석에 명기함과 동시에 수묘인 연호를 왕릉 부근에 배치한 것도 공적을 길이 기념하기 위함인데, 왕의 유지로서 "묘상에 비를 세우고 그 연호를 새겨 기록하여 착오가 없게 하라고 명하였다"는 것은 비를 세운 주요한 목적이다. 그 연호는 제3면 제8행에서 제4면 제5행에 명기되어 있는 것이다. "묘상"은 '묘의 부근'이라는 뜻일 것이다. 즉 이 비는 수립의 목적과 명문의 내용상으로 보아 광개토왕릉 수묘인 연호비라 칭할 만한 것으로, 한대 이래 중국에 존재하는 신도비와 동일시할 수는 없다. 1936년 가을에 우리와 동행한 다나카는 그 후 비와 장군총의 관계를 논하여 "호태왕비는 올바른 중국의 묘제에 의해 세워진 신도비이고, 그리고 한 줄기 참도(신도)는 넓은 평릉(平陵)에 걸쳐 조금씩 올라가며 이어져서 멀리 바라보이는 장군총에 달하는 것이 아닐까. 이유는 차치하고 이는 예삿일이 아니다. 반드시 비와 묘 사이에는 밀접한 관계가 있음에 틀림없다. 따라서 장군총이야말로 비에서 구가하고 있는 호태왕의 능이 틀림없는 것이다"[2]라고 하며, 한결같이 세키노의 설에 동조하였다. 하지만 광개토왕비를 중국의 묘제를 모방하여 세워진 신도비로 보는 것에 필자는 도저히 동의하기 어려운 바이다.

이와 같이 광개토왕비가 묘의 부근에 세워진 수묘인 연호비라고 한다면 그 묘에 비정할 만한 것으로는 멀리 장군총이 아닌 가까운 태왕릉을 취하는 것이 극히 자연스럽다. 하물며 태왕릉에서는 '원태왕릉안여산고여악'이라는 명기를 지니는 다수의 벽돌이 출토되고 있지 않은가. 비석은 태왕릉의 조역 밖에 세워져 있지만 330가나 있었다고 하는 수묘인의 호수는 반드시 비석 부근의 일대에 이르고 있었음에 틀림없고, 천석을 깔아채운 조역 그 자체도 능호의 주거 구역과는 구별하여 생각해야 할 것이다. 능이 서쪽에 면하고 있는 것은 어떤 이유에 의해 그 방향이 선택된 것이고 비가 동남으로 면하고 있는 것은 압록강의 수류로 향하도록 한 것이리라. 또 이 능에는 장군총의 예로 추측할 때 몇 개의 배총이 있었을 것이

2) 田中豊藏, 「陵を觀る」 『畵說』, 1937.7

라고 생각되므로 능과 비 사이에 너덧 개의 붕괴된 석총이 있다 해도 양자의 관계를 부인할 만한 증거는 안 된다.

그렇다면 장군총의 주인은 어떠한가. 『삼국사기』〈고구려본기〉는 고구려가 환도성(국내성)을 국도로 했던 기간의 여러 왕의 장지에 대해 다음과 같이 전하고 있다.

> 산상왕 연우, 산상릉에 장례지내다(山上王延優 葬於山上陵).
>
> 동천왕 우위거, 시원에 장사지내다.⋯⋯장례일에 이르러 왕의 무덤에 와서 자살한 자가 매우 많았다. 나라 사람들이 섶을 베어 그들의 시체를 덮어주었으므로 마침내 그곳을 시원이라 이름하였다(東川王憂位居 葬於柴原,⋯⋯至葬日, 至墓自死者甚多, 國人伐柴以覆其屍, 遂名其地曰柴原).
>
> 중천왕 연불, 중천의 들판에 장례지내다(中川王然弗 葬於中川之原).
>
> 서천왕 약로, 서천 들판에 장사지내다(西川王藥盧 葬於西川之原).
>
> 봉상왕 상부, 봉산 들판에 장사지내다(烽上王相夫 葬於烽山之原).
>
> 미천왕 을불, 미천 들판에 장사지내다(美川王乙弗 葬於美川之原).
>
> 고국원왕(또는 국강상왕) 사유, 고국 들판에 장사지내다(故國原王(國岡上王) 斯由 葬于故國之原).
>
> 소수림왕(또는 소해주유왕) 구부, 소수림에 장사지내다(小獸林王(小解朱留王) 丘夫 葬於小獸林).
>
> 고국양왕 이련, 고국양에 장사지내다(故國壤王伊連 葬於故國壤).
>
> 광개토왕 담덕(廣開土王 談德). - 장지에 관한 기사 없음.

장군총이 왕릉일 것이라는 점은 규모와 외관상 거의 의심의 여지가 없으나 이를 위의 여러 왕 중 어느 왕의 능으로 할 것인가. 『삼국사기』에 장지가 기록되어 있지 않은 광개토왕 능묘의 소재는 다행히 비석이 있으므로 그 추정이 가능하지만 다른 여러 왕의 것은 이와 같이 빈곤한 문헌으로는 도저히 밝힐 수가 없다. 하지만 산상왕이 환도에 도읍한 초대 왕이고, 그 능에 산상릉의 명칭이 있었다고 한다면 통구 평야 안에서도 한 자리에서 전 평야를 두 눈에 넣을 수 있을 만한 높고 건조한 지점을 골라 구축되어 있는 장군총은 이 왕의 능묘로서 가장 걸맞을 듯하다. 평지에 존재하는 다른 수 기의 대묘에 비교하면 비교적 소규모라는 점도 이 추측을 돕는 것이 아닐까. 능묘는 고구려의 국력의 발전에 따라 점점 장대해졌으리라고 생각되기 때문이다. 다만 이 견해에 대해서는 가장 오래된 것이 가장 완전하게 남아 있을 리가 없다고 하는 반론이 나올지도 모르겠다. 하지만 비교적 소규모의 구축이기 때문에 그만큼 견실도가 있었고, 너무나도 큰 것은 절석을 겹쳐쌓은 관계상 붕괴의 가능성이 높다고 할 수 있다.

다른 여러 왕의 능묘의 비정은 거의 불가능하지만, 그 한둘을 위의 『삼국사기』 기록에 의거하여 추정하면 동천왕이라 불리는 왕의 능은 광개토왕비의 동쪽 구릉에 존재하는 임강총에, 서천 벌판에 장사지냈다고 하는 서천왕의 능은 천추총에 비정해야 하지 않을까. 왜냐하면 임강총 아래에는 압록강으로 유입되는 작은 개천이 흐르고 있는데 이는 통구 평야의 동쪽 강이고, 천추총은 평야의 서쪽 끝 수류인 마선구 하류의 동쪽 기슭에 있기 때문이다. 다만 이는 그저 억측을 서술한 데 지나지 않음을 말해둔다. 동천왕의 장지인 시원에 대해서 그 지명의 기원을 해설한 『삼국사기』의 기록은 아마 후세의 속전일 것이다.

상술한 바와 같이 고구려가 환도를 국도로 한 시대의 최초의 왕인 산상왕의 능이 장군총이고, 그 마지막 왕인 광개토왕의 묘가 태왕릉이라고 하면 이들 왕릉이 대표하는 석총이 환도시대 약 2세기동안 행해지고 있었다는 것에는 거의 의심이 없을 것이다.

그렇다면 토분 쪽은 어떨까. 분포 구역상으로 보자면 석총과 서로 섞여 있어 그 사이에 구별이 없다. 하지만 형태와 체제의 차이는 단순히 외모만으로 그치지 않는다. 종래 조사된 범위내에서 볼 때 석총의 석실에는 벽화가 없고 벽화를 지닌 것은 오로지 토분이다. 그리고 석총의 석실이 모두 총의 상부에 위치하는 데 비해 토분은 석곽의 기저가 봉분과 함께 대체로 지평면상에 있는 것도 특히 유의해야 할 사실이다. 한편 조선 평양 부근에는 대동강의 동서에 걸쳐 고구려 시대 고분들이 군재하는데 그들 대다수는 토분이고 석총은 적으며, 또 석총이라도 통구에서와 같은 장대한 것은 없다. 토분은 통구 지방의 것과 마찬가지로 대부분 벽화를 지니며 석곽이 총의 상부에 위치하지 않는다. 이는 종래의 조사에 의해 밝혀졌다. 그렇다면 통구 평야에 존재하는 토분의 대다수는 장수왕의 평양 천도 이후 즉 환도가 옛 도읍이 된 후에 축조된 것으로, 장군총 및 태왕릉이 대표하는 무수한 석총과는 그 시대를 달리하는 것이 아닐까. 오괴분의 제4분의 후방에서 새롭게 이름을 알린 사신총 석실의 구조 및 벽화의 도상이 조선 평안남도 강서군 우현리의 유명한 두 사신총(중묘와 대묘)과 유사한 것도, 곽벽에 먹으로 쓴 묘지가 있다는 점에서 벽화분에 준할 만한 모두루총이 장수왕 혹은 그 다음의 문자명왕 무렵에 속하는 것도 나의 이 추측을 뒷받침하는 것이리라. 요컨대 통구 지방의 두 종류의 고분은 섞여 있지만 동일 시대에 축조된 것으로는 생각되지 않는다. 고구려의 최초의 근거지였던 환인 부근의 고분을 실사한 사람들의 말에 의하면 그들은 모두 석총이라고 하므로, 고구려의 분묘가 『위지』 권30 〈고구려전〉에 "돌을 쌓아 봉분으로 했다(積石爲封)"라고 기록된 것과 같은 석총에서 토분으로 변이된 것은 거의 확실하다. 따라서 고구려의 묘제에 석총시대와 토분시대의 구별을 인정하는 것은 결코 부당하지 않을 것이다. 그리고 그들 시대의 대체적인 경계는 장수왕 15년(기원427)의 평양 천도를 기준으로 그 전후에 놓아야 할 것이다. 석총 및 토분의 소재가 서로 섞여 있는 것은 후자가 동족의 선조 묘역에 가깝게, 혹은 기존 석총의 빈 땅에 축조했기 때문일 것이라고 생각한다.

이상을 통해 고구려 전체의 묘제로 보면 지금의 환인 땅인 비류수(혼강)의 유역에 근거하고 있던 시대와 그 이후 통구에서 환도를 도읍으로 한 시대는 석총시대이고, 더 내려가서 수도를 평양에 두었던 시대는 토분시대라고 할 수 있을 것이다.

-1937년 7월 상순 기고(起稿) 11월 7일 각필(擱筆)

# I부
# 도 판

도판 1. 압록강 중류(하앙이두)

퉁구 通溝

도판 2. 통구 평야

도판 3. 통구성(조망)

①

②

도판 4.
①통구성(동문)
②통구성(동문밖 초석)

① ②

도판 5. ①통구성(서문 및 서벽 남부) ②통구성(서벽 북부)

①

②

도판 6.
①통구성(남문)
②통구성(남벽 남문안 초석)

①

②

도판 7. ①통구성(남벽 내면−동남 모서리에서 조망) ②통구성(남벽 내면−서남 모서리에서 조망)

도판 8. ①통구성(동남 모서리) ②통구성(동북 모서리)

①

②

도판 9. ①통구성(서북 모서리) ②통구성(북벽 서부 외면)

①

②

도판 10. ①통구성(북벽 외면 요부腰部1) ②통구성(북벽 외면 요부2)

①

②

도판 11. ①통구성(북벽 서부 내면) ②통구성(호壕 터)

도판 12. 통구성(성내)출토 전와(塼瓦)

도판 13. 산성자산성(전면)

도판 14. 산성자산성(전면)

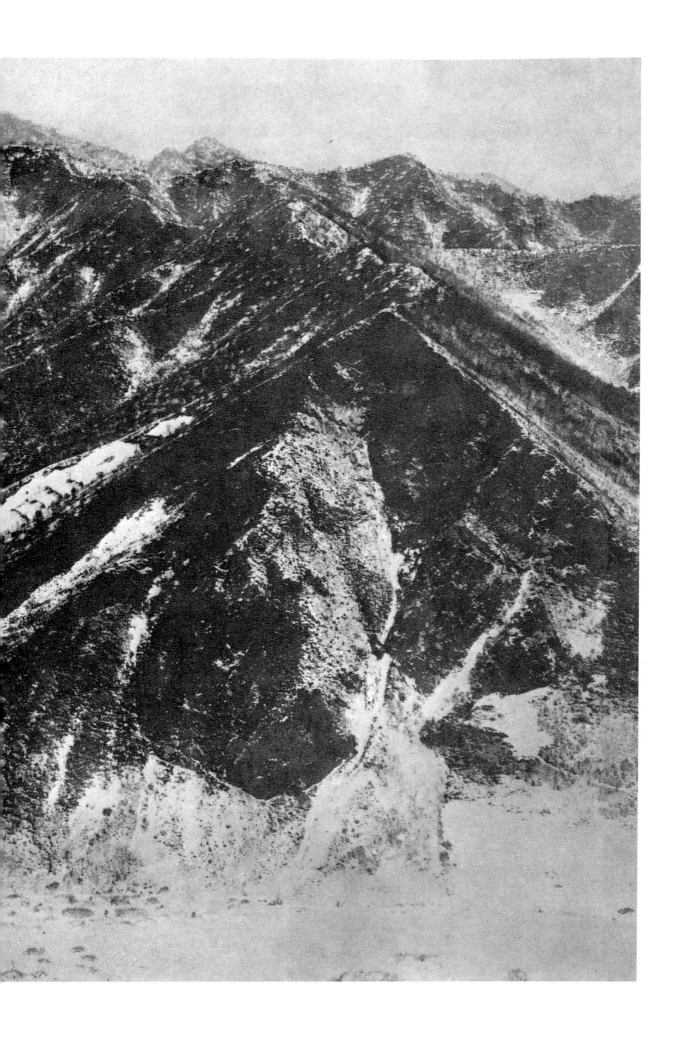

도판 15.
산성자산성
(남문 및
그 부근)

①

②

도판 16. ①산성자산성(남문터-성밖 조망) ②산성자산성(남문터-성안 조망)

①

②

도판 17. ①산성자산성(동남 모서리 석루1) ②산성자산성(동남 모서리 석루2)

①

②

도판 18. ①산성자산성(남부-동남 모서리 조망) ②산성자산성(남부-서북 모서리 조망)

①

②

도판 19. ①산성자산성(성안 점장대-조망) ②산성자산성(성안 음마지)

②

①

도판 26.
①광개토왕비
(제1면)
②광개토왕비
(제2면)

136    통구 通溝

①

②

도판 19. ①산성자산성(성안 점장대-조망) ②산성자산성(성안 음마지)

①

②

도판 20. ①산성자산성(성안 점장대) ②산성자산성(성안 점장대 옆 유적터)

① 

② 

도판 21. ①산성자산성(성안 궁전터) ②산성자산성(성안 궁전터 앞 저수지터)

도판 22. 산성자산성(성내 출토 와당)

①

②

도판 23. ①광개토왕비 및 태왕릉1 ②광개토왕비 및 태왕릉2

도판 24. 광개토왕비(현상)

도판 25. 광개토왕비(제1면 하부)

② ①

도판 26.
①광개토왕비
(제1면)
②광개토왕비
(제2면)

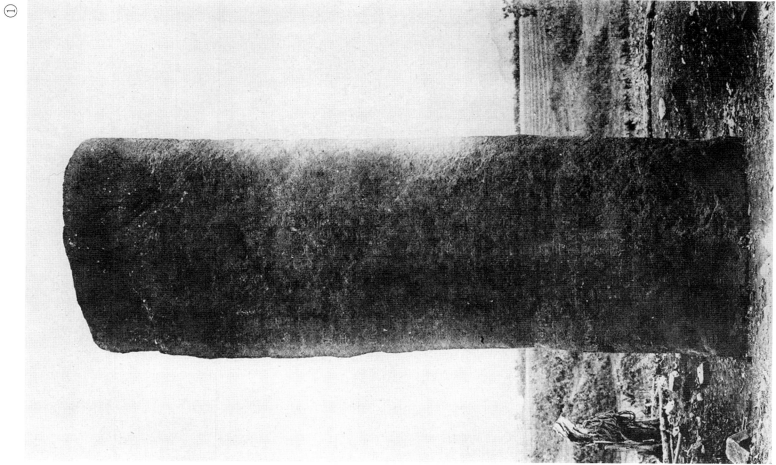

② ①

도판 27.
①광개토왕비
　　(제3면)
②광개토왕비
　　(제4면)

①

②

도판 28. ①광개토왕비(제1면 저부) ②광개토왕비(제2면 저부)

① ②

도판 29. ①광개토왕비(제3면 저부) ②광개토왕비(제4면 저부)

도판 32.
①동대자 유존 초석1
②동대자 유존 초석2
③동대자 유존 초석3

① 

② 

도판 33. ①동대자 유존 초석4 ②천추총 부근 유존 초석

II

III

IV

½

도판 34. 동대자 출토 와편 (도쿄제국대학 공학부 소장)

도판 35.
①동창 유존 석주1
②동창 유존 석주2

① ②

도판 36.
①오괴분 고분군1 ②오괴분 고분군2 ③오괴분 고분군3

도판 37. 여산 산기슭 고분군

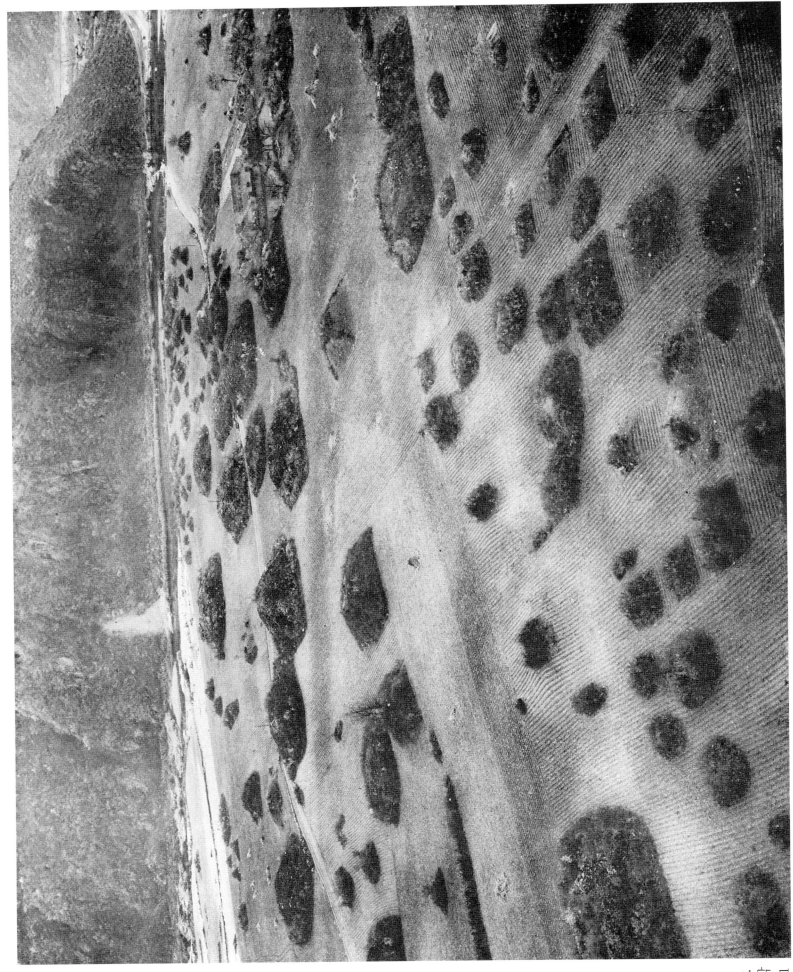

통구 通溝

도판 39.
산성자산성 밖
고분군

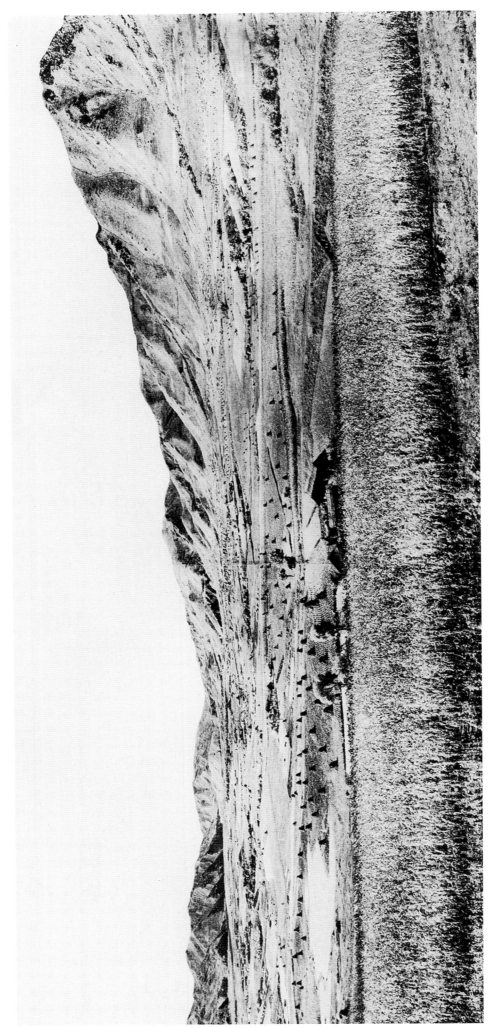

도판 41. 장군총 (전면 평야)

①

②

도판 42. ①장군총(조망) ②장군총(주분 및 배총)

도판 43. 장군총 (정면)

①

②

도판 45.
①장군총(정면 및 우측면)
②장군총(기단 남 모서리)

도판 46.
①장군총
 (최상단 주변 촉꽂이 구멍)
②장군총(방단 세부1)

①

②

도판 47.
①장군총(방단 세부2)
②장군총(방단 세부3)

①

②

①

②

도판 48. ①장군총(석실 연도1) ②장군총(석실 연도2)

①

②

도판 49. ①장군총(석실 내부1) ②장군총(석실 내부2)

① 

② 

도판 50. ①장군총(제1배총1) ②장군총(제1배총2)

①

②

도판 51. ①장군총(배총군1) ②장군총(대자 출토 배총군2)

① ②

도판 52. ①장군총 출토 전와 ②동대자 출토 망새 (도쿄제국대학 공학부 소장)

①

②

도판 53. ①태왕릉(외관1) ②태왕릉(외관2)

① ②

도판 54. ①태왕릉(상부) ②태왕릉(서남 모서리)

①

②

도판 55. ①태왕릉(동북 모서리) ②태왕릉(동남 모서리)

도판 56. 태왕릉 와전(瓦塼)

①

②

도판 57. ①천추총(전경) ②천추총(서남 모서리)

도판 58. 천추총 출토 와전 (도쿄제국대학 공학부 소장)

①

②

도판 59. ①마선구 고분군 ②서대총

통구 **通溝**

①

②

도판 60. ①산성자산성 밖 형총 ②산성자산성 밖 제총

①
②

도판 61. ①산성자산성 밖 절천정총(외관) ②산성자산성 밖 절천정총(현실 일부)

① 

② 

도판 62. ①산성자산성 밖 유존 토총(외관) ②산성자산성 밖 유존 토총(정상부 파손 상태)

# II부
# 만주국 통화성 집안현
# 고구려 벽화분

우메하라 스에지

通溝

滿洲國通化省輯安縣高句麗壁畫墳

卷下

寶熙題

일만문화협회 부회장 보희(寶熙)의 제자(題字)

제1장

# 서 설

　　옛 고구려인이 통구 지방에 남기고 간 가장 뚜렷한 조형물은 평야 전체에 걸친 크고 작은 무수한 석총이다. 그중에서도 광대한 규모를 지니는 방추형의 석총은 다른 유례를 볼 수 없는 것이었으므로 고구려의 역사가 거의 완전히 잊혀져버린 후세에도 특수한 유적으로서 왕왕 사람들의 주목을 끌었다. 명대(明代)에 이루어진 조선 측 사료에 그에 관한 간단한 기록들이 산견하는 것은[1] 그 증좌라고 할 것이다. 하지만 이들 유적이 학술적 연구의 대상으로 다루어지는 분위기는 용이하게 이루어지지 않았다. 1884년(광서10)에 직접 이 지역을 유람한 육군 포병대위 사코 가게아키(酒勾景明)의 견문담은 1889년 요코이 다다나오(橫井忠直)의 「고구려비 출토기」에 의해 세상에 소개되었지만 광개토왕비 그 자체 외에는 학계의 주목을 끌지 못했다. 그러므로 1905년 남만주 조사 여행의 일부로 이루어진 도리이 류조(鳥居龍藏)의 통구 방문은 이 지역에 대한 최초의 학술적 조사라고 해야 할 것이다. 이어서 1907년에는 프랑스의 에두아르 샤반느(Édouard Chavannes)가 답사를 행함으로써 두 사람의 보고에 의해 석조와 토축이 섞인 무수한 고분이 군재하는 사실과 그 구조의 일부가 학계에 소개되었다. 특히 샤반느의 보고에서는 한 토분의 석실 내에 존재하는 벽화도 언급되었다.[2]

---

1) 『용비어천가』 제39장 주해. 『동국여지승람』 권55, 강계도호부 산천 조항. 이수광, 『지봉유설』 권19. 『선조실록』 권71, 29년 정월 기사 소재 신충일(申忠一)의 서계. 신충일의 서계에는 따로 「도기(圖記)」가 동봉되어 있는데 그에 대해서는 稻葉岩吉, 「申忠一書啓及び圖記」『青丘學叢』第29號, 1937.8 참조.
2) Édouard Chavannes; Les monuments de l'ancien royaume Coréen de Kao-keou-li(T'oung Pao, 1908) 참조. 본서에 소개된 벽화분은 그 사진에 의하며, 후에 세키노가 산연화총이라 명명한 것이다.

통구 지방에 대한 이들 조사와 전후해서 조선에서는 세키노 다다시(關野貞)를 중심으로 하는 별도의 고고학적 조사가 여러 도에 걸쳐 개시되었다. 평양 부근의 고구려 시대 고분의 발굴도 그 사업의 일부였는데, 최초로 조사한 것은 강서(江西)에 가까운 우현리(遇賢里, 현재명 삼묘리三墓里)의 대묘와 중묘였다. 그 석실 내에서 발견된 장대하고 화려한 사신도는 학계의 현저한 주목을 끌었고, 얼마 되지 않아 여러 종류의 벽화를 갖춘 분묘의 발견이 뒤를 이으며 고구려 시대 고분이 지니는 성격이 점점 밝혀지게 되었다.[3] 나아가 1913년에는 세키노의 조사 사업이 통구 지방에도 미쳐서 도리이와 샤반느 두 사람의 뒤를 이은 한층 세밀한 조사가 행해졌다. 주요한 석총의 구조를 정밀히 조사했으며, 동시에 토분 석실의 벽화 검출에도 뜻을 두어 삼실총(三室塚), 귀갑총(龜甲塚)과 같은 두서너 벽화분의 존재를 명확히 했다. 그는 새로 발견된 벽화를 평양 부근의 것과 비교하여 연대상 전자가 후자에 선행하는 것으로 결론지었는데,[4] 이로써 고구려 고분 연구에 기여한 바가 크다.

통구 지방의 유적에 대한 이상의 조사가 행해진 후에 만주의 치안은 점점 어지러워졌다. 풍부한 유적으로 탐구의 필요성이 거듭 확인된 이 지역도 토비(土匪)가 활개 치는 곳이 되었다. 때문에 평양 부근에서는 계속된 사업의 진행에 따라 차례로 새로운 발견이 더해졌음에도[5] 불구하고 통구 지방의 조사는 부득이 내버려둔 채 오랜 시간이 지났다. 그런데 마침내 만주의 정세는 일변했다. 만주국이 건설되어 동아의 한 제국이 되었고 치안도 현저히 개선되었다. 마침 1935년 봄, 만주의 고문화 보존에 강한 열의를 가진 당시의 국무총리 정효서(鄭孝胥)는 집안(輯安)에 사람을 파견하여 광개토왕비의 상황을 조사시켰다. 이때 직접 일을 맡았던 안동성(安東省) 시학관(視學官) 이토 이하치(伊藤伊八)가 우연히 2기의 진귀한 벽화분을 발견함으로써 과거 20여 년간 완전히 중단되어 있었던 통구 지방 조사를 재개시키는 계기가 되었다. 만주국 문교부가 이토의 주장에 의해 이들 벽화의 촬영 및 조사 계획을 세웠고, 그 해 가을 세키노의 감독 아래 이를 실행하기로 한 것이다. 그런데 이케우치 히로시(池內宏) 및 하마다 고사쿠(濱田耕作)에게도 동행을 권했던 세키노는 조사 시기를 앞두고 홀연히 타계하였다. 위의 두 사람이 우메하라 스

---

3) 이들 벽화분 각부의 주요한 사진은 『조선고적도보』 제2책에 수록되었고 이에 대한 논고로서 세키노 스스로 발표한 것으로는 「朝鮮江西に於ける高勾麗時代の古墳」(『考古學雜誌』 第3卷 第8號), 「平壤附近に於ける高勾麗時代の墳墓」(『建築雜誌』 第326號), 「滿洲輯安縣及び平壤附近に於ける高勾麗時代の遺蹟」(『考古學雜誌』 第5卷 第3~4號), 「高勾麗時代の壁畵」(『國華』 第294號) 등 여러 편이 있다.

4) 關野貞, 「滿洲輯安縣及び平壤附近に於ける高勾麗時代の遺蹟」, 위의 글 참조. 나이토 도라지로(內藤虎次郎)가 중국 고경(古鏡)의 도문(圖文)을 참고하여 내린 추단도 이에 가깝다. 內藤虎次郎, 「高句麗古墳の壁畵就いて」 『支那繪畵史』, 弘文堂, 1938 참조.

5) 대표적인 것은 1916년 가을동안 행해진 발굴, 즉 조선총독부 고적조사 5개년 계획에 바탕을 둔 제1차년도 조사 결과이다. 조선총독부 간행 『大政五年度古蹟調査報告』 및 『古蹟調査特別報告』 第7冊 「高句麗時代之遺蹟圖版」 참조.

에지(梅原末治) 등과 함께 처음 그 땅을 밟은 것은 그를 대신하여 일을 맡은 것으로, 의외의 신발견이 더해짐에 따라 이듬해 가을에도 추가 조사를 하게 되었다. 이들 조사의 분담 및 경과, 아울러 본서의 출판 유래에 대해서는 이미 Ⅰ부의 서설 속에서 상술하였으므로 중복을 피하여 여기서는 생략한다.

본서의 제Ⅰ부[상권] 간행을 앞둔 1938년 7월 25일, 뜻밖의 불행이 다시 찾아왔다. 즉 전년 6월 이래 교토 제국대학 총장의 요직에 있었던 일만문화협회 평의원 하마다 고사쿠의 갑작스런 죽음이다. 학계, 특히 고고학계의 통한임은 말할 것도 없지만 이 보고서의 완성에도 또한 커다란 타격이었다. 전후 2회의 조사 동안 그는 오로지 신발견의 벽화를 담당하였으므로, 자연히 본서의 제Ⅱ부[하권]은 주로 그의 집필로 예정되어 있었기 때문이다. 실로 학문과 저작에 충실했던 그는 Ⅰ부의 인쇄 진행 중에 Ⅱ부 집필에 크게 열의를 보이고 있었는데, 하늘은 갑자기 그의 목숨을 빼앗은 것이다. 이에 고인과 함께 이 사업에 특별히 깊이 관여한 이케우치와 우메하라가 대신 일을 담당할 수밖에 없게 되었으므로, Ⅰ부의 간행후 두 사람이 서로 상의하고 협력하여 예정된 사업을 완수하기로 결정했다. 우메하라는 2회의 현지 조사 동안 오로지 봉분 및 석실의 실측을 담당하였고 이케우치는 고고학에 문외한이므로 모두 부끄러운 점이 있지만 또한 부득이한 일이다. 이렇게 1939년 봄여름의 경계에 우메하라가 먼저 초안을 만들었고, Ⅰ부 제5장 「고구려의 고분」에서와 같이 이케우치가 이를 수정하고 또 자신의 견해를 덧붙여 Ⅱ부를 편성했다.

최후로 한마디 일러둘 것은 우메하라가 초안을 만드는 데에 있어 후지타 료사쿠(藤田亮策), 오바 쓰네키치(小場恆吉), 시치다 다다시(七田忠志) 등 여러 사람에게 빚진 바가 많았다는 점이다. 이미 말한 바와 같이 우메하라는 현지에서 오로지 실측에 종사하여 벽화 그 자체에 대해 충분히 주의를 기울일 틈이 없었으므로 책상 위에서 사진에 의지하여 그 기술을 진행할 때 스스로 불만을 느끼는 점이 많았다. 그런데 위의 세 사람은 우리의 제2회 조사 후에도 각각 그 지역을 조사하여,[6] 유적에 관한 새로운 식견을 더하고 있었으므로 여러 가지 가르침을 얻을 수 있었던 것이다. 그리고 오바는 조선고적연구회가 주최한 평양 부근 고구려 고분의 조사에도 종사하여 이전에 알려지지 않았던 여러 새로운 사실을 명확히 하였으므로,[7] 통구의 벽화 고분을 고찰하는 데 그들을 참고하여 서로 비교하며 알게 된 바도 적지 않았다.

하마다 박사가 서거한지 벌써 1년이 다가오고 다시 만날 수는 없지만 머지않아 이 책이 간행되어 영전에 바칠 때 그 영령은 미소로 이를 받아줄 것이다.(1939년 6월 28일)

..........................................

6) 후지타는 우리의 제1회 조사에 동행하였는데 1938년 봄 다시 그 지역의 유적을 실사했다. 오바는 같은 해 봄부터 여름에 걸쳐 사신총의 벽화 모사에 종사하였고 시치다는 그와 같은 시기에 그 지역 철도 공사에 종사하여 파괴된 유적의 조사를 행하였다.
7) 조선고적연구회 발행 『고적조사보고』(1936.12)에 수록된 오바 쓰네키치의 보고 참조.

# 제2장
# 무용총

통구 평야에서 동강(東崗) 지역은 여산(如山)의 남쪽 기슭 완만한 경사지와 압록강변 평지의 경계에 위치하며, 유명한 광개토왕비, 태왕릉과 같은 유적이 이 지역에 존재한다. 비석에서 서북쪽으로 7, 8정 정도 떨어진 곳에 나란히 있는 2기의 토분이 작은 개울을 사이에 두고 남쪽의 태왕릉과 마주보고 있다(도판 35-1). 통구 평야의 고분 분포 구역으로 말하자면 그 남쪽 변두리 가까이에 해당하며, 압록강의 수면에서 거의 30미터를 올라온 높이로 장군총과 대략 등고선상에 있다.

오른쪽 2개 분 중 약간 높은 위치를 차지하고 있는 분이 본 장의 주제인 무용총(舞踊塚)이고, 약간 낮은 곳에 축조된 다른 한 분은 다음 장에서 서술할 각저총(角抵塚)이다(도판 1-1, 그림 1). 이들의 규모는 부근에 산재하는 석총이나 토분에 비해서 별달리 크지는 않지만, 양자가 쌍묘처럼 나란하고 잔디에 덮인 분구 주위가 넓게 밭 지역으로 개간되어 있으므로 상당히 눈에 잘 띈다. 두 분 모두 토축이므로 조영 후 수많은 세월을 거듭하는 사이에 원형이 붕괴된 것은 틀림없다. 하지만 비교적 정돈된 외관으로 거의 방추형 모양을 확인할 수

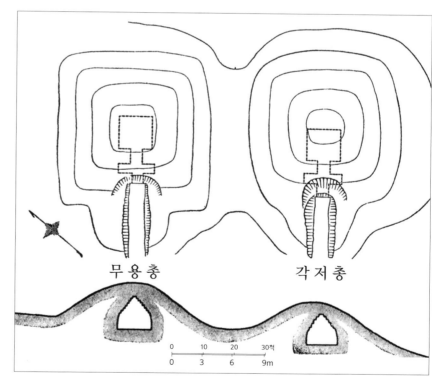

그림 1. 무용총과 각저총 약측도

있다. 각 봉분 기저의 네 모서리는 방위선상에 놓여 있고, 한 변의 길이가 60척에 가까우며 높이는 11~2척이다(그림 1).

　　무용총이라는 이름은 후술할 석실 내부 벽화의 내용에 기인한 것이다. 석실의 구조는 횡혈식 계통에 속한다. 서남쪽을 정면으로 하고 봉토의 기저 중앙부에 위치하며, 지평면의 봉토 가장자리 변에서 조금 안쪽으로 들어간 곳에 그 입구를 열었다. 크고 작은 석재를 쌓아서 축조했고, 내부 벽면은 다른 많은 벽화분과 마찬가지로 두터운 회반죽[漆喰]으로 칠해져있다. 그 평면을 보면, 비교적 짧은 연도(현존하는 부분의 길이 4척 6촌 정도)가 가로로 길게 전개된 전실로 이어지고, 다음으로 역시 짧은 통로가 있어서 방형의 주실로 인도된다. 전실은 세로 약 3척에 가로가 약 11척이며, 주실은 4변이 각 10척 6~7촌을 헤아린다. 전실 및 주실의 주축은 동시에 연도 및 통로의 그것이기도 한데, 평면 전체의 형상은 정연하다(그림 2). 다음으로 입면을 검토하면, 그 기저는 현재 보이는 봉토 자락보다 약간 낮은 수평면에 놓여 있는 듯하다. 연도 및 통로의 좌우에 수직으로 높이 4척 정도의 벽이 세워졌고, 그 위에 아랫면이 평평한 덮개석을 놓았다. 전실의 네 벽은 올라감에 따라 점차 안쪽으로 좁아져서 그들이 차지하는 직사각형 모양의 면적이 충분히 축소되기에 이르러 덮개석에 달한다. 즉 이 구조는 사아(四阿) 천정식의 간단한 형태이다. 주실은 사방의 주벽과 조금 복잡한 구조를 지니는 궁륭상의 천정으로 이루어진다. 주벽은 사방 모두 약 5척의 높이에 상부가 약간 안쪽으로 기울며 천정부에 접한다. 천정부는 얕은 꼼장식[持送]을 8단으로 겹쳐 쌓았는데, 그중 아래쪽 3단은 네 벽을 따라 점차 안쪽으로 들어와 있다. 이 제3단의 네 모서리에 설치된 삼각형의 작은 꼼장식 구조에 의해 위쪽의 5단은 각각 8각형을 이루며 마침내 정상부의 덮개석에 달한다. 이를 아래에서 올려다보면 그 전체 모습은 궁륭상에 가깝게 되어 있다(도판 18-1). 다만 이들 꼼장식은 가공이 조잡한 석재를 사용했기 때문에 회반죽이 시술된 벽면에는 비틀어진 곳이 많고 꼼장식 각각의 넓이도 가지런하지 않다.

　　석실의 구조는 대략 서술한 바와 같지만 그 세부에 대해서는 한두 가지 덧붙여야 할 것이 있다. 첫째, 연도의 좌우 벽면이 전실에 접하는 부분과 주실로 이어지는 통로 양 벽에는 각각 목격(木格)이 존재한 흔적이 남아 있다. 이는 본래 그곳에 문의 설비가 있었던 것을 방증하는 것으로, 평양 부근 고구려 시대 고분의 석실 통로에 석문이 존재하는 것이 있다는 사실은 이 종류의 설비에 대한 유사한 예로 들 수 있을 것이다.[1] 둘째, 주실 기저면의 서반부에는 주축을 따라 일렬로 늘어선 크고 작은 4개의 판석이 남아있다(도판 18-2). 4개 합쳐서 길이 약 8척, 폭이 약 3척으로 관좌(棺座)의 흔적임에 틀림없다. 셋째, 연도의 전반부(이곳에는 최근의 보존 공사로 새롭게 설치된 입구가 있다) 저면에는 세로로 길게 나란히 깔린 두세 장의 판석이 있다(그림 2). 일견 내부로 인도하는 석단인 듯 생각되지만, 연도의 내부에서 이들

........................................

1) 朝鮮古蹟研究會, 『古蹟調查報告』, 1936, 1937 참조.

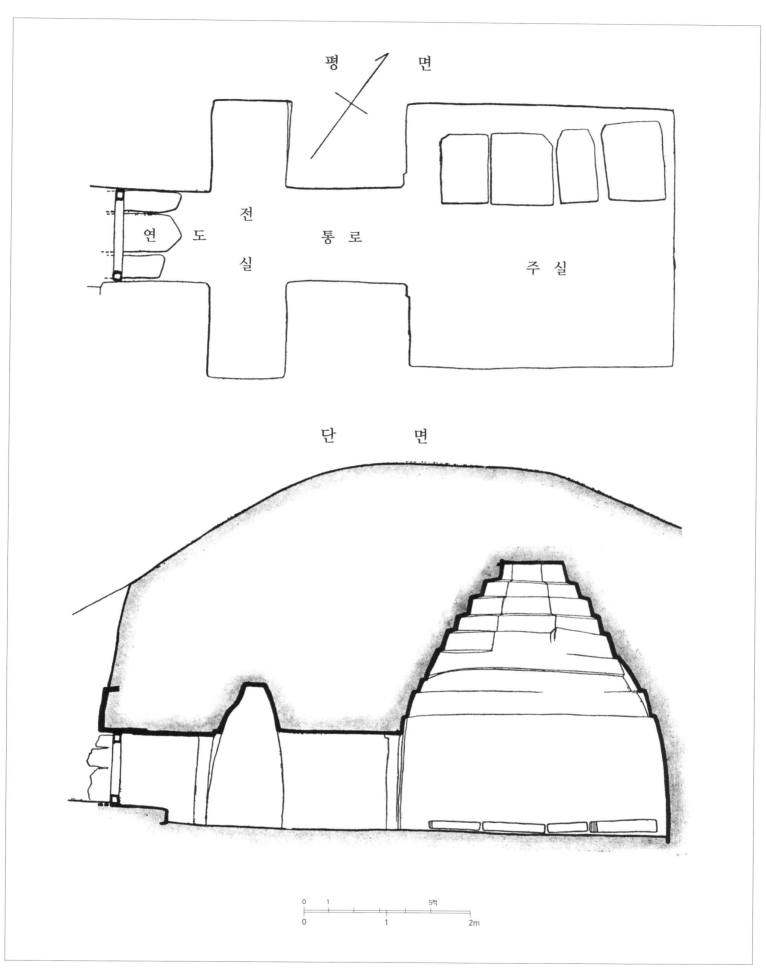

평 면

단 면

그림 2. 무용총 석실 실측도

판석의 말단이 하나의 선을 이루고 있지 않은 점, 연도의 좌우측 벽과의 사이에 약간의 틈이 존재하는 것 등을 함께 고려하면 매장 후에 문을 닫은 석재의 잔존일 것이다.

석실의 벽면은 모두 상당히 아름답고 다채로운 회화와 문양으로 장식되었는데 다만 연도에는 그 존재 여부가 상세하지 않다. 본 묘의 발견 당초에 벽면의 보존 상태는 매우 양호하였다. 석실의 기저에 가까운 부분만은 얼마간 오염되거나 떨어져나가 있기도 했으나 그것은 외부로부터 유입되어 바닥에 고인 빗물에 침수되었기 때문이었다. 그런데 우리의 조사와 촬영에 앞서 실내를 관람했던 어느 생각없는 무리가 벽화의 상당히 중요한 부분을 깎아내려고 했기 때문에 현재는 여기저기 훼손되어 있다. 이 점은 이웃한 각저총도 마찬가지로, 참으로 유감이 크다.

벽화의 내용은 다채롭다. 전실과 주실 모두 주벽의 네 모서리에 두공(斗栱)을 갖춘 암적색 기둥을 그렸는데, 이는 네 벽의 위 가장자리에서 같은 색의 들보를 받치고 있는 모습이다. 즉 두 석실을 각각 하나의 건물 내부로 설정한 것이다. 각 실 네 벽의 벽화는 그 구획 안에 그려져 있다.

우선 주실의 오벽(奧壁)을 보면 벽면 전체에는 상인방(上引枋)을 따라 묶어 올린 막과 좌우의 기둥으로 밀쳐둔 휘장을 그려서 하나의 방의 내부를 표현하고 있고, 그 사이에 묘사되어 있는 것은 공찬(供餐) 광경이다(도판 3~5). 중앙에서 약간 오른쪽의 걸상에 앉은 한 사람의 남자는 이 광경의 중심 인물일 것이다. 그 오른편에 나란히 서 있는 두 명의 여자는 시녀로 생각되고, 또 반대쪽 왼편에는 검은 옷을 걸친 수염을 기른 남자 두 명이 함께 걸상에 앉아 있다. 그리고 위의 주인공의 앞(왼쪽)에는 오른 손에 작은 칼을 쥐고 바로 그 옆으로 다가오려는 자세를 한 작은 아이도 있다(도판 4). 주요한 인물로 인정되는 이들 3인의 남자 사이에는 음식물을 올리거나 여러 종류의 식기를 갖춘 7개의 탁자가 배치되어 있다. 전체로 보아 공찬의 광경임에 틀림없다. 주요한 인물 3인 중 주인공에 해당하는 한 명이 모자를 쓰고 왼섶의 단의(短衣)에 끝자락을 묶은 바지를 입고 있는 것에 비해, 다른 두 사람은 머리를 묶지 않았으며 검은 장의(長衣)에 주름이 많고 불룩한 바지를 걸치고 있다. 이 두 사람은 아마 승려 혹은 도사일 것이다. 또 걸상과 탁자의 다리가 모두 수각(獸脚)인 것은 특히 주목할 만하며, 대개 4개인데 탁자는 3각인 것도 있다. 이 공찬도 바로 아래에는 선을 긋고 나란히 8인의 인물이 그려져 있는데 화면이 떨어져나간 탓에 머리 부분 외는 거의 불명이다(도판 3). 아마 앞뜰에서 행해진 가무의 형상을 그린 것이 아닐까.

다음 오른쪽 벽 중에서, 우선 오벽에 인접한 좌반부를 보면 상하 각각 한 동의 작은 건물이 그려져 있다(도판 6, 7). 지붕은 판즙(板葺)같고 용마루의 중앙과 좌우에 보주(寶珠)형 장식을 얹었으며 전체 구조는 간소하다. 위쪽 건물은 앞에 좌우 양쪽으로 열리는 문이 있다. 그곳에서 줄지어 나온 장의를 입은 3인의 여자는 식기를 얹은 상[膳]과 쟁반[盆]을 받들고 화면의 왼쪽으로 향해 나아가고 있다. 이는 주방 및 그곳에서 갖추어진 음식을 운반하는 모습을 묘사한 것으로, 오벽의 공찬도와 직접 연결되는 것이리라. 아래쪽 다른 건물의 왼편에는 온돌의 굴뚝같은 것이 보인다. 하반부는 벽면이 훼손되어 명확하지 않지만 이도 위의 주방과 같이 오벽의 주 건물에 부속된 건물일 것이다.

이들 두 건물의 오른쪽에는 말을 탄 인물과 한 무리의 남녀가 가무하는 모습이 화려하게 그려져 있다(도판 6, 8). 즉 같은 오른쪽 벽면 우반부의 벽화로, 총 전체를 무용총이라 명명한 것은 이 그림에 의한 것이다. 기마 인물은 용모상 약간 나이가 들어보이는 남자이다. 머리에 모자를 쓰고 왼섶의 단의에 자락을 묶은 바지를 입은 것이 장년으로 보이는 오벽 그림 속의 주인공과 같다(도판 13-1). 말을 탄 배후에는 무엇인지 판명되지 않는 일종의 기구를 손에 든 작은 아이가 따르는데 개 한 마리를 앞세웠다. 무용은 이 인물을 중심으로 하여 행해지고 있는 듯하다. 그런데 이 무용도와 두 채의 건물을 나타낸 좌반부의 관계는 적어도 그림 주제상으로는 직접적 연결은 없는 듯하다. 즉 무용의 광경은 오벽 공찬도의 일부가 아닌 독립적 광경일 것으로 생각된다. 다만 이들 주실의 벽화는 모두 피장자 생전의 이력을 나타낸 것일 터이므로 오벽의 공찬과 우벽 좌반부의 무용이 서로 인접한 장소에서 같은 때에 행해진 것으로 볼 수도 있지만, 후에 설명할 좌벽의 수렵도로 미루어 볼 때 장소와 시기를 분리하는 편이 좋을 것 같다.

무용을 펼치고 있는 인물은 총 14인이다. 남자 사이에 여자가 섞여 있는데 복장에 의해 남녀의 구별이 명확하다. 그중 특히 장면을 압도하고 있는 것은 중간 부분에 한 줄로 선 5인의 남녀이다. 균일한 자세로 각각 등 뒤로 좁고 긴 소매를 나부끼고 있는 모습(도판 8)이 무용도로서 주목을 끄는 부분이다. 하지만 이들 5인이 모두 왼쪽을 향해 늘어서 있는 것에 비해 그 선두의 왼쪽 윗부분에는 따로 오른쪽을 향해 5인과 마주보고 위치한 1명의 남자가 완전히 동일한 자세를 취하고 있다(도판 6, 14-2). 5인의 무용자 중 처음 2인의 머리 위쪽 화면은 부분적으로 훼손되어 묶은 바지자락과 두 발만 겨우 남아 있지만 그곳에도 1명의 남자가 있었음을 미루어 알 수 있다(도판 6, 8). 본 고분 발견 당초에 제작된 조략한 모사도에 의하면, 이는 왼쪽 윗부분에서 1명의 무용자와 마주보며 완함(阮咸)을 연주하고 있는 악사이다. 그렇다면 5인의 무용자는 왼쪽 윗부분의 1인을 리더로 하여 다른 1인의 악사가 연주하는 완함 곡조에 따라 그 기량을 펼치고 있는 것이리라. 그리고 5인의 무용자 아래에는 따로 일렬로 늘어선 7인의 남녀가 있다. 팔다리를 움직이는 것도 아니고 악기를 손에 들고 있는 것도 아니며 완전히 정지한 상태로 있는 이들 7인은 아마도 모두 가수로서, 무용의 진행을 이끄는 악사의 연주에 창화하고 있는 것이리라. 요컨대 상중하 3단으로 나뉜 14인의 남녀는 말 위의 인물을 중심으로 하여 그 앞에서 한 막의 가무를 공연하고 있는 것이다.

다음으로 좌벽을 보자. 벽화의 주요한 부분은 수렵 광경으로, 우벽의 무용도가 우아하고 미려한 데 비해 이는 자못 용장하다. 연리목(連理木)이라 할 만한 장대한 나무 하나를 사이에 두고 2대의 우차도 그려져 있는데 이는 수렵과 관계가 없는 다른 장면일 것이다(도판 9). 이에 대해서는 후술한다.

먼저 수렵은 산간의 평지에서 행해지고 있다. 기복하며 단속된 산악은 병행하는 여러 줄의 곡선으로 그려져 있고 그 하나에는 괴기한 나무도 3그루 그려 넣었다. 사실에 바탕을 두고 있으나 상당히 개념적인 묘사법이다. 화면의 제일 위에는 일종의 특이한 문양이 보인다. 이는 후술하겠지만 수렵장의 푸른 하늘을 나타내려고 한 것이다. 오른쪽의 단속된 산세는 수렵장을 상하로 구분하는데, 아래인 산 앞에서는 사슴, 호랑이, 토끼 등을 사냥하고 위인 산 뒤에서는 암수 두 마리의 사슴을 사냥하는 광경이 전개된다(도판 9~11). 수렵에 종사하는 장부는 산 앞의 4기(騎)와 산 뒤의 1기인데, 그중 뒤처져서 따르는 산

앞의 1기 외에는 모두 적시(鏑矢)를 메긴 단궁을 당기며 쫓기는 짐승들이 흩어져 달아나는 것을 쏘아 쓰러뜨리기 위해 사람과 말이 모두 대단히 활약하고 있다. 회화로서는 아직 고졸한 수준을 벗어나지 못하였지만 무엇보다 웅건한 필력이 칭양할 만한 가치가 있다. 한 폭의 수렵도로서 보기에도 조선 평안남도 용강군(龍岡郡) 매산리(梅山里) 사신총의 치졸한 그림[2]에 비하면 몇 등급 위에 있다. 수렵 때의 고구려인의 복식과 무구 등도 상당히 명료하게 묘사되어 있고, 깃털로 장식한 관모, 명적(鳴鏑)을 갖춘 화살촉, 여러 마디를 지니는 단궁(각궁일 것이다)과 같은 것은 특히 주목을 끈다.[3]

이 수렵도의 오른쪽 끝에는 앞에서 언급한 한 그루의 장대한 연리수(連理樹)가 기고(奇古)한 수법으로 그려져 있고 여기서 떨어진 오른편의 좁은 한 구역에는 상하 각각 한 대씩 우차가 그려져 있다(도판 12). 모두 교자가 딸린 수레인데 아래쪽 그림이 거의 벗겨져나간 것에 비해 위쪽 것은 상당히 양호하다. 교자의 전면에는 적색의 테두리 장식을 지닌 장막을 드리웠고, 소 옆에는 붉은 옷을 입고 채찍을 손에 든 마부가 서있다. 이들 우차는 오벽의 공찬도 속 인물의 승용차를 그린 듯한데, 이를 수렵도와 분리하여 생각해야할 것은 우벽의 두 건물 그림과 무용도의 관계와 같을 것이다.

주실의 제4벽은 앞벽이다. 이 벽은 전실로 인도하는 통로에 의해 좌우 양 날개로 나뉘어져 있고, 이들 양 날개 및 통로의 좌우 벽에는 각각 한 그루의 커다란 나무가 그려져 있다(도판 15, 2-2). 이는 문밖에 속하는 들판의 광경을 나타내려고 한 것으로, 앞벽 통로의 문미[楣], 즉 좌우 양 날개에 나무를 그린 벽의 좁은 상부에는 푸른 하늘을 표상하는 5개의 운기문(雲氣文)까지 있다(도판 19). 이 운기문은 이미 수렵도에서 본 것과 동일한데, 각저총에서도 같은 회화적 문양에 접하게 되므로 상세한 설명은 다음 장으로 미룬다.

통로를 지나 전실로 들어가면, 통로와 연도에 접하는 직사각형 모양의 이 전실은 자연히 좌우 양 날개로 나뉘고 각 날개 모두 좌, 우, 중의 3벽을 가진다. 이들 여러 벽은 모두 회화로 장식되어 있는데 오염과 박리가 심하여 주실의 벽화처럼 명료하지 않다. 비교적 명확한 부분에 대해서 말하자면, 좌익의 좌벽에는 나란히 놓인 한 쌍의 안장[鞍]이 있고(도판 16-1) 중벽에는 주실 벽화에서 본 것과 같은 복장을 한 2인의 남자가 왼쪽을 향하여 나란히 서있다(도판 17-1). 우벽에도 마주보는 2인의 남자가 중앙에 탁자 같은 것을 두고 있는데 왼쪽 사람은 상반신을 숙이고 있다. 하지만 전모를 상세히 알기는 어렵다(도판 17-2). 우익의 좌벽에는 용마루에 3개의 보주 장식을 얹은 판옥(板屋)이 있는데 그 체제가 주실의 우벽에 있는 것과 같고(도판 16-2), 또 같은 건물이 맞은편의 우벽에도 보인다. 이상의 여러 벽에서는 어지러운 당초문이 천정부 전체에 이르고 있다.

다시 주실로 돌아가서 층층이 꾐장식을 겹친 천정부를 보면, 그 넓은 벽면은 여러 종의 문양 및 다

---

2) 朝鮮總督府, 圖版 第136, 『朝鮮古蹟圖譜』 第2冊, 1920.
3) 도판 13-2는 수렵도에서 산 앞의 4기 중 뒤처져서 따르는 1기이다.

양한 회화로 화려하게 장식되어 있다(도판 18-1, 19~22). 주벽 사방의 들보에 이어진 제1 굄장식에는 삼각형 화염문이라고 부를 만한 것을 잇달아 병치한 일종의 당초문이 있다(도판 23). 제2 굄장식의 주요한 장식문양은 짧은 줄기를 지닌 연화문으로, 둥근 봉오리와 개화한 것이 교대로 배치되었다. 그리고 같은 모양의 개화한 연화(도판 24-1)는 이 굄장식뿐 아니라 나머지 여러 층의 굄장식을 치장한 문양의 일부가 되어 있는데, 세키노가 소개한 산연화총(散蓮華塚)의 연화문은 이와 같은 것이다.[4] 또 단순한 꽃잎뿐만이 아니라 잎과 줄기를 모두 갖춘 거의 회화적인 연화문도 있는데(도판 24-1), 제4단에 있는 4개의 삼각형 굄장식의 아랫면에 각각 그려져 있다(도판 19, 20).

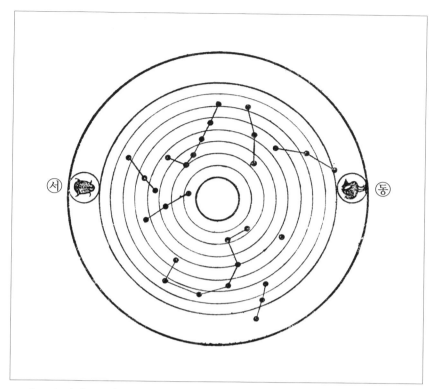

그림 3. 무용총 주실 천정부 성숙 배치도

제4단 이상의 5개 층의 8각형 굄장식의 전면에 걸친 주요한 장식 문양으로는 앞에서 기술한 개화한 연화 외에 일월성신과 비운문이 있다. 달을 상징하는 두꺼비와 해를 상징하는 삼족오는 제4단 굄장식의 좌우 마주보는 위치에 그려졌고(도판 19, 20, 14-1), 세 개의 선으로 개개의 성권(星圈)을 이은 여러 무리의 별자리는 수많은 비운문과 섞여서 5층 굄장식의 각 부분에 배치되어 있다. 그 각각의 비운문은 주벽의 수렵도 및 앞 벽의 상부에서 볼 수 있었던 것과 동일하다. 즉 이들 일월성신과 비운문은 주벽의 여러 그림이 하계(下界)의 광경을 묘사한 것인 데 비해 궁륭상의 천정부를 천계로 묘사하고자 한 의도가 나타난 것임에 틀림없다. 나카무라 기요에(中村清兄)의 고찰에 의하면 이 일군의 별자리는 단순한 문양으로 그려진 것이 아니라 28숙 중의 주요한 7성좌를 상당히 충실히 나타낸 것이라고 한다[5](그림 3).

이상의 문양과 함께 이들 사이 사이에는 수많은 회화가 그려져 있어 굄장식의 여러 층, 즉 천정부의 전면을 거의 빈틈없이 장식하고 있다. 그중에서도 오벽 굄장식의 제2단 및 제3단에 걸친 일부를 차지하는 각저(角抵)를 하는 인물도(도판 20, 25), 우벽 굄장식의 제3단에 나무를 사이에 두고 서로 마주보고 평상 위에 앉은 2인의 인물도(도판 21, 23, 26), 같은 굄장식의 반대편에 마찬가지로 나무를 사이에 두고

---

4) 關野貞,「滿洲輯安縣及び平壤附近の高勾麗時代遺蹟」『考古學雜誌』第5卷 第3號, 1914.11 참조.

5) 中村清兄,「高勾麗時代の古蹟について」『考古學論叢』第4輯, 1937.3 참조. 본문에 삽입한 성숙배치도는 이 논문에 게재된 것을 전재한 것이다.

사현금을 연주하는 남녀 인물도(도판 22, 27), 오벽 제4 굄장식의 한 구석에 그려진 긴 뿔피리를 불며 하늘로 날아가는 특이한 인물도(도판 20, 28-1) 같은 것은 특히 주목을 끈다. 그 외 피리를 불고 있는 자와 유사한 자태를 보이며 날아오르는 남녀(도판 28, 29), 학을 타고 날아가는 선인(도판 30-1) 등도 있고, 또 벽면 도처에 배치된 조수류에는 백호와 청룡(도판 30), 주작(도판 31-2), 기린(도판 31-1, 32-2), 말(도판 32), 인면조(도판 31, 33), 쌍계(도판 34) 등이 있는데, 마치 당대의 화첩을 펼친 것 같은 광경을 드러내고 있다. 그림 하나 하나에 대한 설명은 너무 번다해지므로 도판에 미루고 생략한다. 필치는 대개 조략하고 기술도 교묘하지 않지만 그 운필에는 볼 만한 점이 있다.

이와 같이 복잡 다종한 회화와 문양으로 벽면 전체를 좁은 곳까지 장식한 벽화 고분은 아직 발견된 전례가 없다. 이를 장식화로 본다면 그저 통일성을 결하고 있을 뿐 아니라 오히려 지나치게 복잡한 경향조차 있다. 하지만 회화의 내용상 다루어진 수많은 제재 속에는 특별히 우리의 흥미를 끄는 것이 있다. 즉 평상에 앉은 인물이 오른 손에 붓대를 잡고 왼손에는 조붓한 종이 같은 것을 들고 막 글을 쓰려고 하는 모습을 나타낸 그림(도판 26-2)은 후술할 사신총 등에서도 보이는 유사례와 함께 당시 문물의 일단을 엿볼 수 있는 절호의 자료일 것이다.

마지막으로 이들 벽화의 채색에 대해 한마디 하자면, 윤곽을 표현하고 주요한 선을 나타내는 데 가장 많이 사용하고 있는 것은 물론 먹이다. 그 외의 여러 색은 주(朱), 암적, 황, 황토, 녹청 등의 몇 종류에 한정되어 후술할 사신총 벽화와 같이 화려한 것은 아니다. 이는 모든 점에 있어서 현저하게 유사한 각저총에서도 마찬가지이다.

제3장

# 각저총

각저총은 무용총보다 약간 낮은 장소에 조영된 토분으로, 나란한 두 총의 자락은 서로 떨어진 거리가 겨우 12~3척에 지나지 않는다[1](도판 35-1, 그림 1).

봉토는 원래 모양을 잃었지만 방추형 모습은 여전히 남아 있다. 기저의 한 변 길이가 46~7척으로 전체 크기는 무용총과 같아서 우선 외관상 쌍묘라고 할 수 있다. 내부의 석실은 주실과 전실, 이들 사이의 통로 및 연도로 이루어진다. 주실은 방형, 전실은 가로로 긴 직사각형이며 서남을 향하여 연도의 입구를 열었다. 주축은 봉토의 평면 중앙에 놓이는데 그 방향은 서로 마주보는 두 변과 병행한다. 이러한 점이 또한 무용총과 완전히 같아서 양자의 관계가 밀접함을 추측할 수 있다.

이와 같이 각저총은 무용총과 현저히 유사한 점을 지닌 쌍묘의 하나이므로, 그 석실 각부의 구조에 대해서는 같은 설명을 반복하는 번다함을 피하여 그 실측도를 싣는 것으로 대신한다(그림 5). 다만 주실의 천정부 구조는 무용총에 비하면 약간 간단한 점이 다소 상이하다. 즉 사방의 주벽 위에 2층의 얕은 꾐장식을 겹친 다음 네 모퉁이로부터 삼각형의 작은 꾐장식을 내어 팔각형을 만들었고, 다시 그 형태를 따라 4층의 꾐장식을 겹쳐서 최후의 덮개석에 이르고 있다. 그 외 한두 가지 주목할 점을 들면, 연도가 전실에 접하는 부분 및 전실과 주실 사이의 통로가 주실에 접하는 부분의 좌우 벽면에 목격(木格)이 설치되어 있었던 흔적이 존재하는 것은 무용총과 마찬가지이지만 본 석실에서는 보다 뚜렷하게 남아 있다. 특히 연도 부분은 회반죽을 시술한 벽면이 약간 높게 융기되어 폭이 약 7촌을 헤아린다(그림 5). 그리고 통로

----

1) 도판 35-1은 이들 두 총을 배후에서 바라본 광경이다. 중앙의 작은 것은 각저총, 오른쪽 옆의 큰 것은 무용총, 왼쪽으로 멀리 보이는 것은 태왕릉이다.

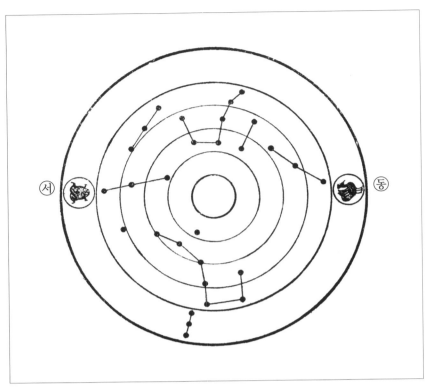

그림 4. 각저총 주실 천정부 성숙 배치도

에 접하는 전실 오벽의 문미에는 본래 직사각형 목판이 끼워져 있었던 것인데 목판은 썩고 흔적만 남았다. 이 부분 벽면의 회반죽 두께는 5~6푼 정도이다(도판 36-2). 또 연도 입구의 내측 아랫바닥에 한 장의 판석이 깔려 있고 주실의 좌부에 관좌의 잔편으로 볼 수 있는 1개의 석재가 남아 있는 점(그림 5)은 모두 무용총과 일치되는 석실 구조를 보여준다.

한편 석실내의 벽화를 보면 그림 모양이나 수법, 필치 모두 무용총과 유사하지만 다만 좀 더 간단하다. 먼저 전실에는 좌우 양쪽 반부의 각 세 벽에 암적색으로 두꺼운 기둥과 들보를 표현하고, 이에 둘러싸인 벽면에 각각 한 그루 씩의 연리수를 그렸다. 이는 현저하게 문양화된 것이다(도판 36-1·2). 또 들보 위의 벽면 장식에는 삼각형의 화염문이라 칭할 만한 일종의 당초문을 사용했고 천정에는 간단한 당초문이 있다. 주실의 천정부 장식도 또한 이와 유사한데, 들보 바로 위에 삼각형 화염문을 연이어 병치하고 나머지 부분에는 덩굴모양의 당초문을 빈틈없이 그렸다. 당초문 사이에는 제2 괴장식의 좌우가 마주보는 위치에 각각 원형을 그려서 달을 상징하는 두꺼비와 해를 상징하는 삼족오를 나타냈고, 무용총과 마찬가지로 전면에 걸쳐 7개의 성좌를 배치했다[2](도판 45, 46, 그림 4). 즉 이 총의 주실 천정부의 주제는 천상을 모방한 것으로, 무용총 주실의 해당 부분이 복잡하고 다양한 그림으로 장식된 것과는 자못 취향을 달리하고 있다.

주실의 중요한 벽화는 본디 4면의 주벽에 존재한다. 통로가 뚫린 앞 벽은 좌우로 나뉘어져 전실과 마찬가지로 연리수가 각각 한 그루 그려져 있을 뿐이지만(도판 37-1), 다른 3면의 벽화는 모두 매우 흥미로운 것이다. 먼저 오벽을 보면 벽의 전면에 걸쳐 하나의 방과 그 내부의 광경이 묘사되어 있다. 상인방을 따라 걸어올려진 장막, 좌우 기둥으로 밀쳐진 휘장, 동자기둥[束]들 사이로 일종의 운기문을 장식한 챌면 위에 높은 마루, 마루 위에 서 있는 몇 명의 인물, 이곳 저곳에 놓인 여러 가지 가재도구 등등, 완

..........................................

2) 성좌의 배치를 나타내기 위해 여기에 삽입한 그림은 무용총에서와 마찬가지로 나카무라 기요에의 논문 「고구려 시대 고분에 대해서」 속에 수록된 것을 전재한 것이다. 그는 이 논문에서 무용총과 각저총의 7성좌는 28숙 중의 대표적 성좌를 그린 것이라고 고찰하고, 고구려의 벽화분에 많이 보이는 사신도는 이와 같은 성상도(星象圖)에서 유래했을 것이라고 설명하고 있다.

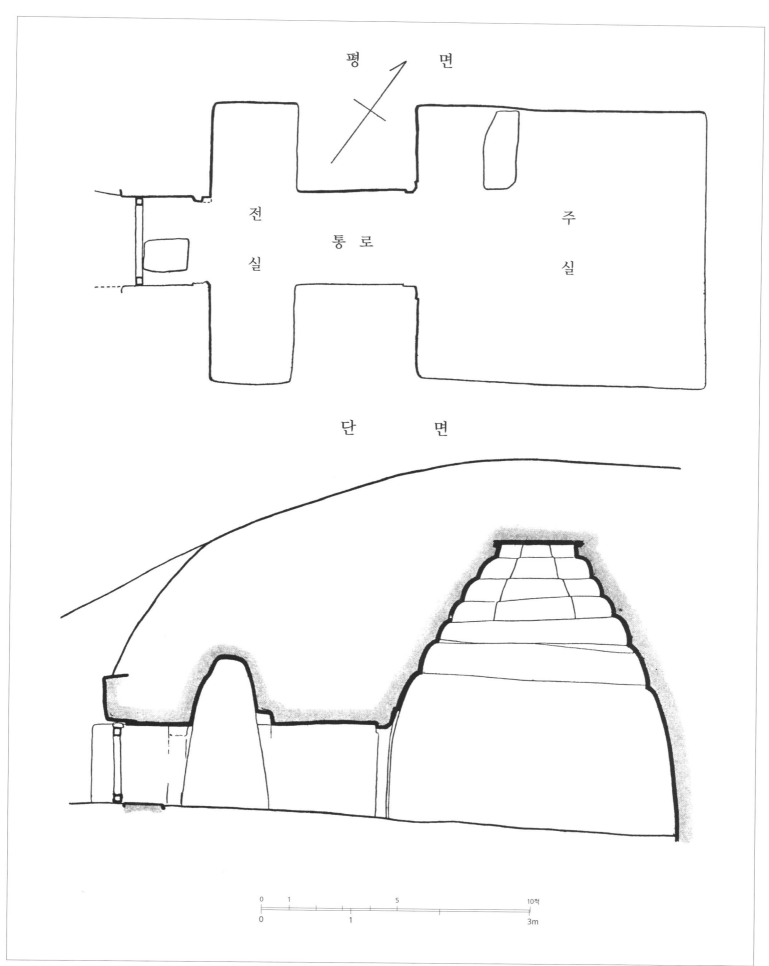

평　면

전
실

통　로

주
실

단　면

| 0 | 1 | | 5 | | 10척 |

| 0 | 1 | | 3m |

그림 5. 각저총 석실 실측도

벽한 연극 무대와도 같다(도판 38). 바지와 덧옷[褶]을 입고 걸상에 앉은 한 명의 남자가 단도를 갖춘 환도(環刀)를 옆에 두고 팔짱을 끼고 있다. 그리고 그 옆에는 따로 네 다리를 가진 탁자가 있어 위에 활과 화살이 놓여 있다. 즉 이 인물은 신분이 높은 무인임에 틀림없는데 화면이 떨어져나가 두발의 면모는 상세하지 않다(도판 39). 이를 주인공으로 하여 걸상 옆의 마루 위에는 모자를 쓰고 장의를 걸친 2인의 부녀가 차례로 꿇어 앉아 있다. 아마 아내와 첩일 것이다(도판 40, 41). 이들 외에 주인공의 왼쪽에는 화면의 박리 훼손에 의해 상반신을 잃어버린 다른 인물이 걸상에 앉아 있는데, 이를 사이에 두고 서 있는 한 명의 어린아이도 있고, 또 제2 부인의 오른쪽에는 장의를 걸친 시녀의 모습도 보인다. 나아가 옥외에는 하인같은 남녀가 각각 한 명씩 서 있다. 그리고 주요 인물 4인 사이에는 식기를 얹은 여러 개의 탁자가 배치되어 있다. 이 그림은 피장자 생존 당시 집안에서의 어느 장면을 묘사한 것으로 생각된다.

다음으로 오른쪽 벽의 왼쪽 부분은 앞에서 말한 오벽에 인접하는데, 이곳에는 건물 위에 3개의 보주 모양 장식을 지니는 작은 별채가 있고 옆에 굴뚝같은 것도 보인다. 옥외에 무릎을 꿇고 앉은 한 인물은 둥근 상[案] 위에 양 손을 뻗고 있다(도판 42). 이는 무용총에서와 같은 주방을 묘사한 듯한데, 4인의 인물 사이에 음식이 배치된 오벽의 화면과 직접 관련된 것이리라. 이 작은 건물의 오른쪽에는 줄기를 비스듬히 뻗고 자란 큰 나무가 서 있다. 가지와 잎 사이에 4마리 새가 노닐고 있는 것이 보인다. 나무 아래에는 각저를 하는 2명의 장부가 나신에 잠방이만 입고 머리를 교차하여 맞붙어 겨루고 있다. 흡사 일본의 스모를 보는 느낌이다. 옆에는 팔다리와 몸을 지팡이에 기대고 승부를 지켜보는 백발에 긴 수염의 노옹이 있다. 한편 나무 아래에 웅크리고 있는 한 마리 개도 경기를 지켜보는 듯한 모습(도판 43)이 참으로 한가로운 풍경이다. 각저총이라는 우리의 명명은 다름 아닌 이 그림에 바탕을 둔 것이다. 나아가 주목을 끄는 것은 화면의 상부 빈자리에 큰 나무의 가지와 잎을 사이에 두고 산재하는 두세 개의 동일한 문양이다. 이는 푸른 하늘을 상징하고자 한 일종의 운기문으로, 이미 서술한 바와 같이 무용총의 벽화에서도 수없이 보이는 것이다.[3] 나무 위에서 놀고 있는 새와 짐승과 함께 화면의 광경에 한층 여유로운 정취를 더하는 효과를 나타내고 있다. 이 벽화가 처음 발견된 당시 화면의 보존 상태는 자못 양호하였으나 안타깝게도 그 후 노옹의 얼굴은 생각 없는 자들의 손에 의해 훼손되었다.

왼쪽 벽을 보면 오른쪽 벽과 마찬가지로 문밖의 상황이 그려져 있다. 세 그루의 연리수 사이에 수레

---

3) 이와 완전히 같은 운기문은, 이미 서술한 바와 같이 주실 오벽 벽화에서 마루 아래 챌면의 장식문양으로도 사용되어 있다(도판 38). 무용총에서도 유사한 문양이 수없이 보이는데, 이들을 참조하면 푸른 하늘을 상징한 것이라는 점은 확실하다. 문양의 본체가 무엇인지는 언뜻 포착하기 어려워 보이지만 아마 날짐승을 주체로 하여 구성된 한대(漢代)의 비운문을 극단적으로 단순화시킨 듯하다. 이는 평양 부근 고분의 벽화와 비교하여 추측할 수 있다. 어느 정도 새의 형태를 남기고 있는 적절한 예로서 조선 평안남도 용강군의 안성동 대총 벽화의 문양을 들 수 있다(朝鮮總督府, 圖版 第154, 160, 『朝鮮古蹟圖譜』第2冊, 1920). 이는 또한 벽화의 계통이나 연대를 생각하는 데 있어 하나의 시사점이기도 하다.

와 말을 배치한 간단한 구도이다(도판 44). 왼쪽 끝의 나무 그늘에 있는 것은 대위거(帶圍車)인데 끌채도 소나 말도 화면에서 소실되어 있다. 중간 부분에는 한 마리의 안구마가 나무에 매어져 있는 듯하다. 오른쪽 부분의 나무 그늘에도 또 한 마리의 안구마가 있는데 이는 마부가 끌고 있다. 모두 말을 탄 사람은 없다. 화면은 오른쪽 끝 제일 작은 연리수가 그려진 부분에서 끝나는데 다시 오른쪽으로 꺾이며 오벽에 접한다. 이 면은 벽화 발견 후 특히 심하게 손상을 입어서 현재 매우 안타까운 상태가 되어 있다.

주실 4벽의 벽화의 내용은 대략 위에서 말한 바와 같지만 각 화면의 관련성 유무에 대해서도 일단 고찰해볼 필요가 있을 것이다. 우선 이를 개관하면, 오벽의 화면이 건물과 그 내부의 광경인데 비해 한 그루 또는 두세 그루의 나무가 그려져 있는 다른 3벽의 화면은 모두 문밖에 해당한다. 그렇다면 나무만 그려져 있는 앞벽은 잠시 두고, 좌우 두 벽의 장면은 각각 오벽의 내용과 다른 장소와 시간을 나타낸 것일까. 주방이 그려져 있는 오른쪽 벽의 일부와 오벽 화면의 내용이 장소와 시간상 직접 관련되어 있는 것은 앞에서 말했다. 그렇다면 한 그루 나무를 사이에 두고 주방의 오른쪽에 전개되는 각저 장면도 주실에 접하는 전정 혹은 후원에서 같은 때에 이루어진 것으로 보아 지장이 없을 것이다. 그리고 이 관계는 또한 왼쪽 벽의 화면에서도 인정될 듯하다. 왼쪽 벽에 그려져 있는 수레와 말은 모두 타고 있는 사람이 없는 점으로 추정할 때 현재 오벽의 그림 속에 있는 주인 부부를 비롯한 인물들의 것이라고 할 수 있고, 그 장소도 단절된 곳이 아니라 주 건물에 접하는 전정 혹은 후원의 일부로 보아야 할 것이다. 이렇게 주실의 여러 벽의 벽화는 나무만 그려진 전실 벽화까지 합해서 오벽에 그려진 건물을 중심으로 한 같은 저택 내에서 같은 시간에 벌어진 광경을 묘사한 것으로 볼 수 있을 것이다. 그렇다면 벽화의 주제는 무엇일까. 그림 속에서 주인으로 보이는 자에 대한 처첩의 태도, 음식의 배치 상황, 문밖에서 개최되고 있는 각저 기예 등으로 볼 때 이는 주실의 피장자인 주인의 일생을 장식한 어느 경사에 대한 축하 광경인 것으로 여겨진다.

이상의 전실과 주실 외에 양 실의 사이 통로의 벽화도 지나칠 수 없다. 오른쪽 것은 벽면이 벗겨져 나가서 전혀 흔적이 남아 있지 않았으나 왼쪽 벽에는 전면에 걸쳐 사나운 개 한 마리가 크게 그려져 있는데 머리와 꼬리 부분만 남아 있다(도판 37-2).

각저총의 석실 벽화는 내용상으로 보면 무용총의 풍부함에는 미치지 못하지만 수법이나 채색, 구도에 있어서 착상이 거의 모두 일치하고 있다. 필치가 치졸한 것도 거의 차이가 없고 회화로서의 가치는 오히려 매우 낮다. 하지만 당대 고구려인의 풍속 습관을 보여주는 의의가 있다. 남북조 시대 고구려인의 풍속을 구체적으로 엿볼 수 있는 벽화는 평양 부근에서는 유명한 쌍영총을 비롯하여 상당히 많은 수가 발견된 데 비해 통구에서는 종래 삼실총이 거의 유일한 것으로 여겨졌다. 뿐만 아니라 삼실총의 벽화는 심하게 벗겨져 나가 분별이 어려운 부분이 많았다. 따라서 새롭게 발견된 이들 두 총의 비교적 완호한 벽화는 당대 고구려인의 풍속 습관 고찰을 위한 자원으로서 극히 귀중한 유적이다.

# 제4장

# 삼실총

　　삼실총도 세키노 박사의 명명으로, 여산의 남쪽 기슭 오괴분에서 5~6정 지점에 위치하는 한 토분이다. 봉분은 그리 크지 않지만 비교적 높고 건조한 밭지역 가운데에 우뚝 서있으므로 주변의 여러 작은 분에 비해 현저히 눈에 띈다(그림 6).[1]

　　이 총은 1913년 세키노 일행에 의해 처음 조사되었다. 그의 보고에 의하면 당시 언덕 정상에는 여러 그루의 느릅나무가 생장하고 있었다고 하는데 이후 오랜 세월이 흘러 지금은 그런 모습은 없고 다만 전체에 잔디가 덮여 있다(도판 47-1). 봉토는 기저가 완만한 경사지에 위치하며 형태가 거의 완호한데 다만 정상에 가까운 부분이 조금 패여 있다. 평면은 원형, 입면은 삿갓을 엎은 형상을 나타내며 정상 부분을 편평하게 한 형적이 없다. 즉 통구 평야에 존재하는 많은 토분이 절두방추형(截頭方錐形)인데 비해 조금 다른 분위기이다. 규모는 기저의 지름 약 65척, 높이 14~5척(기저의 가장 낮은 지점에서 측정)으로, 다른 크고 작은 수많은 고분에 비교하면 대략 중간 정도이다(그림 7-상).

　　내부의 석실은 3실로 이루어진다. 세키노의 명명은 이에 의한 것이다. 그 기저는 봉토의 기저와 거의 같은 높이이며 봉토의 중앙에 위치하고 있다. 연도는 동동북 방향으로 제1실로 통하며 연문은 반쯤 붕괴된 상태로 막혀있다. 이미 서술한 바와 같이 봉토의 표면에는 정상부 가까운 부분에 함몰된 곳이 있어 그곳에 석실의 덮개석이 노출되어 있다. 이는 제1실의 덮개석으로, 결손된 부분을 통해 사다리를 이용하여 실내로 들어갈 수 있다.

1) 1938년 봄 후지타 료사쿠(藤田亮策)의 실사에 의해 「삼실총 부근 고분 분포도」가 작성되었다. 게재를 허락해 준 호의에 감사한다.

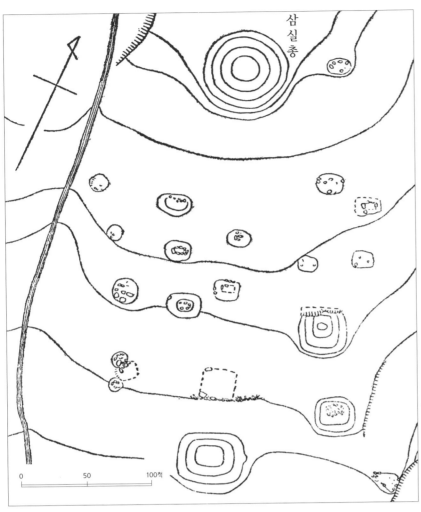

그림 6. 삼실총 부근 고분 분포도

석실은 석재를 겹쳐 쌓아 축조했고 벽면에 두꺼운 회반죽을 처리한 것은 다른 벽화분과 같다. 그 평면을 살펴보면(그림 8), 제1실은 방형으로 한 변의 길이가 10척 정도를 헤아린다. 서쪽 벽에서 길이 13척 남짓의 좁고 긴 연도로 통한다. 제2실은 1실의 북쪽에 위치하며 양 실의 동쪽 벽을 따라 난 통로에 의해 서로 연결된다. 제2실에는 또한 북벽을 따라 서쪽으로 통로가 있어 나란히 위치한 3실로 바로 통한다. 즉 이들 3개의 실에 연도를 더하면 석실 전체의 평면은 하나의 열쇠 형태를 드러내고 있다. 제1실이 방형인데 비해 제2실과 3실은 각각 동서로 긴 직사각형을 이룬다. 전자는 긴 변이 9척 남짓, 짧은 변은 약 7척이고, 후자는 긴 변이 약 8척 5촌, 짧은 변은 약 7척 5촌으로 모두 제1실보다 약간 작다.

다음으로 입면을 보면(그림 8), 연도와 통로는 모두 직사각형을 이루어 형식이 매우 간단하지만, 세 구역의 석실 구조는 약간 복잡하다. 먼저 수직으로 높이 5척 정도의 4벽을 축조하여 이를 주벽으로 삼고, 그 다음 여러 층의 얕은 굄장식을 겹쳐가며 차례로 수평면을 좁히고, 나아가 직각삼각형 및 사다리형의 넓적한 굄장식을 더하여 최후에 아랫면이 편평한 덮개석을 얹고 있다(도판 48, 65). 굄장식의 구축은 조금 불규칙하지만 이는 가공이 조잡한 석재를 사용했기 때문이다. 3개 실 중 비교적 규칙적으로 축조된 것은 제1실로, 그 굄장식은 다른 삼각형 및 사다리형 굄장식을 합쳐서 8층을 헤아리는데 총 높이가 6척에 이른다. 회반죽이 떨어져 나간 부분을 살펴보면 용재는 화강암이었고 천정의 덮개석도 마찬가지이다. 제2실 및 3실의 높이는 제1실에 비해 약간 낮다.

이 총은 천정의 덮개석 하나가 부서져 있었으므로 그곳에서 무너져내린 토사는 제1실의 바닥 일부에 퇴적되어 있다. 최근 토착민이 출입하며 기거한 것으로 보이며 우리의 조사 때에는 3개 실 모두 시상 위가 수수 줄기 등으로 매우 어지럽혀져 있었다. 따라서 바닥면의 본디 상태는 쉽사리 엿보기 어려우나 할석을 깔아 채웠던 것만은 거의 확실하고 관좌의 설비가 있었던 형적은 없다. 연도의 입구는 내부에서 본 바로는 천석을 겹쳐 쌓았고 그 사이에 점토를 더하여 막고 있다. 다만 그 일부분은 파손되어 있는데 이는 도굴자가 뚫었을 것이다. 또 연도와 제1실의 접합부에는 목격(木格)의 흔적이 있는데 그것에 동반되었을 문의 설비도 상상된다. 벽면에 발라져 있는 회반죽의 질에 대해서는 우에모라 로쿠로(上村六郎)

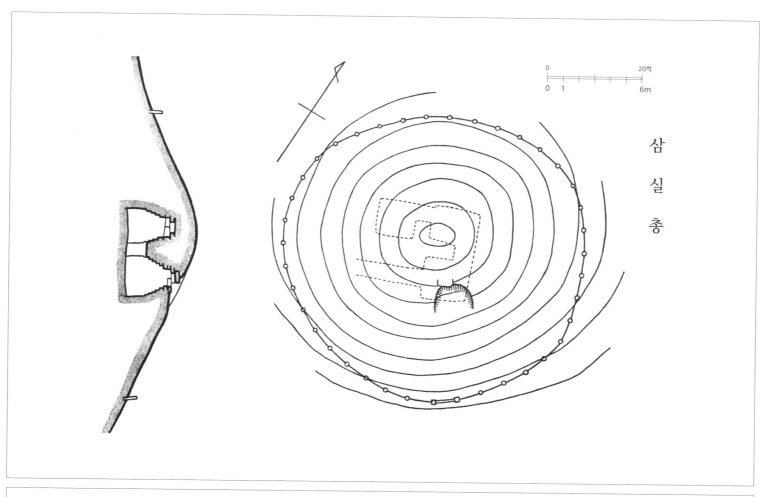

삼
실
총

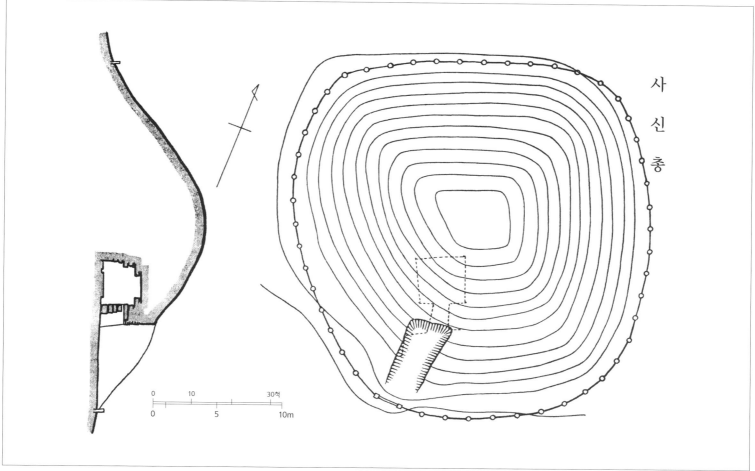

사
신
총

그림 7. 삼실총 및 사신총 외형 약측도

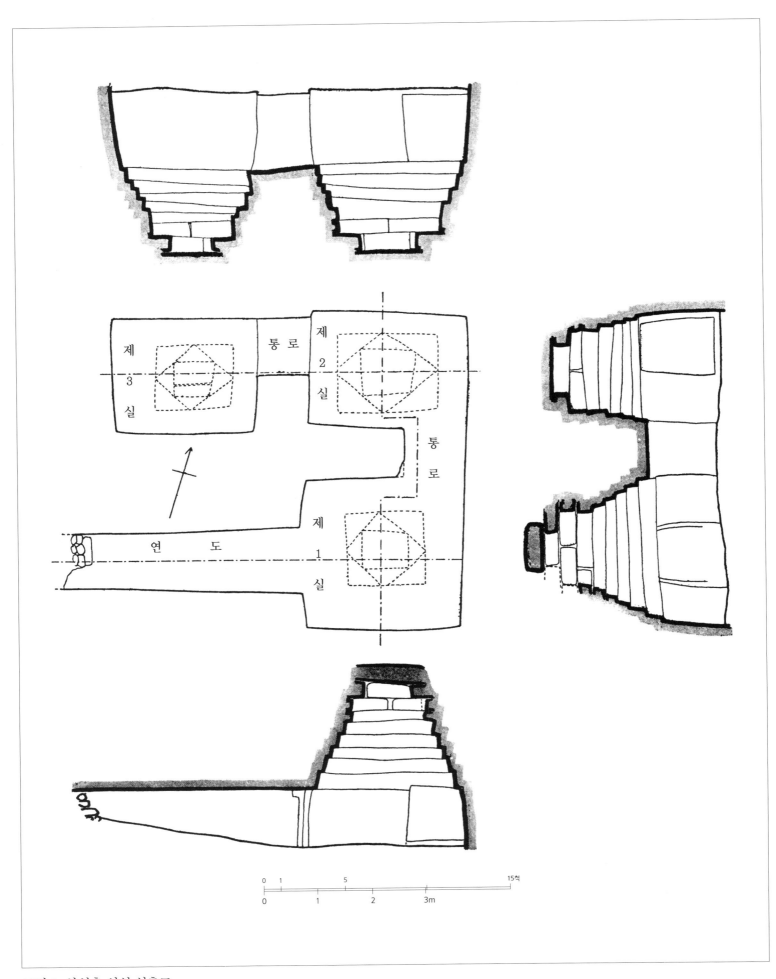

제3실　통로　제2실　제1실　통로　연도

그림 8. 삼실총 석실 실측도

의 분석 결과 다른 여러 고분에 비해 특히 불순물
이 많은 점이 알려졌다.[2)

　석실에는 거의 전면에 걸쳐 벽화가 그려져 있
다. 이들 벽화에 대해서는 이미 세키노의 보고가
있었지만[3)] 누락된 부분도 있는 듯하므로 이하 좀
더 상세히 설명하고자 한다.[4)

　벽화는 연도에서 시작된다. 다만 벽면이 흐릿
하게 번져 있고 특히 아랫부분은 연문이 파손된
곳에서 유입된 토사에 묻혀서 구도의 전모를 파악
하기 어려운 것이 유감이다. 남벽의 제1실에서 가
까운 부분의 위 가장자리에는 주름잡아 올린 장막
이 있고 그 아래에는 오실로 향하여 줄지어선 여
러 명의 인물이 그려져 있었던 듯하다. 이 중에서
오늘날 겨우 판별할 수 있는 것은 4명으로 그 한
명은 관모를 쓰고 있다(그림 9). 천정 아랫면에는
분산되어 그려져 있었던 것 같은 환문의 흔적이
10개 정도 남아 있다. 먹선으로 윤곽을 만들고 안
쪽 구역은 단(丹)으로 칠했다. 후술할 환문총에서

그림 9. 삼실총 연도 남벽 인물도

와 같이 정연한 것이 아니고 크기도 일정하지 않다(지름 7촌, 1척, 1척 2촌 등). 다른 예로 추정하건대 성
신을 그린 것이 아닐까 생각된다.

　다음으로 제1실을 보면, 천정부의 회반죽은 빗물의 침투로 인해 거의 떨어져 나갔다. 따라서 하부
의 벽면도 훼손되었는데 특히 동쪽 벽에서 가장 심하다. 4벽의 구석구석에는 두공을 갖춘 기둥이 그려져
있는데 현저히 형식화된 것으로 묘법도 엉성하다. 또 4벽의 윗 가장자리에는 끈을 묶어 걸어 올린 휘장
을 둘렀는데 각 매듭 사이에는 타원형의 장식도 드리워져 있다(도판 50, 51). 휘장의 바로 위 꼼장식은
일종의 복잡한 당초문으로 장식했는데(도판 47) 조선 평양 부근의 노산리(魯山里) 개마총(鎧馬塚) 벽화

∙∙∙∙∙∙∙∙∙∙∙∙∙∙∙∙∙∙∙∙∙∙∙∙∙∙∙∙∙∙∙∙

2) 우에무라는 우메하라가 현지에서 가지고 돌아온 여러 고분의 회반죽을 분석했는데, 다른 것은 불순분이 20%
　안팎이었으나 삼실총의 경우 31%였다.
3) 關野貞, 「滿洲輯安縣及び平壤附近に於ける高勾麗時代の遺蹟」 『考古學雜誌』 第5卷 第3號, 1914.11,
　pp.174~177.
4) 이하 벽화의 내용 해설에는 오카다 요시사부로(岡田芳三郞)에게 빚진 점이 적지 않다.

의 그것과 유사한 점이 있다.[5] 그 이상의 부분은 벽면이 벗겨져 나간 탓에 회화의 내용을 알 수가 없다.

휘장 아래의 벽면은 벽화가 존재하는 주요한 부분이다. 하지만 오늘날 그 형태가 비교적 잘 남아 있는 것은 남벽과 북벽의 상반부 및 서벽의 일부에 지나지 않는다. 우선 남벽의 좌반부는 한 줄의 격자 모양 띠로 상하의 장면을 구획하여 위에는 왼쪽을 향하여 행렬하는 5인의 인물을, 아래에는 수렵도를 그렸다(도판 51). 윗면의 행렬 가운데 부부로 볼 만한 남녀 2인의 인물은 특히 크며 앞에 한 사람을 앞세우고 뒤에 두 사람이 따른다. 이들 인물의 복식에 대해서 여기에 상술할 여유는 없지만 저 유명한 조선 평안남도 용강군 진지동(眞池洞) 소재의 쌍영총 벽화[6] 및 본서에서 새롭게 소개한 무용총 벽화에서도 보이는 것이다. 아랫면의 수렵도는 하반부가 결손되어 상반부만 존재하지만 말을 탄 인물이 2인 그려져 있다. 한 명은 날짐승을 잡기 위해 매를 손에 들었고, 다른 쪽은 맹수를 쏠 활을 당기고 있다. 다음으로 같은 남벽의 우반부를 보면 여기에도 5인의 인물이 행렬하는 광경이 그려져 있는데 앞서가는 두 사람은 긴 자루의 양산을 쓰고 있다(도판 50).

북벽에는 성을 공격하는 그림이 있다(도판 52). 벽면의 상반부에 해당하는 부분에 2인의 기마 무사가 성벽을 공격해 다가가는 광경을 그린 것인데 필치는 상당히 조잡하다. 문과 누각을 모두 갖춘 성벽은 안에 있는 한 건물을 옹호하고, 공격해 들어가는 인마는 모두 갑주를 입었다. 1기는 붉고 또 1기는 검다(도판 53-1). 말이 갑주를 입은 예는 노산리 개마총의 벽화[7]에도 있는 것으로 특히 흥미를 끈다. 그리고 주의해서 보면 상부에는 따로 2인의 보졸이 격투하는 상황이나 성벽에 몸을 기대고 내부에서 이를 엿보고 있는 1인의 인물 등도 그려져 있다. 생각건대 이 공성도는 피장자 생전의 이력 중 한 장면을 화면에 나타낸 것일 것이다.

동벽과 서벽을 살펴보자. 동벽은 상술한 바와 같이 빗물의 침투 피해가 가장 심한 벽으로 벽화는 작은 한 부분이 겨우 남아 있다(도판 54-1). 크고 작은 3동의 건물이 그려져 있는데 그중에서 좌우의 것은 가깝고 크다. 조잡한 그림이긴 하지만 두공, 동자기둥[割束], 처마 아래의 휘장 등도 나타나 있고 건물 안에는 좌우 모두 각각 오른쪽을 향한 자세로 서있는 인물이 있다. 화면에 나타나 있는 것은 이것뿐이지만 위에서 서술한 남벽의 행렬도 중 남녀 2인의 인물에 비추어 볼 때, 또 유사한 화면을 지니는 쌍영총이나 무용총, 각저총 등의 예로 미루어 볼 때 문제의 인물은 이 총의 피장자 부부의 모습을 표현한 것으로 보아도 틀리지 않을 것이다. 서벽은 중앙에 뚫린 연도에 의해 좌우로 나뉘는데, 그 각각에 1인의 인물을 그려서 서로 마주보게 하고 있다(도판 47-2, 54-2·3). 화면이 번지고 흐릿하여 얼굴 모양과 복식 등을

5) 朝鮮総督府, 『朝鮮総督府古蹟調査特別報告』第7冊, 1929 : 『高句麗時代之遺蹟圖版』下冊, 1929, 圖版 第123, 124 참조.

6) 朝鮮総督府, 圖版 第170, 174, 190 等, 『朝鮮古蹟圖譜』第2冊, 1920 참조.

7) 『高句麗時代之遺蹟圖版』, 위의 책, 圖版 第119 참조.

상세히 알기 어려우나 어깨에는 케이프 같은 일종의 견의(肩衣)를 걸치고 있다. 다만 그것은 얇은 직물인 듯 어깨나 팔 윗부분의 윤곽이 희미하게 보인다.

이상 제1실 벽화의 설명을 끝내고 나아가 제2실과 3실로 들어가자. 둘러보면 벽의 네 귀퉁이에 먹색으로 두공을 갖춘 기둥이 표현되어 있는 것은 양실 모두 1실과 마찬가지이지만 주벽의 그림은 분위기가 크게 다르다. 각 벽의 넓은 장면을 채우고 있는 것은 팔다리에 혼신의 힘을 모아 들보 모양의 꾐장식을 받치고 있는 괴이한 역사(力士)이다(도판 55-2, 57, 63, 64-2, 66). 다만 제2실과 3실을 연결하는 통로로 인해 특히 면적이 좁아져 있는 각각의 벽(제2실 서벽, 제3실 동벽)에 그려진 인물도는 이들과 또 다른 것이다. 여러 벽의 역사 중 보존 상태가 비교적 양호한 제3실 북벽(도판 64-2)과 서벽(도판 66)의 그림을 보면, 두발과 얼굴 모양은 불상과 흡사한 점이 있고 목과 어깨, 팔 사이에 영건(領巾)을 나부끼고 있다. 전신은 험악한 비운문에 둘러싸이고 양다리에는 뱀을 감았다. 복장은 바지에 단의를 입었고 허리춤에는 띠를 묶었다. 단의는 둥근 옷깃인 것과 섶을 교차한 것 두 종류가 있는데 소맷부리를 연꽃잎으로 장식하고 있는 것은 특히 주목을 끈다. 이와 같이 역사를 그려서 꾐장식을 떠받치게 한 구도는 아직 다른 예가 발견되지 않은 것이다. 한편 다음 장에서 설명할 사신상에서는 괴이한 신인이 네 벽 구석의 기둥과 두공을 대신하고 있는데, 이와 조합하여 생각하면, 삼실총의 이 특이한 역사는 많은 벽화 고분에 보이는 기둥 장식이 사신총과 같은 특수한 의주신인(擬柱神人) 장식으로 이행하는 과도적 의장으로 생각된다.

통로로 좁아진 두 벽 중 하나인 제2실의 서벽에는 갑주를 갖춘 1인의 무사가 그려져 있다(도판 53-2). 뻗어 올린 오른손에 긴 창을 짚고 왼손은 앞으로 하여 허리춤의 환도를 잡았으며, 부릅뜬 눈에 입술 사이로 이를 드러내고 통로를 수호하는 듯 왼쪽을 노려보고 섰다. 갑주는 투구와 갑옷 모두 편엽을 비늘 모양으로 엮은 것으로, 갑옷은 소매가 없는 동의(胴衣) 및 긴 바지로 이루어졌고 긴 바지 아래에는 특이하게 묘사된 가죽신의 앞코도 드러나 있다. 이 벽과 상응하는 제3실의 동벽에는 완전히 다른 인물도가 있다(도판 63). 머리는 산발이고 발은 맨발이며 섶을 교차한 좁은 소매의 상의에 짧은 바지를 입고 정강이를 드러내고 있다. 오른손은 높이 들어 다섯 손가락을 꾐장식에 대고 있고 왼손은 길게 뻗어 손바닥을 벽 구석의 기둥에 대고 있다. 복장으로 보면 다른 여러 벽의 역사와 많이 다른 점은 없으나 두발과 얼굴 모양은 완전 보통사람으로, 불상처럼 보이는 분위기가 전혀 없다는 점이 현저히 다르다. 전자가 현실적인 무사인 것에 비해 이는 천민 계층에 속하는 인물의 모습을 여실히 그린 것이리라. 다만 이 인물의 가슴에서 허리 근처에는 부자연스럽게도 어깨로부터 내려오는 뱀이 휘감겨 있는데, 이는 역사의 다리 부분에 그렸던 것을 영건 대신 이곳으로 옮겨 그린 듯하다. 또 두 다리 사이에는 의도적인 듯 독립적으로 그려진 작은 연화문도 있어 이러한 점에 있어서는 불화 모양을 가미한 역사의 모습과 일맥상통하는 점이 있다. 두 그림 모두 통로에 접하는 부분에는 괴운문의 띠가 그려져 있다.

다음으로 제2실과 3실의 꾐장식을 보자. 아래에서 헤아려서 최초의 3층까지는 두 실이 모두 제1층에는 사신[8], 제2층에는 연화문, 제3층에는 괴운문을 그렸다(도판 55-1, 62-1, 65, 67). 그 수법은 역사와 무사 등을 그린 주벽의 여러 그림과 마찬가지로 대개 거칠다. 하지만 묘사선이 강건하고 뚜렷한 것이 인상적이며 제3실의 백호 및 청룡 등은 이 장점을 가장 잘 발휘하고 있다(도판 68). 양 실 모두 제4층 이상의 꾐장식은 주로 괴이한 금수로 장식되어 있다. 그중에서도 제2실 북면의 제4층 꾐장식에 그려진 갈기를 휘날리며 긴 꼬리를 드리운 뿔이 달린 괴수(도판 56-1), 같은 실 제4층의 짐승 머리에 긴 꼬리를 지닌 여러 종류의 괴조(도판 59), 같은 실 제5층의 사슴(도판 61-1) 같은 것은 조잡한 그림이지만 그 웅건한 필력이 특히 인상적이다. 제2실 제5층의 꾐장식은 4개의 삼각형을 이루는데 그 동남 모퉁이 것의 측면에는 천인이 금을 연주하는 그림이 있다(도판 60-1). 천인은 배광을 뒤로 한 채 오른쪽 다리를 구부리고 왼쪽 다리를 뻗어서 금을 안고 약간 앞으로 몸을 굽히고 있다. 그려진 장소가 좁다는 사정이 있다 해도 전체적 자세에 다소 부자연스러움이 느껴진다. 하지만 미풍에 흐르는 한 자락 천의에는 천인이 비상하는 경쾌한 맛이 정교하게 묘출되어 있다. 그 외에 창을 짚은 짐승 얼굴의 신인을 앞세우고 뒤에 연못의 연꽃잎 속에서 작은 아이가 얼굴을 드러낸 모습(도판 60-2), 두 뱀이 서로 교차된 그림(도판 61-3) 등도 있다. 전자는 숭불의 기적에 관한 설화를 회화화한 것 같고, 후자는 복희(伏羲)와 여와(女媧)의 옛 전설을 표현한 한대(漢代)의 회화에 근거한 점이 있을지도 모르겠다.

삼실총의 석실은 그 이름과 같이 3개실로 이루어지고 그 실내 및 연도에 그려진 벽화는 상술한 바와 같다. 3개실 중 제1실은 특히 크게 축조되었고, 피장자 부부로 추정할 수 있는 인물을 그린 그림과 남자 생전의 공적과 이력의 한 장면을 묘사한 듯한 벽화도 오직 이 1실에만 존재하므로 이를 주실로 인정해도 마땅할 것이다. 즉 이 1실에 벽화의 대상이 된 부부가 안장되고 다른 2개실에는 근친 내지 동족이었던 자가 안장되었을 것이다. 벽화는 현재 상태로 보기에 무용총이나 각저총 등과는 분위기가 다르고 그 색채에 선명함과 명확함이 없다. 단주(丹朱)의 색도 선명하지 않고 갈색, 황색, 다갈색 등이 주조를 이루므로 보는 이의 눈에 비치는 전체 느낌은 무겁고 또 음울하다. 추정컨대 이는 세키노의 발견 이전부터 최근에 이르기까지 이 석실이 거듭 부근의 토착민의 은신처가 되어 취사 연기에 그을리거나 한 것이 주 원인이라고 여겨진다. 회반죽에 불순물이 많은 것도 다소 도왔을 지도 모르겠다. 그림의 구도는 복잡하고 다양한 내용을 지니며 그 각각이 지니는 웅경한 필력에는 자못 볼 만한 것이 있지만, 묘법은 간단하고 거칠다. 제2실과 제3실의 주벽 벽화는 오히려 취향이 조야한 면까지 있다. 이렇게 현재 이 벽화에 접하는 자는 일견 기이하면서도 예스러운 느낌을 품게 된다. 하지만 이는 주로 색채에서 받는 느낌으로 회화 그 자체에 나타나있는 수법으로 보면 다른 고분의 벽화에 비해 연대상 특히 오래되었다고 할 수는 없을 듯하다.

---

8) 사신의 배치는 각각 상당의 방위에 따라야 하는데 이 총에서는 주작이 서쪽, 현무가 동쪽, 청룡이 남쪽, 백호가 북쪽의 위치를 차지하여 각각의 올바른 방위와 현저히 어긋남을 보여준다. 이는 아마 벽화를 그린 자가 방위의 관찰을 잘못한 것이리라.

# 제5장

# 사신총

　　통구 평야에 펼쳐져 있는 고분 중 5기가 서로 이어져 있어 오괴분이라는 명칭을 지니는 토분은 규모
가 웅대한 점으로 특히 유명하다. 사신총은 오괴분의 제4분 및 제5분 근처 서북쪽에 위치하는 토분으로,
크기는 오괴분 중에서 두 번째로 작다(그림 10). Ⅰ부 제1장 제3절에서 서술한 바와 같이 1925년 가을에
내부의 석실에 그려져 있던 매우 장려한 사신도가 발견되어[1] 이렇게 명명되었다.

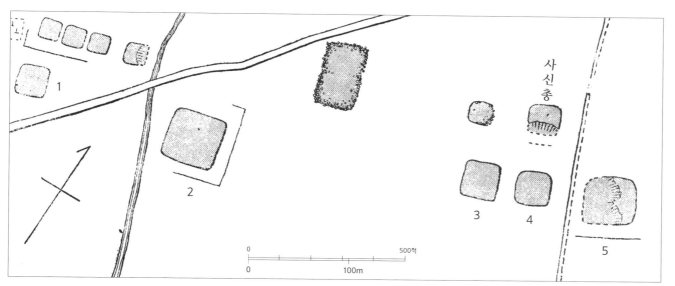

그림 10. 오괴분 부근 분롱 분포도

1) 당시의 조사자 중 한 사람인 사이토 기쿠타로(斎藤菊太郎)에 의하면 발견일은 10월 23일이고 조사는 그 다음

그림 11. 사신총 조사(봉토 일부 굴착)

그림 12. 사신총 현상(주위 목책)

이 총은 현재 오괴분의 제2호분과 같이 자못 정돈된 외형을 나타내고 있다(그림 7-하). 봉토는 방형의 기저를 지니며 한 변의 길이가 약 90척, 높이는 25~6척에 이른다. 하지만 석실내의 벽화 조사와 함께 봉토 일부의 굴착(그림 11) 및 대대적인 복구공사가 이루어졌으므로(그림 12) 그 전후의 상태를 구별하여 생각하지 않으면 안 된다. 조사 이전에는 봉토의 남쪽 절반이 현저히 결손되어 있었고 석실 및 벽화의 발견도 이곳에서 발단되었다(도판 69-1). 대략 구태를 유지하고 있었던 것은 다만 그 북쪽 절반에 해당하는 부분이다(도판 69-2)[2]. 따라서 이 총의 원형은 주로 뒷부분에서 추측되어야 할 것이다. 이 부분을 점검하면 기저부의 북쪽 한 변은 대략 동서의 방위선을 따라 달리고 그 양 끝은 조금 완만히 굽어지며 좌우로 꺾여 있다. 이 한 변을 저변으로 하는 경사면은 정상에 이르기까지 균일한 기울기를 지녔음을 확인할 수 있다. 원래 이 총이 방분이고 기저의 한 변의 길이가 약 90척에 높이는 25~6척일 것이라는 앞의 추정은 이와 같은 주의를 거쳐 행해진 실측의 결과이다.

내부 석실은 방형의 현실에 연도를 곁들인 것이다. 분구와 함께 지평면상에 기저를 두고 연도의 입구는 봉토의 남변에서 약간 안쪽으로 들어간 곳에 있다(그림 7-하). 현실의 넓이는 12척 남짓, 정성들여 가공한 석회질 혈

............................................

날에 행해졌다.

2) 도판 69-2는 석실 조사 이전의 사신총의 후면 및 오괴분의 일부를 나타낸다. 우측부터 헤아려서 첫 번째는 오괴분 제3분, 두 번째는 제4분, 세 번째는 사신총, 네 번째는 오괴분 제5분이다.

석(石灰質頁石, Calcareous Shale)[3]의 거재를 3단으로 겹쳐 쌓아서 높이 5척 남짓의 네 벽을 축조했다. 이음매가 긴밀히 접합되지 않은 부분은 회반죽으로 메웠다. 다만 벽면에는 회반죽을 바르지 않고 맨바닥의 석벽에 벽화를 그렸는데, 이 점은 사신도로 유명한 조선 평안남도 강서군 삼묘리(三墓里)의 대묘 및 중묘와 흡사하다. 천정부는 가공한 화강암으로 순차적으로 올라가며 꾐장식을 구축하고 있다(그림 13). 우선 네 벽의 윗 가장자리를 따라 둘러진 들보 형태의 꾐장식이 있고 다음으로 제2단의 꾐장식이 있다. 이후의 꾐장식은 넓게 네 모퉁이를 막은 것으로 각각 커다란 이등변삼각형을 이루고, 그 하나의 저변과 다른 하나의 저변 사이에 서로 접하지 않는 방형의 중간부를 남긴다(A·B·C·D는 이 부분 및 네 벽의 중점을 나타낸다). 나아가 그 위에는 사다리형의 저변을 네 벽에 병행시킨 제3단의 꾐장식을 걸쳐서 천정의 면적을 사방 6척 내외로 축소시켰다. 마지막으로 그 전 면적을 덮기 위해 아랫면이 편평한 하나의 커다란 반석을 얹었다. 이와 같은 구조법을 사용한 고구려 시대 분묘의 석실은 평양 부근에서도 많이 보이는 것인데, 다만 약간 다른 점은 꾐장식의 구축이 비교적 간단한 것이다. 이를 가장 간단한 구조를 지니는 장군총의 석실과 비교하면 천정부의 매우 넓은 공간을 막는 데 하나의 커다란 반석을 사용한 것에서 서로 닮은 점이 있다. 따라서 이 총은 석실의 구조상 양자의 중간 형식을 나타내고 있는 듯 여겨진다.

나아가 석실의 기저에 주목하면 이곳에는 직사각형의 석상(石牀)이 여러 개 있다(도판 70-2). 나열된 상태는 그림 13의 평면도에 나타난 바와 같고 석질은 각력응회암(角礫凝灰巖, Tuff-Breccia)이다. 중앙에 위치한 석상은 두 석재가 합해진 것으로 길이 8척 1촌, 폭은 약 4척 5촌을 헤아린다. 동쪽 벽에 접한 석상은 길이가 전자와 같고 폭은 약간 짧으며 북벽과 서벽에 접하는 다른 3개는 훨씬 작다. 생각건대 비교적 큰 것 두개는 관좌로 사용한 것이고 나머지 작은 3개는 부장품 등을 나열해 두었을 것이다. 또 삼각형 꾐장식이 서로 접하지 않는 네 곳의 사각형 부분의 중심(A·B·C·D)에는 지름 2촌, 깊이 5촌 남짓의 커다란 못구멍이 뚫려 있는 것이 확인된다.

연도는 직사각형의 단면(한 변의 길이 약 5척)을 지니며 그 한 끝은 현실의 남벽 중앙부에 있다(그림 13 단면도). 1936년 가을의 조사 때에는 현실의 벽면을 따라 놓인 폐쇄용 석재의 구태가 남아 있어 겨우 위쪽의 무너진 부분에 의해 바깥쪽으로 통할 수 있었으므로(도판 70-1) 연도의 전체를 파악하지 못하였다. 그런데 1938년 5~6월에 만주국 문교부의 사업으로 벽화의 모사가 행해지면서 봉토 일부의 굴착(그림 11)과 보존 공사가 함께 이루어졌고 그 결과 연도 구조의 전모가 명백해지게 되었다. 당시 그 일을 담당한 오바 쓰네키치에 의하면 연도의 전장은 약 7척이고, 서벽이 외부로 향하여 깔대기 모양으로 열리는데 입구 앞면에 이를 보호하는 엄중한 설비가 있었다고 한다(그림 13). 연도가 현실에 접하는 부분의 폐쇄 상태는 도판 제70의 위 그림에서 볼 수 있는 것과 같다. 세부적으로 보면 정성들여 가공한 절석을 사

---

3) 사용 재료인 석질의 감정에는 전 교토제국대학 이학부 강사인 무라카미 마사쓰구(上村政嗣)의 도움을 받았다. 이하 모두 같다.

평 면

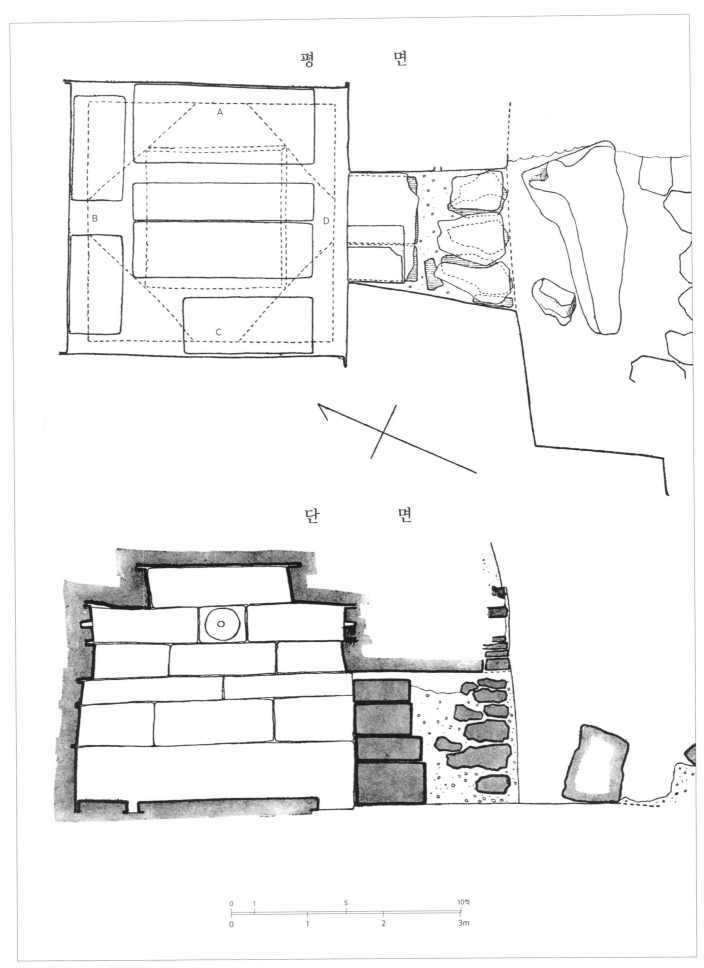

단 면

그림 13. 사신총 석실 실측도

용하였으며 그 말단은 연도의 중앙부에 이르고 있다. 중앙부에서 입구까지는 할석을 채웠고 회반죽에 자갈을 섞은 콘크리트로 그 사이 틈을 채운 것이다. 그리고 입구의 외부를 덮기 위해서는 앞면에 큰 돌을 두고 자갈과 목탄을 섞은 양질의 토양으로 굳힌 다음, 그 앞면 즉 입구에서 6척 정도 떨어진 곳에는 할석에 회반죽을 더한 장벽까지 설비한 듯한 사실도 밝혀졌다.[4]

다음은 사신총의 이름을 얻게된 벽화에 대한 설명이다. 벽화는 회반죽을 처리하지 않은 석벽을 바탕으로 하며 유존 상태가 자못 완호하다. 마찬가지로 석벽을 바탕으로 하는 강서군 삼묘리의 두 묘의 것들과 구도상 현저한 유사점을 지닌다. 다만 표현 기교는 그들보다 떨어져서 세련미가 충분치 못한 점이 있지만 탁월하고 웅혼한 수법, 장엄하고 화려한 색채가 대개 이 부류 벽화의 당대 걸작 중 하나로 손색이 없다. 이하 그 각 부분은 점검하자.[5]

연도가 뚫려 있는 현실의 남벽 좌우에 그려진 한 쌍의 봉황은 주작을 나타낸 것이다(도판 70-1, 71, 72). 각각 배색의 주조를 달리하여 왼쪽 부분의 백색과 오른쪽 부분의 붉은 색을 대비시키고 있다. 구도상으로 보면 벽의 양쪽 모퉁이에 그려진 괴이한 신인(후술함) 때문에 장면이 조금 좁게 느껴지지만, 그림 구도 그 자체는 필력이 웅장하여 자못 활달하고 자유로운 취지를 드러낸다. 왼쪽 그림은 아래 부분이 벗겨져 나가서 그 모양이 상세하지는 않지만 오른쪽 그림에 상당하는 부분에는 하나의 아름다운 앙련(仰蓮)이 그려져 있다. 북벽은 현무로, 비운(飛雲) 사이에 거북과 뱀이 서로 교차하는 형상을 그렸다(도판 75). 비운은 사방으로 흩어지는 불꽃같고 뱀 몸통의 일부는 복잡하게 감겨 있어 유려하고 경쾌한 취향이 결여된 점이 있다. 그리고 전체의 색조가 또한 상당히 무겁다. 동벽에는 청룡, 서벽에는 백호가 그려졌는데 이들 두 신은 거꾸로 휘감기는 듯한 비운 사이를 날고 있다(도판 73, 74). 비운의 표현은 과장에 지나지 않으나 두 신의 자태에는 사실적 묘사가 있다. 벽의 네 모퉁이에는 고구려 시대의 많은 벽화분에서 보이는 두공을 갖춘 기둥은 그려져 있지 않지만 그 대신 괴이한 신인이 있어 두 팔을 쳐들어 들보 형태의 꾐장식을 힘껏 받치고 있다(도판 76, 77). 이들 신인은 짐승 얼굴에 털이 난 몸을 하고 다섯 손가락에는

4) 벽화의 모사와 같은 시기에 통구 지방 고분의 일반적 조사에 종사한 시치다 다다시(七田忠志)가 필자에게 이야기한 바에 의하면, 사신총의 주위에 조역을 구획짓는 자갈이 깔려있던 흔적이 존재하는 것을 확인했다고 한다. 이와 같은 설비가 장군총, 태왕릉, 천추총 등과 같은 석총의 주위에 존재하는 것은 이미 Ⅰ부에서 서술한 바이지만, 오괴분의 여러 토분에서도 이를 찾을 수 있었던 것이다(梅原末治·梅原末治,「高勾麗の墓制似就いて」『史林』第24卷 第1號 참조). 다만 사신총의 경우에는 자갈이 지하에 매몰되어 있기 때문에 조역의 범위는 현재 상세히 알 수 없다고 한다.

5) 다음에 상술하는 벽화의 내용에 대해서는 오카다에게 빚진 바가 컸음을 밝혀둔다. 사진에 근거한 그의 정밀한 관찰에 의해 구도상 나타나있는 중요한 의의를 파악한 것도 기쁜 일이다. 벽사를 의미하는 괴수가 동시에 천정을 지탱하는 구성적 요소로 상징되어 있는 사실 등도 그로부터 얻은 시사에 바탕을 둔 것이다. 본 장의 그림 14 및 16도 그의 손으로 완성되었다. 감사를 표한다.

갈고리 모양의 손톱이 길게 자라 있어 한대(漢代) 사신경(四神鏡) 등의 괴인과 상통하는 점이 있다.

벽화의 장식은 여러 단의 꾐장식과 천정에까지 이른다. 먼저 들보 형태의 꾐장식 띠는 장려한 인동당초문으로 장식되었다(도판 75, 78). 그 착색은 다채로운데, 예를 들면 당초문 각 마디의 쌍엽의 경우 한쪽 잎의 색은 모두 주[丹]를 주로 한 데 비해 다른 한쪽 잎은 녹, 청, 황토, 갈토 등의 여러 색을 번갈아 반복하듯이 쓰고 있다. 또한 이 당초문은 한대 괴운문(怪雲文)의 영향을 받은 흔적이 남아 있는 점, 강서의 두 묘의 당초문에 비하여 아직 충분히 회화화 되어 있지 않은 점 등에서 문양 발달의 과정을 나타낸다는 사실이 주목된다(그림 14).

다음은 4개의 삼각형 꾐장식으로, 아랫면에는 모두 비운 사이에 용을 그려두었고(도판 87-1), 측면에는 각각의 면에 조수를 올라타고 비상하는 천인이 나타나 있다. 상세히 보면 동남쪽 면에는 한 마리 봉황을 선두로 하여 용을 탄 천인이 둘(도판 79-1), 동북면에도 대략 같은 용을 탄 천인 셋(도판 79-2), 서북면에는 호랑이, 사슴, 말을 탄 천인이 각각 하나씩(도판 79-3, 80), 서남면에는 학을 탄 두 천인이(도판 81, 82-2) 나란히 그려져 있다. 이들 천인의 복장은 동남, 동북 2면(현실 주축의 동쪽 반부)의 것은 모두 면류관을 쓰고 저고리[衣]와 치마[裳]를 입은 데 비해(도판 82-1), 서북과 서남 2면(현실 주축의 서쪽 반부)에서는 모두 호모(胡帽)를 쓰고 바지와 덧옷[褶]을 입고 있다[6](도판 82-2). 또 삼각형 꾐장식에 끼인 동서남북 네 곳의 사각형 중간부 벽면에는 각각 어떤 종류의 금구를 부착했을 깊은 못구멍 같은 것이 있고 이를 중심으로 하여 역시 특별한 도상이 있다. 동쪽에는 해를 상징하는 삼족오(도판 83 하부), 서쪽에는 달을 상징하는 두꺼비(도판 84 하부), 남쪽 및 북쪽에는 모두 괴이한 짐승 얼굴이 있다(도판 85 하부, 90-2, 86 중부). 이들 수면(獸面)은 후술할 명기가 갖추어진 사다리형 꾐장식의 다른 수면(도판 85 상부)와 함께 벽사의 의미를 나타낸 것이 틀림없지만 앞의 두 가지에 대해서는 구도상 특히 주목할 점이 있으므로 덧붙여 설명할 필요가 있다.

삼각형 꾐장식의 사각형 중간부의 남북 두 곳에 그려진 수면 바로 위에는 사다리형의 꾐장식이 얹히는데, 그 꾐장식의 아랫면 한 모퉁이에는 수면과 연관하여 그 괴수의 어깨부분으로 볼 수 있는 것이 그려져 있다(도판 87-2). 한편 괴수의 동체 부분은 거의 화면에 나타나있지 않지만 그 무서운 면모의 주인공은 크게 벌린 입 옆으로 앞 다리를 세차게 뻗으며 동시에 양 옆의 삼각형 꾐장식의 측면에 걸쳐 뒷다리를 뻗어서 그 발바닥으로 사다리형 꾐장식의 아랫면을 받치고 있다(도판 86 중부). 이는 명백히 벽사를 상징하는 괴수를 거꾸로 세운 것으로, 이를 하나의 방을 상징하는 현실의 구조 일부에도 적용한 것이다. 들보 형태의 꾐장식을 받치는 기둥과 두공 대신 그려진 주벽 네 모서리의 괴이한 신인과 마찬가지로, 들보형 꾐장식과 사다리형 꾐장식 사이에 상징적으로 설치된 동자기둥[束]임이 분명하다. 따라서 해와 달

---

6) 동서로 구분된 이와 같은 복장의 상이함은 단순한 화면의 구분이 아니고 고구려의 관료 내지 귀족 사이에 존재했을 문반과 무반의 구별을 나타내는 것이리라.

천왕지신총 운문

안성동 대총 괴운문

사신총 당초문

사신총 남벽 주작 연좌

사신총 천정 우당초

그림 14. 인동당초문 비교도

이 나타나 있는 동서 두 곳의 사각형 구획도 역시 이와 같은 것으로 보아야 할 것이다(그림 15).

제3단의 굄장식은 이미 서술한 바와 같이 4개의 사다리형인데, 그 각각의 아랫면에 그려진 것은 비운과 용으로 삼각형 굄장식과 마찬가지이다(도판 87-2). 측면의 남부에는 운문 사이에 북두를 나타내었고, 이를 끼고 왼쪽에는 짐승 머리를 한 괴조, 오른쪽 즉 북두의 자루 아래에는 괴수의 얼굴과 앞다리를 그렸다(도판 90, 85). 북쪽의 괴수는 앞에서 서술한 바와 같이 벽사를 상징한 것으로, 옆에는 '噉宍不知□(足?)'라는 먹으로 쓴 기명이 있다. 북부의 그림도 역시 이와 유사한데 다만 좌우 모두 괴수이고 수면은 없다(도판 86 상부). 동부에는 뱀 꼬리를 한 조인(鳥人) 1쌍이 각각 해와 달을 받들고 구름 사이를 비상하며 좌우에서 서로 모이는 형상을 묘사했다(도판 83 상부, 88). 서쪽 면에는 두루마리를 펼친 네발 탁자 앞에서 붓대를 쥐고 무언가를 쓰고 있는 인물과 그 뒤에서 이에 다가가려는 듯한 모습을 보이는 다른 인물, 그리고 그 배후에는 한 그루 나무를 사이에 두고 긴 뱀을 입에 문 괴조가 그려져 있다(도판 84, 89). 생각건대 이 최후의 장면은 피장자 생전의 사적과 관련된 점이 있을 것이다.

마지막으로 천정 덮개석의 아랫면에는 전면에 꿈틀거리는 큰 용이 그려져 있다. 그 한쪽인 북쪽 가장자리에는 삼성(三星)을 배치하였으며 네 모서리에는 각각 연화를 감싸는 화려한 아칸서스문이 장식되어 있다(도판 91, 92).

현실 내의 벽화는 대략 위의 서술과 같지만 이에 덧붙여 연도의 내벽에도 회화가 존재한다. 이는 1938년에 행해진 보존공사 때에 비로소 밝혀진 것으로, 1936년 조사시에는 미처 발견하지 못했던 것이다. 벽화의 모사에 종사한 오바의 말에 의하면, 세로 6척 가로 7척 정도의 연도 좌우의 석벽에는 반라 형상의 커다란 인물이 오른 손에 창을 쥐고 상체를 기울여 입구를 향해 질주하는 듯한 자세로 그려져 있다고 한다. 또 서벽의 그림에는 왼손에 가늘고 긴 소라 모양의 악기를 든 모습도 보인다고 한다. 이는 분명 입구를 수호하는 형상을 그린 것에 틀림없다. 훗날 오바의 모사가 공표되면 보다 자세한 사정을 알 수 있을 것이다.

이상으로 본 고분의 석실 내 각 부분의 벽화를 점검했다. 이를 정리하자면, 그 묘법은 강건하고 착실하며 매우 활달한 풍모가 있는 것과 동시에 또한 중후한 취향도 있다. 하지만 구도가 복잡하고 벽면의 좁은 곳까지 전체에 비운을 표현하고 있으므로 경쾌하고 자유로운 맛이 부족하다. 따라서 이를 대표적인 사신도라고 할 수 있는 삼묘리 두 묘의 벽화에 비교하면 현저히 떨어지는 점이 있다. 채색은 단, 주, 연자, 황토, 갈토, 호분 등의 여러 색을 사용하여 자못 농후하며 배색의 기교도 특별히 볼 만한 점이 있다. 따라서 장대하고 화려하지만 전체적 느낌이 무거운 점 또한 삼묘리의 사신도에 못 미치는 부분이다. 벽화의 내용은 주벽의 사신도를 비롯하여 기이한 조류, 영묘한 동물, 신인, 천인 등, 공상적으로 고안해 낸 것이 그 주요한 부분을 차지한다. 이는 무용총과 각저총의 벽화 제재가 전적으로 현실적인 것과 크게 취향을 달리하는 것이다. 하지만 조수와 인물의 각 부분은 한결같이 사실에 바탕을 두고 있는 점으로 보아 현실에서 심하게 떨어져 있지는 않다. 이도 이 벽화의 특색이라 할 것이다.

이 고분은 일찍이 도굴의 피해를 당했으므로 부장품같은 것은 거의 남아 있지 않다. 다만 처음 석실

그림 15. 사신총 석실 천정 벽화 배치도

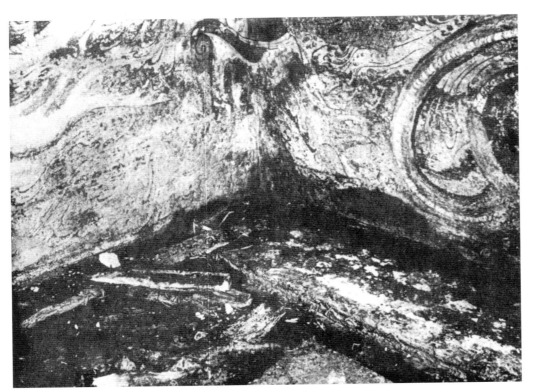

그림 16. 사신총 현실내 잔존 목편

내를 조사한 사이토 기쿠타로가 현실 바닥면의 동북 구석에서 흑칠이 부착된 목재 잔편이 흩어져 있는 것을 발견했다. 그림 16은 그때의 사진이다. 사이토의 말에 의하면, 오른쪽 잔편은 길이 2척 안팎의 것 4개와 그 밖의 작은 조각으로, 모두 판상이므로 부후된 관의 자재 일부로 보아야 할 것이었다. 또 후년 연도 부분을 굴착했을 때 작업 중 토사 속에서 가는 침금(針金)을 붙인 작은 황금제 보요(步瑤) 1개를 발견했다.

극히 사소한 유품이지만 같은 종류의 보요가 금관총을 비롯한 조선 경주의 여러 고분 및 부여의 전(傳) 백제왕릉에서도 발견되었다는[7] 점에서 특히 흥미를 끈다.

7) 濱田耕作·梅原末治,「慶州金冠塚と其の遺寶」『朝鮮総督府古蹟調査特別報告』第3冊, 1927. 梅原,「慶州金鈴塚飾履塚發掘調査報告」『朝鮮総督府大政13年度古蹟調査報告』第1冊, 1924:「夫餘陵山里東古墳群の調査」『朝鮮古蹟調査研究會昭和十二年度古蹟調査報告』, 1937.

제6장

# 모두루총과
# 환문총

　　만포진과 서로 마주보는 압록강 서쪽 연안 땅을 하양어두(下羊魚頭)라고 하고, 이곳에 십 수 기의 토분이 점재한다. 모두루총과 환문총은 이들 속에서 발견된 것이다. 하양어두는 강변에 황무지가 연해 있어 주요한 고분이 군재하는 여산 기슭의 평지와 멀리 떨어져 있다. 하지만 지형상 통구 평야의 일부로서 그 북단을 형성하고 있으므로 이곳에도 고분이 존재하는 것은 이상할 것이 없다. 십수 기의 토분은 분포상 2군으로 나누어진다. 1군은 하양어두의 나루에서 서쪽으로 4, 5정 정도 떨어진 밭지역 가운데 남북으로 나란히 존재하는 2기의 봉분을 주로 하는 것이고, 다른 1군은 서북쪽으로 수 정 떨어진 산자락에 접하여 조영되어 있는 것들이다. 모두루총은 전자에 속하며 환문총은 후자 가운데 가장 큰 것이다. 두 총의 발견 및 명명에 대해서는 Ⅰ부 제1장 제3절에서 서술하였으므로 여기서는 생략한다.

　　모두루총은 그 주체인 내부 석실의 벽면에 피장자의 묘지(墓誌)로 볼 수 있는 묵서의 명문(Ⅰ부 그림 28)이 있다는 점에 있어서 극히 진귀한 고분이다. 그 명문의 설명은 Ⅰ부 제5장 제6절에 미루고 여기서는 주로 외형 및 석실의 구조 등에 대해서 설명한다.

　　이 총은 평지의 밭 가운데에 남북으로 늘어서 있는 2기의 토분 중 북쪽에 해당한다.[1] 봉분은 둥글고 정상부는 약간 평평하다(도판 93-1). 바닥의 지름이 약 60척, 높이는 12~3척을 헤아린다(그림 17-상). 다만 그 외형은 1935년의 석실 내부 조사시에 이루어진 봉토 굴착과 그 후의 복구 공사로 인해 다소의

---

1) 모두루총과 그 남쪽의 다른 봉분의 거리는 약 30척이며, 전자의 외형이 비교적 정돈되어 있는 것에 비해 후자는 현재 석실의 상부가 노출되었고 매우 황폐해져 있다.

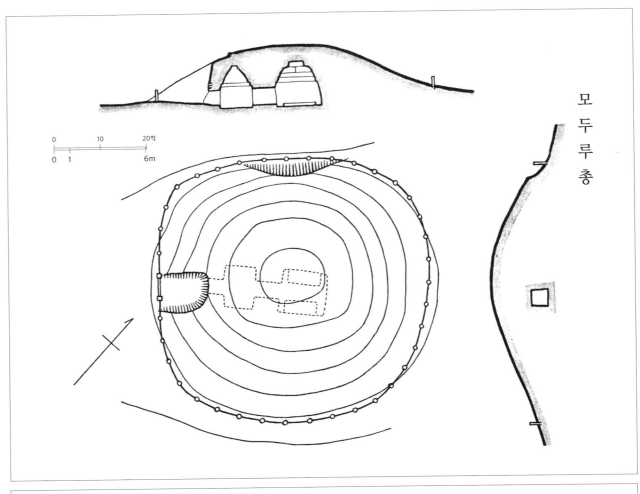

모
두
루
총

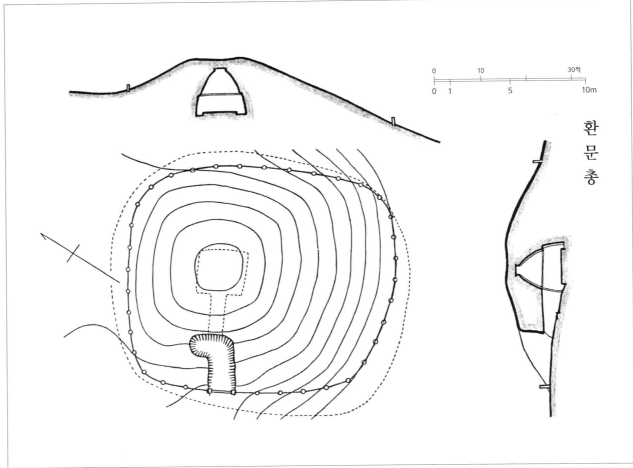

환
문
총

그림 17. 모두루총 및 환문총 외형 실측도

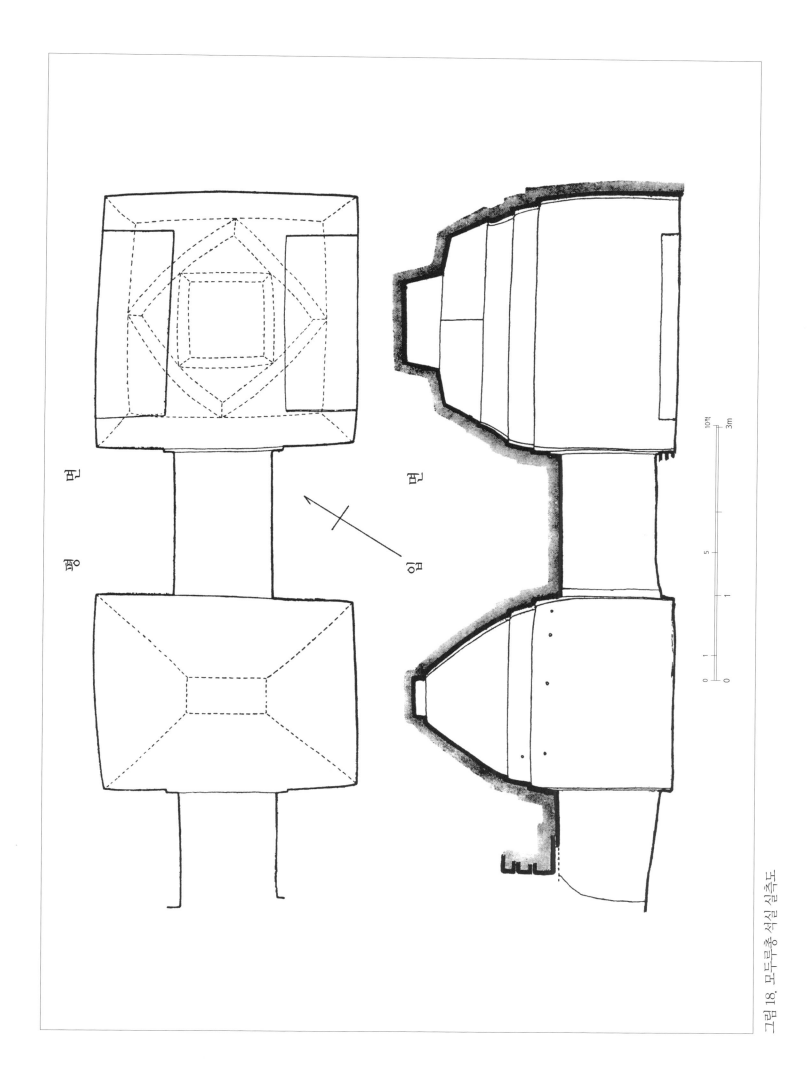

평 단면

입단면

면 평 면

0 1 5 10척
0 1 3m

그림 18. 모두루총 석실 실측도

변화가 있었던 점을 인정하지 않으면 안 된다. 즉 위의 조사 이전에는 봉토의 동남부가 거의 붕괴되어 있었고 그 외에도 토양이 깎여져 나간 부분이 많아 단지 서북쪽 부분만 옛 모습을 유지한 상태였으므로, 오늘날 보는 것처럼 정돈된 형태를 갖추고 있지는 않았다. 따라서 이 총의 외형에 대해서는 오늘날의 모습으로 바로 옛날을 추정할 수는 없다. 그리고 서북 부분이 거의 옛 모습을 유지하고 있다고 해도 이를 통해 총 전체가 통구 평야에서 많이 보이는 절두방추형(截頭方錐形)[2]이었다고 추단하는 것은 곤란하다. 그러한 형식의 방분에서 네 변이 약간 배흘림 형태로 부푼 것이 아니었을까.

다음으로 내부에 존재하는 석실을 엿보자. 석실은 봉토의 중앙부에 위치하며 분구의 가장자리 변에서 약 14척 들어간 곳에 연도의 입구를 열었다. 그 주축은 정서에서 35도 정도 남쪽으로 기울어 있다. 석실은 전실과 후실로 나뉘는데, 주실인 후실의 평면은 방형이고 전실은 가로로 긴 직사각형이다(그림 18). 벽면은 무용총과 각저총에서와 마찬가지로 두꺼운 회반죽이 발라져 있다.[3] 주실은 기저에서 측정하여 한 변의 길이가 약 10척이고, 그 표면에는 좌우의 양 벽에 접하여 각각 1개의 관대가 만들어져 있다. 길이 7척, 폭 3척에 높이 6촌 정도의 석상(石牀)을 이루는 것이다(도판 93-2, 96-2). 전실은 가로 10척에 세로 7척이고, 통로가 설비되어 있어 주실로 이어진다. 통로의 단면은 직사각형이고 연도도 마찬가지이다. 양 석실의 저면은 봉토의 기저와 거의 일치하는데, 연도 및 두 석실 사이 통로의 저부는 높이 6~7촌의 할석을 줄지어 깔아서 한단 높게 되어 있었던 것 같다. 입면을 보면 전실 하부의 네 벽은 높이 약 5척으로 거의 수직이며, 그 위에는 띠 모양의 굄장식을 둘렀다. 이로부터 올라감에 따라 네 면을 점차 안으로 좁혀 들어가서 그 내부 즉 천정부가 가로로 긴 우진각 지붕 양식 같은 형태를 나타내게 만들었다(도판 94). 후실의 구축은 이와 조금 다르다. 즉 하부의 네 벽 위에는 띠 모양의 굄장식을 한 겹이 아닌 상하 두 겹으로 두르고, 그 네 모퉁이에는 삼각형 굄장식을 더한 다음 다시 같은 모양의 넓적한 삼각형 굄장식을 겹쳤다. 그리고 면적이 현저히 좁아진 상부에 아랫면이 편평한 덮개석을 얹었다(도판 96-1). 이는 제5장에 설명한 사신총 석실의 천정부 구축법과 같다. 석실의 바닥면에서 천정의 덮개석 아랫면에 이르는 높이는 10척 남짓이다.

전실과 후실, 통로 등의 벽면은 모두 순백의 회반죽을 발랐고 묘지 외에는 다른 어떤 장식도 없다. 이는 최근의 조사에 의해 다수의 유사한 예가 추가된 평양 부근의 고구려 시대 고분과 마찬가지이다.[4] 하지만 전체 구조 및 전실 벽면의 일부에 먹으로 쓴 피장자 모두루의 묘지(도판 95)가 존재하는 점 등을

--------

2) 1938년 봄과 여름 사이, 통구 평야 고적의 일반적 조사를 행한 시치다가 필자에게 고한 바에 의하면 그는 이 지역 토분의 다수가 원형이 방분이었던 것으로 확인하였다. 그리고 오바가 본 바도 또한 같다. 장래의 연구에 시사점으로서 덧붙여둔다.

3) 연도의 덮개석 하부 벽면에 회반죽이 벗겨져나간 개소가 있어 그 두께가 1촌 안팎임을 알 수 있다.

4) 小場恆吉, 「高句麗古墳の調査」『朝鮮古蹟調査研究會昭和11·12年度古蹟調査報告』, 1936·1937 참조.

고려하면, 이 총은 통구평야에
남아 있는 수많은 고분 중에서
회화와 문양 등의 장식을 지니
는 이른바 벽화분에 준하는 것
이라고 할 수 있을 것이다.

　　이상에서 약술한 외형 및
내부 석실의 구조 외에, 모두루
총에 대해서는 석실 내부에 대
한 소견으로서 한두 가지 덧붙
여야 할 것이 있다. 우선 전실
의 석벽을 보면 띠 형상의 굄장
식에서 1척 정도 내려온 벽면
에 나무 선반이 걸쳐져 있었던
흔적이 존재한다. 길이 6척에

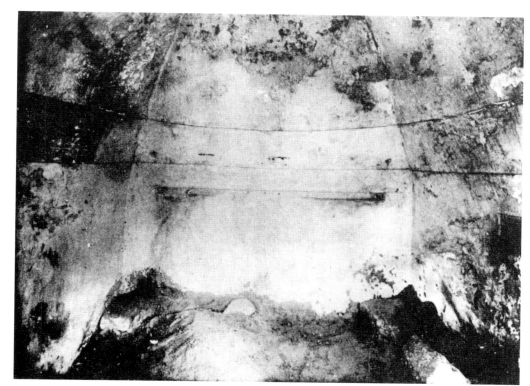

그림 19. 모두루총 전실 우벽 선반 설치 흔적

폭 2촌, 깊이 7푼 정도의 좁고 긴 고랑으로, 고랑 안에는 좌우와 중간 3곳에 못구멍(지름 8푼, 깊이 4촌)
이 있다(그림 19, 20). 이는 낙랑 채협총(樂浪彩篋塚)의 목곽 전실에서 발견된 선반 설비와 함께 생각해
야 할 것이다.[5] 못구멍은 같은 벽의 띠 모양 굄장식에 3개, 왼쪽 벽의 이에 상당하는 부분에도 상하 2열
로 각각 3개씩 존재하며 앞면의 같은 부분에도 마찬가지로 구멍이 뚫린 것이 확인된다. 왼쪽 벽의 구멍

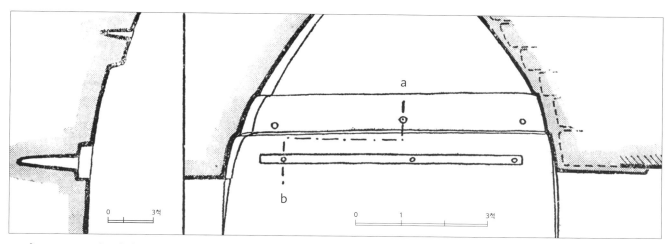

그림 20. 모두루총 전실 우벽 세부도

5)　朝鮮古蹟研究會,「樂浪彩篋塚」(第1編 第1章)『古蹟調査報告』, 1935 참조.

중 하나에는 현재 철못까지 남아 있다. 이들 못의 용도에 대한 확실한 증거는 없으나 어떤 종류의 부장품을 걸었던 것이 아닐까. 또 전실과 주실을 연결하는 통로의 좌우 벽에는 전실에 접하는 부분에 목재 문이 설치되어 있었던 흔적이 남아 있다. 이는 이미 서술한 바와 같이 무용총과 각저총에서도 보였던 것이다.

이 총은 일찍이 도굴을 당한 탓에 1935년 10월 이토 이하치, 사이토 기쿠타로 등에 의해 행해진 발굴조사 때에는 눈에 띄는 부장품은 거의 발견되지 않았다. 다만 사이토가 연도 기저부의 흙 속에서 발견한 금동의 병두(鋲頭) 하나와 철기 파편 4개가 있었다. 병두는 삿갓형에 지름 9푼인 것으로, 다른 유사품[6]으로 미루어 목관을 장식했던 것으로 추정된다. 철기 파편은 가늘고 긴 봉 모양(4개 중 하나는 열쇠형)으로 길이는 4촌에서 1척이다. 그 원형을 상세히 알 수 없지만 파편 중에는 표면에 포목(布目)의 흔적이 남아 있는 것이 있었고 또 흑칠이 부착된 것을 확인할 수 있었다고 한다.


환문총은 석실 벽면에 환문을 장식한 고분이다. 명명도 그 장식에 의한 것이다. 하양어두의 뒷산 기슭, 동남으로 압록강의 수류를 조망할 수 있는 높고 건조한 경사면에 축조되었으며 부근에 무리지어 있는 토분 중 가장 큰 것이다(도판 97-1·2). 봉토는 지초에 덮여 있고, 그 자락이 밭으로 경작된 경사지에 이어지는 부분은 곡선을 띤 윤곽을 드러내고 있다. 이를 실측 결과에 비추어보면 본래 그 평면은 방형이고 입면은 절두방추형이었음을 추측할 수 있다. 네 모서리는 각각 거의 방위선과 일치하고 있다(그림 17-하). 봉토의 현재 크기는 기저의 각 변이 5~60척, 높이는 10척을 넘는다. 즉 그 규모는 위의 모두루총과 비등하다.

석실은 현재 봉토의 상태로는 조금 북부에 치우쳐 있고 서남쪽으로 연도가 설치되었다(그림 17-하). 경사지에 일으켜진 방형의 봉분은 북변이 가장 높은데, 석실의 기저는 이에 비해 5~6척 아래에 놓이고 주축의 방향은 대략 이 북변과 나란하다. 석실의 평면은 사각형의 현실에 길고 좁은 연도를 부착한 것으로 형식이 매우 간단하다. 입면은 연도가 단순한 직사각인데 비해 현실의 내부는 요절천정식(腰折天井式)으로 구축되어 있다. 회반죽을 바른 벽면은 대체로 정돈되었지만 평면의 사각형은 조금 이그러져 있다(그림 21). 현실의 바닥면 넓이는 세로 10척 남짓, 가로 11척 남짓이다. 그 중앙에는 높이 1척 정도의 커다란 방형의 관좌가 있고 이와 네 벽의 사이는 폭 1척 5~6촌의 고랑을 이루고 있다. 연도의 높이는 약 10척이고, 바닥면의 전반이 한단 높이 축조되었으며 벽면에는 현실과 마찬가지로 두꺼운 회반죽을 시공했다.

석실의 내면은 현실과 연도에 모두 벽화가 장식되어 있다. 다만 안타까운 것은 습기에 침식되어 떨어져 나간 개소가 많은 점이다. 특히 연도의 전반 및 현실의 상반부 같은 곳은 거의 옛 모습을 찾기 어렵

......................................................

6) 조선총독부박물관 소장인 전라북도 익산 대릉(大陵) 출토 목관의 장식 병두 같은 것은 가장 좋은 예이다. 朝鮮總督府, 『大政6年度古蹟調査報告』, 1925 참조.

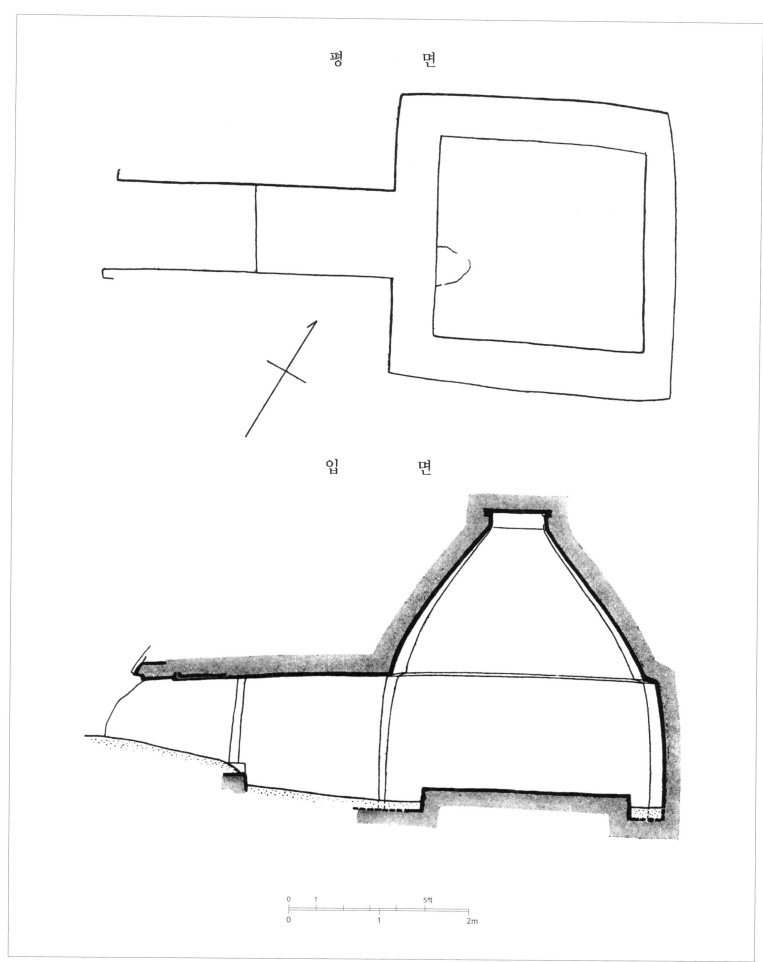

평 면

입 면

그림 21. 환문총 석실 실측도

다. 가로 세로 각 5척 정도인 연도의 후반부 좌우 벽면에는 현실을 등진 한 쌍의 괴수가 그려져 있다(도판 98). 험한 벼랑을 등반하는 괴수는 상반신을 위로 뻗고 목에는 갈기를 휘날리고 있다. 벌린 입으로는 가슴까지 달할 정도의 긴 혀를 내밀었고, 풍부하고 긴 꼬리털을 높이 치켜들고는 지금이라도 날아와 덮치려는 자세로 무서운 맹위를 드러내고 있는 것이 말할 것도 없이 벽사의 취지를 상징한다. 유사한 예를 찾자면 회화는 아니지만 중국 육조(六朝) 시대의 묘 앞에 배치된 사자상[7]과 상통하는 점이 있다. 다만 화면이 벗겨져 나가 세부가 상세하지 않은 점이 많은데 특히 괴수의 머리 부분이 가장 심하다. 회화로서 볼 때 필치는 조잡함을 면치 못하지만 묘법은 자유롭고 활달하며 자못 웅혼한 정취가 있다.

현실 내부의 벽면은 다른 많은 유사 예가 존재하는 바와 같이 네 벽과 천정의 경계에 들보를, 네 벽의 각 모퉁이에는 이를 지탱하는 기둥을 그려서 목조 건축처럼 보이게 하였다. 이들은 각각 특수한 문양으로 장식되어 있다(도판 99, 100). 즉 들보의 문양은 옛 훼룡문(虺龍文)의 영향이 남은 운룡화문(雲龍華文)(도판 101)이고, 기둥의 문양은 하트형의 도상을 반복하여 연속시킨 인동문식(忍冬文式) 운룡화문이다(도판 102). 들보와 기둥 모두 바탕색은 황갈색인데 문양에는 홍갈색을 사용하였고 윤곽은 먹색의 가는 선으로 나타내었다. 들보의 문양에서는 용꼬리로 볼 수 있는 부분에, 기둥의 문양에서는 하트형의 중핵 부분에 각각 옅은 남색을 사용하여 색채의 단조로움을 피하고자 한 의도가 엿보인다. 이들 문양이 나타내는 양식은 명확히 육조식이지만 한대에 성행한 동물화문(動物華文)이 골자를 이루고 있는 것은 옛 전통의 계승이라는 점에서 특히 주목해야 할 것이다.

다음으로 네 벽 자체에는 벽마다 20수 개씩 같은 형태와 모양의 환문(環文)이 적당한 간격으로 드문드문 그려져 있다(도판 99). 다른 장식은 섞지 않았는데, 일찍이 세키노에 의해 보고된 산연화총 벽화[8]와 동공이곡(同工異曲)의 것이다. 각 환문은 기하학적 도형으로, 우선 먹색의 약간 두꺼운 선으로 둘레를 그렸는데 지름이 5촌 5~6푼이다. 중심에 작은 구멍이 있어 이를 그리는 데에 컴퍼스 같은 것을 사용했음을 나타내고 있다. 이하 순서대로 반경을 줄여가며 홍갈색, 옅은 남색, 황색, 남색 및 자갈색의 동심원 띠를 그리고 마지막으로 중앙의 작은 원은 황색으로 칠했다(도판 101). 도판 100의 윗 그림은 연도에서 현실 정면의 벽을 바라본 것이고 아랫 그림은 우측 벽을 바라본 것인데, 이에 의해 환문 배열 상태를 명확히 알 수 있을 것이다.

현실의 천정에도 본래 사신도를 주로 한 벽화가 장식되어 있었으나 안타깝게도 심하게 벗겨져 나갔다. 지금 겨우 볼 수 있는 것은 오른쪽 벽에 가늘고 긴 몸체를 한 청룡의 흔적(도판 100-2)과 왼쪽 벽에 백호의 다리가 남아 있는 데에 불과하다. 현존하는 청룡의 묘법으로 나머지 불명인 부분을 추측하자면

7) 關野貞, 『支那の建築と藝術』, 岩波書店, 1938. Osvald Sirén; Chinese Sculpture(London), 1925.

8) 關野貞, 「滿洲輯安縣及び平壤附近に於ける高句麗時代の遺蹟」『考古學雜誌』第5卷 第4號, 1914.12. 朝鮮總督部, 『朝鮮古蹟圖譜』第1冊, 1920.

매우 소박한 것으로, 사신총처럼 우수한 것이 아님은 거의 확실한 듯하다. 또 현실의 기저에는 회반죽을 시공한 관대의 측면에도 채색의 흔적이 존재하는데 그 네 모퉁이에는 선을 그린 흔적을 확인할 수 있다.

나아가 현실의 네 벽 중 우측 벽을 주시하면 선명하고 화려한 환문 사이에 군데군데 소묘된 인물도를 희미하게 엿볼 수 있다. 도판 103에 수록한 그림 1~3은 비교적 가장 뚜렷한 것이다.[9] 각 인물의 복장은 무용총과 각저총의 벽화에서 볼 수 있는 것과 유사하다. 따라서 이들 도상이 분묘와 같은 시대의 것이라는 점은 의심할 여지가 없다. 묘선이 명확하지 않은 점으로 보아도 이를 후세의 낙서로 생각할 수는 없다. 추정컨대 이는 처음에 벽면에 그리고자 한 구도의 밑그림이었던 것인데, 네 벽 전체에 그 소묘를 미처 완성하기 전에 계획이 중지되었고, 그 대신 현 상태와 같이 환문을 나열하는 벽화를 그리게 된 것이리라. 또 수많은 환문 중 하나에는 문양 위에 다시 연화문같은 화문(花文)을 덧그린 흔적이 남아 있는데(도판 103-4) 이는 어떤 연유에 의한 것인지 해석하기 어렵다. 후속 연구를 기다린다.

이상의 서술을 통해 명확해진 바와 같이 이 총의 벽화는 적어도 현상태로는 네 벽의 환문이 주요한 부분을 차지하고 있다. 환문은 본디 단순한 문양이지만 선명한 색채로 백색의 벽면에 배치한 전체 의장은 고아한 취지가 풍부하다. 본 총에 대한 최근 한두 번의 조사에서 부장품은 전혀 발견되지 않았다. 다만 관대 주위의 고랑 사이에 부패한 목관의 잔재로 볼 만한 목편이 이곳 저곳에 흩어져 있을 뿐이었다.

이상은 하양어두의 모두루총과 환문총에 대한 조사 결과의 대략이다. 모두루총은 전실의 벽면에 묵서된 피장자의 묘지를 지니는 점에 있어서 극히 진귀한 고분이고, 환문총은 귀갑총, 산연화총 등과 같이 석실 벽면에 동일한 문양을 배열한 벽화분에 또다른 예를 추가한 것으로, 둘 다 당시의 문화를 고찰하는 자료로서 훌륭한 유물이다. 하지만 외형과 구조상으로 보면 통구 평야에 남아 있는 다수의 토분과 그 형식이 거의 같고 현저하게 특이성을 인정할 만한 것이 없다. 따라서 고구려 시대의 고분 중에서 이들이 차지하는 묘제상의 위치는 다른 지방의 이 시대 고분과 비교하여 결정되어야 할 것이다.

........................................
9) 이 도상은 1936년 필자의 조사 때에 발견되었다. 그때 지금은 고인이 된 하마다가 특별히 흥미를 가지고 자세히 관찰하여 기록을 만들었으나 지금 그것이 없으므로 유감스럽게도 상세히 기술하기가 어렵다.

제7장

# 결 어

이상의 여러 장에서 서술한 바는 통구 지방에서 최근 새롭게 발견된 대여섯 기의 벽화분에 대한 대략적 설명이다. 이와 관련하여 고구려 벽화분 전반에 관한 두어가지 소견을 덧붙이는 것으로 이 책의 맺는 말로 삼고자 한다.

이들 새로 발견된 고분을 통람할 때 우선 특히 주의를 끄는 것은 그들이 외관상 모두 토축 분구를 지닌다는 것이다. 이들 고분에 대한 우리의 조사 후에도 약간의 벽화분이 더 발견되었으나 그 외부 구조도 모두 토축이었다고 들었다.[1] 그런데 석총과 토축이 섞여서 군재하는 같은 지방의 고분 중 석총에서는 적어도 이제까지 그 석실 내에서 벽화가 발견된 적은 없었다. 그리고 일찍이 조선 평양 부근에서 탐사된 수많은 벽화분도 전적으로 토축에 속하는 것이었다. 따라서 석실의 장식적 요소인 벽화는 고구려인이 남긴 2종의 고분 중 주로 토분이 지니는 특색의 하나라고 할 수 있을 것이다. 그렇지만 이와 같은 사실을 바탕으로 토축의 분구를 지니는 고분은 모두 벽화분일 것이라고 추단하는 것은 허락될 수 없다. 1935~6년 2년간 조선고적연구회의 사업으로 평양 부근 유적에 대한 조사가 행해졌으나 조사의 대상이 된 고분의 석실에는 벽화가 존재하는 것이 드물었다.[2] 통구 지방에서도 이 지역 토분의 다수를 차지하는 비교적 소규모의 것들에는 벽화가 없는 것은 물론 석실 벽면에 회반죽조차 발라져 있지 않은 예가 많았다. 이는

1) 후지타, 오바, 시치다 세 사람의 실제 견문담에 의한다. 이들의 벽화분에 관한 상세한 보고는 후일 구로다 겐지 (黒田源次)에 의해 공표될 것이다.

2) 小場恆吉, 「高句麗古墳の調査」『昭和11·12年度古蹟調査報告』, 朝鮮古蹟調査研究會, 1936·1937 참조.

통구성과 산성자(山城子) 사이의 계아강(鷄兒江) 양쪽 기슭의 유적을 검토하면 명백히 알 수 있다. 이러한 사실은 벽화가 토축 분묘의 전체에 미치는 것이 아니고 그곳에 어느 정도의 제한이 존재하는 점을 말해주는 것이다. 다만 현재 무수한 토분에 대한 학술적 조사가 아직 두루 이루어지지 않았으므로 그 한도를 정확히 지시하기는 불가능하다. 하지만 최근까지 상당히 많은 수가 조사된 평양 부근의 토분에 대해서 보자면 석실 내에 벽화를 지니는 것은 전체의 규모가 비교적 큰 것 같고, 통구 평야의 고분에 관해서 우리가 알아낸 것도 이에 어긋나지 않는 듯하다. 그리고 같은 토분 중에서도 우리가 벽화분으로 칭한 것은 그 봉분과 석실의 조영에 채워진 노력 및 비용이 큰 점으로 보아 비교적 사회적 지위가 높은 자를 주인공으로 했으리라는 것을 생각할 수 있다.

상술한 바와 같이 통구 지방에는 토분과 석총이 함께 혼재하는데, 벽화를 지니는 것은 오로지 전자에 속하는 데 비해 후자 중에서는 아직 일찍이 벽화가 발견된 예가 없다. 특히 이 점에 주목하면 양자의 관계가 문제시된다. 이 문제에 관해서는 이 책의 필자 중 하나인 이케우치가 이미 고찰한 바가 있다. 즉 통구 지방에 남아 있는 대표적 석총의 하나인 장군총은 고구려가 이 땅을 국도(환도)로 했던 시대(중기)의 최초의 왕인 산상왕의 무덤인 것 같다는 것, 다른 하나인 태왕릉은 같은 시대 마지막 왕인 광개토왕의 것이리라는 것이다. 따라서 이들 왕릉을 대표하는 석총은 이 시대에 행해지고 있었다고 보아야 한다는 것이다. 나아가 장수왕 이후 시대(후기)의 국도 소재지였던 평양 및 그 부근 지방에 벽화를 특징으로 한 토분이 많은 것에 비해 석총은 적고, 또 통구에서처럼 장대한 것이 보이지 않는다는 것, 석총의 석실은 총의 상부에 위치하지만 토분의 석실은 그 하부에 존재하는 것 등의 여러 점을 고찰했다. 그 결과 이케우치는 벽화를 갖춘 토분의 발생 시기를 대체로 장수왕의 평양 천도 무렵부터일 것이라고 하고, 통구 지방에 존재하는 이 종류의 토분은 장군총과 태왕릉 등이 대표하는 무수한 석총과는 다른 시대, 즉 주로 환도가 구도가 된 이후의 시대(후기)에 축조된 것이리라고 보았다. 이 견해는 본서의 Ⅰ부 제6장에 기술되어 있다. 하지만 통구의 석총과 통구 및 평양 두 지역의 벽화분을 주요한 대상으로 하는 이 문제는 단순히 분묘의 외형만으로 논할 것이 아니라 내부 석실의 구조, 벽화의 수법과 양식 등까지도 생각하지 않으면 안 된다. 그리고 그것은 각 고분 축조 연대의 추정으로 귀결되어야 할 것이다. 때문에 이케우치가 본서의 Ⅰ부를 기초했을 때는 이 방면의 고찰을 하마다에게 위임하여 Ⅱ부에서 그 결과의 발표를 기대한 것이었다. 그런데 하마다의 영면에 의해 그것이 무산된 것은 참으로 유감이다. 무엇보다 벽화를 중심으로 한 각 고분의 연대 고찰에 대해서는 일찍이 세키노 및 나이토 도라지로(內藤虎次郎)가 발표한 논고가 있다. 세키노의 논고에는 통구의 석총과 토분을 동일 시대의 축조일 것이라고 한 견해가 부수되어 있으나, 이 점에 있어서는 필자들의 생각이 일치하지 않는 점이 있다. 이에 대해서는 별도로 뒤에 서술하기로 한다.

그런데 이 책에서 취급한 대여섯 기의 벽화분에는 사신총과 같이 맨바탕의 석벽을 회화의 바탕으로 한 것과, 그 외의 여러 분처럼 벽면에 회반죽을 시공한 것 2종류가 있다. 그리고 벽화의 제재로 보면 첫째, 주벽에 사신도를 그린 것, 둘째, 당대의 실생활상을 묘사한 것, 셋째, 장식문에 중점을 둔 것 등의 구별이 있다. 다만 벽의 네 귀퉁이에 기둥, 두공, 들보 등을 표현하여 석실 전체를 목조 가옥에 빗댄 점만은 공통되어 있다. 평양 부근의 벽화분도 벽면 및 화제의 종류를 나누면 대체로 이들 범위를 벗어나지 않는다. 즉 강서군 삼묘리의 대묘 및 중묘는 석벽 그 자체를 맨바탕으로 한 사신도로 특히 유명하며, 용강군(龍岡郡) 진지동(眞池洞)의 쌍영총 및 순천군(順川郡) 송계동(松溪洞)의 천왕지신총(天王地神塚) 등과 같은 것은 각각 위의 3가지 화제 중 하나를 특색으로 하는 벽화분의 현저한 예라고 할 만하다. 다만 평양 부근에는 1936년의 조사에 관련된 내리(內里) 제1호분, 고산리(高山里) 제1호분 등과 같이 회반죽을 바른 벽면에 사신도를 그린 한두 예가 있는데, 이 종류의 것은 아직 통구 지방에서 발견되지 않았다. 벽면의 회반죽 성분도 무라카미 로쿠로가 통구의 6묘와 평양 부근의 4묘를 점검한 결과에 의하면 모두 거의 큰 차이가 없고 다만 통구의 삼실총만 약간 조악한 점을 나타내는 데 불과했다.[3]

하지만 당시의 분묘는 사자의 영원한 주택으로 조영된 것이므로 산 자의 가옥과 마찬가지로 각 피

······································

3) 우에무라 로쿠로가 분석의 자료로 한 벽화의 회반죽은 다음 10개 분의 것이다. A. 환문총(통구), B. 내리 고분(평안남도 대동군 영족면榮足面), C. 무용총(통구), D. 각저총(통구), E. 모두루총(통구), F. 삼실총(통구), G. 사신총(통구), H. 불당동(佛堂洞) 청총(靑塚)(평안남도 대동군 토포리土浦里), I. 불당동 을분(乙墳)(평안남도 대동군 토포리), J. 두무동(斗武洞) 고분(평안남도 대동군). 이들 10개 자료에 대한 우에무라의 분석 결과는 이하와 같다.

① 알카리성의 유무-각각의 자료를 분말로 하여, 그 1g을 10㎤의 열탕 속에서 잘 교반하여 브릴리온트 황색 시험에 의해 알카리성의 유무를 검사한다. 그 결과는 색이 나타나는 반응을 거의 보이지 않거나 혹은 적색이 겨우 확인되는 정도이다. 즉 시판의 화학용 탄산석회가 함유하는 알카리성과 거의 동일 정도이거나 혹은 그에 가까운 것이 10개 자료 중 대다수를 차지하고 있다. 자료 H 및 J 등에서는 얼마간 그 정도가 높았으나 대개 뚜렷한 차이를 확인할 수 없다. 하지만 유독 자료 F(삼실총 회반죽)만은 다른 것과 달리 매우 강한 알카리성을 지닌다. 이에 대해서는 후술한다.

② 성분-위의 시험 결과는 자료의 실제 성질이 탄산석회일 것이라는 점을 추정하게 한다. 따라서 이를 확인하기 위해 염산으로 각 자료를 처리하자 모두 탄산가스를 발생하며 거의 용해되었고 염화석회가 잔류했다. 즉 모든 자료는 명백히 탄산석회를 주성분으로 하는 것이다.

③ 각 자료의 탄산석회 순도-각 자료의 석회분을 정량하여 이를 탄산석회로 측정하면 그 순도는 다음과 같다. A. 79.91%, B. 80.90%, C. 80.40%, D. 82.45%, E. 84.49%, F. 73.30%, G. 83.47%, H. 76.35%, I. 83.47%, J. 79.40%.

앞에서 서술한 바와 같이 알카리성 시험에 사용된 자료 중에는 그 정도가 특히 강한 것이 있었으나 이는 아마 얼마간의 수산화석회를 함유하고 있었기 때문일 것이다. 만약 그렇다면 위의 탄산석회 시험 결과는 그 순도가 어느 정도 높게 나타난 것이다. 따라서 자료 F의 순도는 실제로는 위의 숫자가 나타내는 것보다 조금 낮다고 보아야 한다. 즉 자료 F(삼실총의 회반죽)는 알카리성이 특히 강한 점이 나머지 자료와 다를 뿐 아니라 탄산석회의 순도가 극히 낮은 점에 있어서도 특이한 존재라고 할 수 있다.

④ 수분 함유량-각 자료는 건조 정도가 같지 않다. 따라서 함유 수분의 차이가 상당히 크리라고 여겨졌는데, 이를 정량하여 다음 결과를 얻었다. 단 아래 표에는 단순히 수분 뿐만 아니라 순도와의 합계를 나타내었고 또 그에 의해 불순물의 비율도 산출했다.

장자 또는 조영자의 귀천, 빈부, 기호 등에 따라 외형, 구조, 장식 등에 있어서 개별적 양상을 나타내는 것은 당연하다. 뿐만 아니라 축조 연대에 바탕을 둔 상이점이 존재하는 것도 아울러 인정해야만 한다. 우선 절석을 잇댄 맨벽면에 사신도를 그린 여러 분에 대해서 보자면 통구의 사신총의 외형은 방대식(方臺式)인데 강서 삼묘리의 대묘 및 중묘는 원분이다. 그리고 후자의 석실 구조는 석재의 가공 기술이 매우 정치한 점이 전자보다 뛰어나고, 벽화의 수법상에서 후자는 새롭고 전자는 약간 예스럽다. 같은 종류의 벽화분에는 평양에서 가까운 호남리(湖南里)의 사신총도 있다. 외형은 방대식이고 흰 대리석 석실의 벽면에 사신도를 그린 것이다.[4] 사신도는 위의 여러 분의 것들과 조금 취향을 달리하며 연대는 비교적 오래된 듯하다. 다음으로 석실의 벽면에 회반죽을 시공한 수많은 벽화분 중에서도 여러 가지 상이점이 인정된다. 통구 지방의 것으로 예를 들면, 삼실총의 봉토는 원형이고 내부 석실은 한대의 묘곽에서 왕왕 보이는 다실(多室) 구조에 각 실의 천정 일부는 삼각형 꿈장식을 지닌다. 이에 비해 무용총과 각저총의 외관은 방형이고 석실은 전실과 후실의 양실(兩室)이며 그 상부 구조가 한묘의 전축(塼築) 형식을 모방한 취향이 있다. 평양 부근의 고분도 각 무덤이 각양각색이라고 할 수 있다. 그 주요한 것을 주로 석실의 구조면에서 보면, 간성리(肝城里) 연화총(蓮花塚)의 석실은 무용총과 각저총처럼 간단한 평면을 지니지만

|  | A | B | C | D | E | F | G | H | I | J |
|---|---|---|---|---|---|---|---|---|---|---|
| 수분 | 1.30% | 3.10 | 2.00 | 1.60 | 1.40 | 4.00 | 0.80 | 5.90 | 1.00 | 2.10 |
| 수분 순도 합계 | 81.21 | 84.00 | 82.40 | 84.05 | 85.89 | 77.30 | 84.27 | 82.23 | 84.47 | 81.50 |
| 나머지 불순물 | 18.79 | 16.00 | 17.60 | 15.95 | 14.11 | 22.70 | 15.73 | 17.77 | 15.53 | 18.50 |

그리고 수분이 없는 경우의 순물질에 대한 불순물의 비율은 다음과 같다.

|  | A | B | C | D | E | F | G | H | I | J |
|---|---|---|---|---|---|---|---|---|---|---|
| 불순물 비율 | 23.51% | 19.77 | 21.89 | 19.34 | 16.70 | 30.97 | 18.84 | 23.27 | 18.61 | 23.30 |

이 결과에 의하면 자료 F 즉 삼실총의 회반죽은 나머지 것에 비해 현저히 불순분이 많다. 그리고 이와 반대로 자료 E 즉 모두루총의 것은 탄산석회로서 순도가 가장 높고 불순물이 극히 적다.

⑤ 수산화석회의 정량-자료 속에 포함된 수산화석회를 정밀하게 정량하는 것은 곤란하다. 하지만 브릴리언트 황색에 의한 정색(呈色) 반응의 색깔 비교 시험 결과는 일반적으로 그 함유량이 근소함을 나타낸다. 자료 H 및 J 등에서는 반응이 약간 뚜렷했지만 대체로 0.1% 이하이다. 그런데 자료 F는 약 2% 안팎으로 나머지 것보다 수십 배 많은 것이 주목할 만하다. 삼실총 회반죽의 실질이 왜 다른 것들처럼 충분히 탄산석회로 변하지 않았는지는 불명이지만, 요컨대 그것이 탄산가스에 충분히 반응하지 않았음을 나타내는 것일 터이다.

이상 10개 자료의 분석에 대해서 서술한 것은 1936년 가을 우에무라가 제작한 노트에 의한 것이다. 그리고 그 노트의 말미에는 '부기(附記)'로, 벽화에 사용된 적색 안료가 환문총의 것은 적토(산화철)이고, 시족면(柴足面) 내리 고분의 것은 적토 및 주(朱, 유황화수은)라는 분석 소견도 덧붙여져 있다.

4) 朝鮮總督府, 『大政5年度古蹟調査報告』(關野貞報告), 1925: 『高勾麗時代之遺跡圖版』下冊, 1929 참조.

천정부의 구조는 상당히 복잡하여 삼각 굄장식의 가구법(架構法)이 정비된 수준에 도달했음을 보여주고 있다.[5] 이 총에 비해 진지동 쌍영총은 석실 상부의 구조 양식은 같지만 전실과 후실 사이 통로의 좌우에 2개의 팔각형 기둥을 설치한 점이 특히 희귀하다. 또 송계동 천왕지신총의 두 석실은 전체의 구조가 복잡할 뿐 아니라 기둥 위의 첨차[棟遮], 박공 위의 개구리 장식 등과 같은 목조 건축의 세부를 극히 정교하게 도입하고 있다.[6] 그리고 이들 평양 부근 벽화분의 석실 천정부의 가구법이 대개 삼각형 굄장식을 사용하였고 그것이 강서 삼묘리의 두 묘와 동일 형식에 속하는 것도 또한 주목해야 할 사실이다. 이와 같이 통구와 평양 두 곳의 주요한 고분을 둘러보면 차례로 다양한 상이점을 발견할 수 있는데, 이들의 차이는 단순히 우발적인 것이 아니고 그 사이에는 시대적 추이에 바탕을 둔 변천과 발달의 자취가 흐르고 있는 것이다.

한편 통구와 평양 지방의 벽화분을 주로 회화 및 그에 동반된 장식문 등의 측면에서 보자면, 그중에서도 가장 새로운 시대에 속하는 것은 평양 부근에서 우아하고 화려한 사신도로 특히 고명한 강서 삼묘리의 두 묘일 것이다. 이들 두 묘는 세키노에 의해 약 1350년 전 무렵, 즉 수대(隋代)에 상당하는 고구려 말기의 것으로 판단되었는데, 중국 고경감(古鏡鑑)의 배문(背文)과 비교한 나이토의 소견도 이와 일치한다.[7] 또 두 사람은 더 먼 과거로 거슬러 올라가서 수법, 양식 등의 측면에서 특별히 오래된 시대의 것으로 통구의 삼실총에 주목했다. 그 추정 연대는 일단 두고, 제4장에서 기술한 바와 같이 당시 실생활의 여러 단면을 제재로 하여 사방 주벽의 각 부분을 장식한 이 벽화분에서는 옛 모습을 띤 사신도가 상부의 굄장식 일부에 그려져 있고 전체의 벽화에서 중요한 위치를 차지하지 않았다. 또 평양에 가까운 용강 지방에 매산리 사신총이라 불리는 한 고분이 있다. 세키노는 그 벽화를 일찍이 발견된 고구려 벽화 중 가장 오래된 옛 형식을 띠는 것이라 보고, 위의 삼실총과 거의 같은 시대일 것이라고 하였다. 나이토 또한 서력 5세기경의 것이리라고 한 세키노 견해를 지지했다.[8] 이 고분의 주벽에는 예스럽고 소박한 사신도와 함께 수렵도와 인물도 등 풍속화도 나란히 그려졌는데,[9] 벽화의 제재상 어느 것이 주이고 어느 것이 부인지 정하기 어렵다. 한편 통구와 평양 두 지방에서는 최근에 이르러 벽화의 신발견이 더해졌으나 더 오래된 것으로 보이는 것은 없다.

이제 이들을 포함하여 특히 사신도의 위치 측면에서 두 지방의 고분을 통람하자면, 통구의 환문총

---

5) 朝鮮総督府, 圖版 第193, 194, 199, 『朝鮮古蹟圖譜』 第2冊, 1920.

6) 關野貞, 「新たに發見せる高勾麗時代の遺蹟」 『人類学雑誌』, 第32卷 第3號. 朝鮮総督府, 『高勾麗時代遺跡圖版』, 앞의 책 참조.

7) 關野貞, 『朝鮮美術史』, 朝鮮史學會, 1932. 内藤虎次郎, 「高勾麗古墳の壁畫に就いて」 『支那繪畫史』, 1938.

8) 위의 책들.

9) 圖版 第129~137, 『朝鮮古蹟圖譜』 第2冊, 위의 책.

사신도는 석실의 상부 즉 천정부에 존재하는 데 비해 같은 지역의 사신총에서는 아래쪽으로 내려와서 주벽의 중요한 장식화가 되어 있다. 평양 방면의 고분에는 주벽에 사신도를 그린 예가 많은데 그들 사이에 회화 기술이 현저하게 진보 발달된 자취가 보이며, 강서 2묘에서 정점에 달한 것으로 여겨진다. 하지만 그와 동시에 쌍영총으로 대표되는 것처럼 제재를 피장자의 실생활에서 취하여 주벽의 각부를 장식한 비교적 새로운 시대의 훌륭한 벽화분이 있음을 간과해서는 안 된다. 그렇다면 고구려의 벽화분 중에 사신도를 주로 하는 것, 이른바 사신총은 풍속화를 주로 하고 사신도를 부로 하는 벽화분에서 분화되어 따로 한 종류를 이루게 된 것이리라. 다만 고구려 고분의 장식적 요소인 벽화가 중국 회화의 직접적 영향을 받고 있었던 것은 다른 방면의 유물 비교 연구를 통해서도 전혀 의심의 여지가 없는 부분이다. 따라서 이상과 같은 벽화의 계통상 분류에 대해서도 당연히 중국과의 관련 여하를 문제로 삼지 않으면 안 된다. 그런데 중국 본토의 고고학적 분야의 개척 현상에 있어서 불행히도 고구려 벽화분이 성행한 시대의 회화 유적이 결여되어 있다. 오히려 고구려 벽화가 해당 시기 중국의 회화 고찰에 중요한 역할을 하고 있는 듯한 상황이므로 이 문제는 그대로 장래에 미룰 수밖에 없다.

통구 지방에 서로 섞여서 군재하는 석총 및 토분에 대해서 세키노는 "그 연대에 피차 큰 차이가 없는 것같으므로 어쩌면 동시대에 만들어진 것으로, 특별히 시대에 전후가 있는 것은 아닐 것이다"라고 하여 시대상으로 양자를 구별하고자 하지 않았다. 대개 통구 지방의 고분은 석조나 토축을 불문하고 고구려가 이 땅에 도읍한 시대(중기)에, 평양 및 그 부근의 고분은 장수왕의 평양 천도 이후 시대(후기)에 축조된 것으로 생각한 것이리라. 그리고 두 곳의 각 고분에 대한 설명으로는 통구의 삼실총을 약 천 4~5백년 전 무렵의 것으로 함과 동시에 같은 지역의 산연화총 및 귀갑총도 연대에서 큰 차이가 없을 것으로 보았다. 또 평양 방면에서는 전혀 불교예술의 영향을 인정할 수 없는 매산리 사신총의 벽화를 고구려의 벽화 중 가장 오래된 것에 속하는 것으로 하여, 그 연대를 역시 약 천 5백년전으로 추정하였다.[10]

그런데 그가 말하는 약 천 5백년 전은 서력 5세기 초에 해당하며 고구려가 평양에 천도한 것은 마침 그 무렵인 장수왕 15년(427)이므로 그의 주장에는 모순이 있다. 즉 통구의 석총과 거의 예외없이 토축에 속하는 같은 지역의 벽화분을 평양 천도 이전의 것으로 하면 적어도 위의 매산리 사신총 이외의 벽화분, 즉 통구의 삼실총 이하 세 벽화분의 추정 연대는 정당하지 않다고 할 수밖에 없다. 한편 이들의 추정 연대가 옳다고 하면 통구의 석총과 토분을 평양 천도 이전 축조로 보는 견해는 개변되지 않으면 안 된다. 때문에 세키노 언설의 일면만을 따라서 통구에 유존하는 여러 벽화분을 그 땅에 국도가 있었던 시대의 것으로 하는 것은 성급한 결론에 불과하다.

또 나이토는 세키노가 개개의 고분에 대한 연대 추정의 이유를 상세히 설명하지 않았던 것에 불만

..........................................

10) 關野貞, 『朝鮮美術史』, 앞의 책: 「滿洲輯安縣及び平壤附近に於ける高勾麗時代の遺蹟」『考古學雜誌』第5 卷 第3號, 1914. 11.

하여 중국 고경의 배문과 비교 연구를 시도하였는데, 삼실총 및 매산리 사신총에 대한 세키노의 추정에 동의를 표한 것은 앞에서 언급한 바와 같다. 즉 나이토는 독자적 견지에서 매산리 사신총을 장수왕 시대의 것이라고 판단하였고 동시에 이 묘 및 삼실총에 대한 견해를 서술하여 "그렇게 보면 문제의 고분(매산리 사신총)은 고구려가 집안현(통구)에서 대동강 연안(평양)으로 옮긴 시대에 해당하므로 집안현과 대동강 연안 양 쪽에 같은 벽화가 남아있다고 하는 것이 상당히 일리가 있다"고 하였다. 하지만 이는 통구의 삼실총의 연대를 명확히 평양 천도 이후에 둔 것이므로, 위에서 서술한 세키노의 언설을 전면적으로 지지한 것으로는 볼 수 없다. 또 한편으로는 이케우치의 고찰도 있는데, 통구 지방의 석총과 토분(같은 지역의 벽화분 모두를 포함)을 연대적으로 구별하여 후자를 평양 천도 이후 시대의 축조로 보는 것이다. 세키노의 언설에 위에서 지적한 바와 같은 약점이 있다고 한다면 이 별개의 견해도 단지 무시해버릴 수는 없을 것이다. 당분간 서로 대립시켜 두고 제3자의 비판 내지 향후의 조사 연구에 맡기는 것이 온당할 것이다.

이미 조사를 거친 벽화 중에서는 매산리 사신총이 가장 오래되었다고 생각되는 것은 세키노의 발언 이후 신발견이 더해진 오늘날에도 변함이 없다. 오래된 정도는 그 상한을 평양 천도 무렵에 두어야할 것인데, 회화의 내용에 불교 예술의 영향이 전혀 나타나있지 않은 점으로 보면 실제 연대도 그보다 심하게 내려오지는 않을 것이다(고구려에서 불교 그 자체는 천도 이전부터 행해지고 있었다). 이에 비해 통구의 삼실총은 가장 새로운 시대의 것으로 보아야 할 것이다. 벽화의 수법에 전자와 같은 치졸함이 없고 또 불교 예술의 영향이 상당히 뚜렷하게 나타나고 있기 때문이다. 예를 들면 고립된 1개의 연화문이 장식문으로 그려져 있는 것 외에, 들보 형태의 꾐장식을 떠받치는 괴이한 역사의 두발과 얼굴 모양에 불화적 느낌이 있고, 꾐장식의 벽화 중에는 연못 속의 연꽃 안에서 작은 아이가 얼굴을 드러내는 형상을 묘사한 그림도 있다. 아마 전자가 장수왕 시대의 것으로 그 전기(5세기 전반)에 속하는 데 비해 후자는 후기(5세기 후반)에 속하는 것이리라. 대사자 모두루를 주인공으로 하는 모두루총은 회반죽을 시공한 석실의 벽면에 먹으로 쓴 묘지를 지니는 점에서 벽화분에 준하는 것이다. 묘지문의 한 구절을 통해 이 묘의 연대가 장수왕 다음의 문자명왕 무렵(6세기 초)으로 추측된다는 것은 이 책의 Ⅰ부 제5장에서 서술해 두었다. 각저총과 무용총은 쌍묘라 칭할 만한 것으로, 두 묘의 벽화에는 푸른 하늘을 상징하는 일종의 운기문이 수없이 그려져 있다. 유사한 문양은 평양 방면에서는 쌍영총에 가까운 안성동(安城洞) 대총(大塚)에서 발견된다. 앞의 두 총과 후자는 석실의 구조는 현저히 다르지만 유독 유사한 운기문을 지닌다. 뿐만 아니라 앞의 두 총의 판즙(板葺) 가옥의 그림과 후자의 전각(殿閣) 그림에 나타나 있는 수법에는 서로 상통하는 점이 있다.[11] 아마 모두 고구려 후기, 그중에서도 중기에 속하는 구조일 것이다. 통구의 사신총도 같

11) 圖版 第153~16, 『朝鮮古蹟圖譜』 第2冊, 앞의 책.

은 종류의 호남리 사신총과 함께 이 시기의 것인 듯한데, 다만 후자는 비교적 약간 오래된 듯 여겨진다. 환문총의 개개의 환문과 의장 및 채색을 같이 하는 장식문은 평양에 가까운 내리의 고분에서 발견된다.[12] 따라서 이 간소한 벽화의 연대는 장식화가 상당히 풍부한 후자를 기준으로 판정될 것이다.

덧붙여 두건대 이들 통구 고분의 대체적 연대에 대한 이상의 서술은 이케우치 한 사람의 사견이다.

----

12) 朝鮮古蹟調査研究會,「高勾麗古墳の調査」『昭和11年度古蹟調査報告』, 1936.

II부

# 도 판

①

②

도판 1. ①무용총(무용총과 각저총 전면) ②무용총(전면 외관)

도판 2.
①무용총(전실 좌측 반부)
②무용총(주실 오벽 및 저면-
전실내 조망)

도판 3. 무용총 (주실 오른편 벽화)

246　　통구 通溝

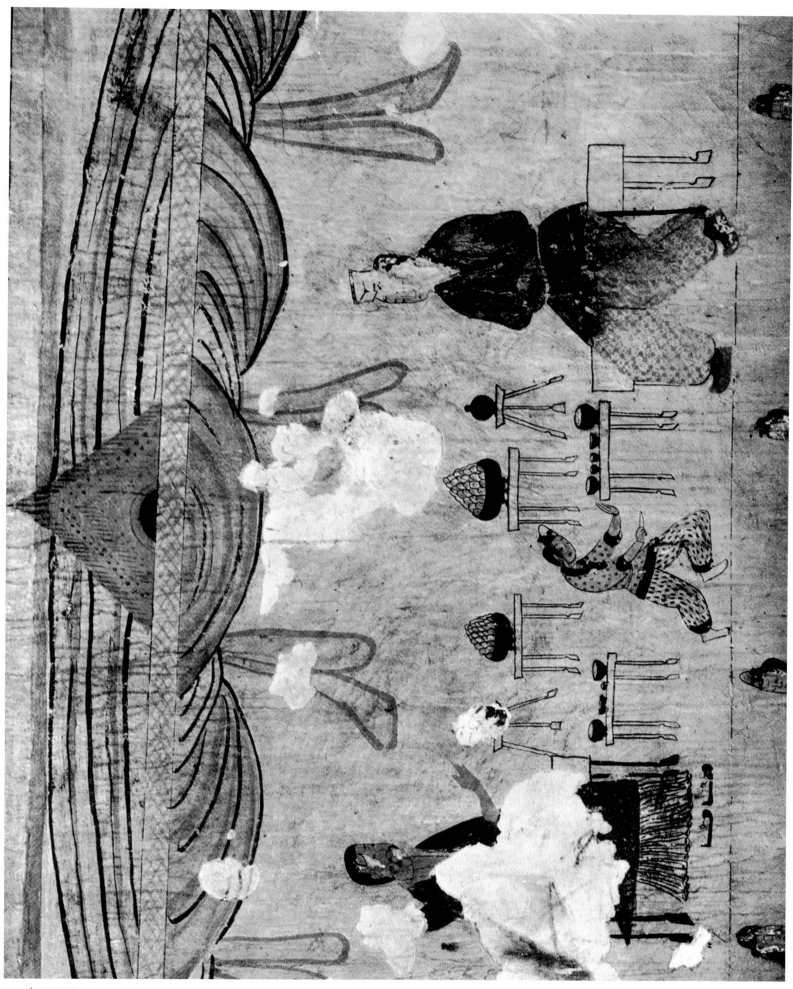

도판 5. 무용총(주실 오벽 벽화 세부)

도판 6.
무용총
(주실 안쪽 벽화)

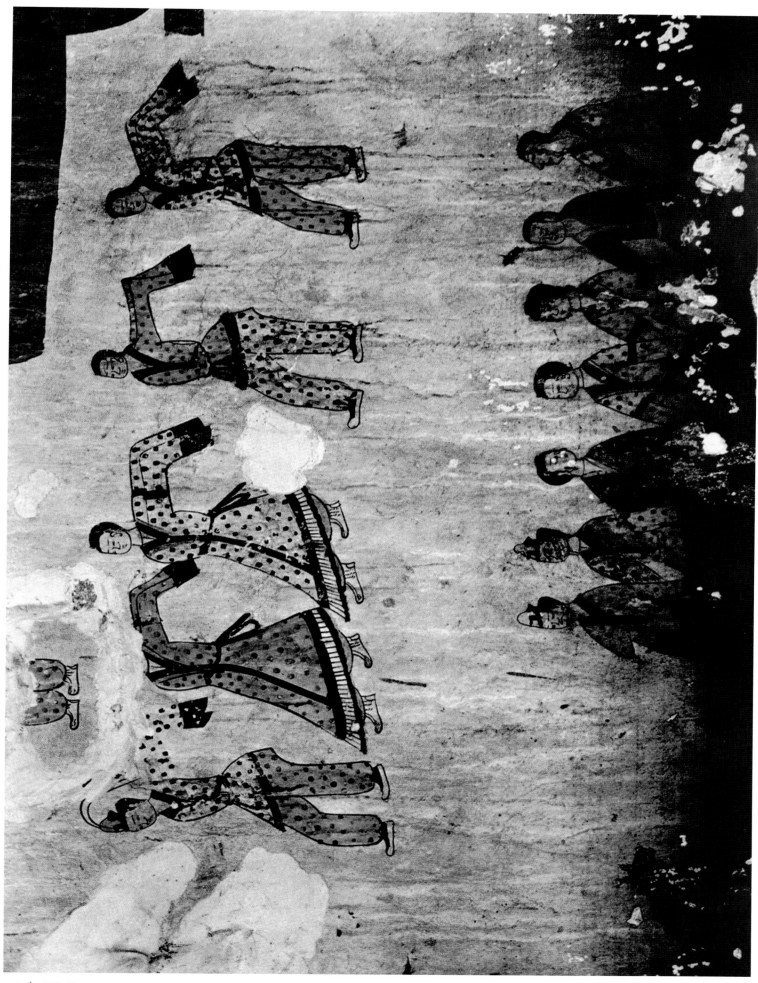

도판 8.
무용총
(주실 오벽 무부 벽화)

도판 9.
무용총
(주실좌벽
벽화)

도판 11,
무용총
(주실 좌벽
벽화 일부2)

도판 12. 무용총(주실 좌벽 벽화 일부3)

①

②

도판 13. ①무용총(주실 우벽 벽화 세부) ②무용총(주실 좌벽 벽화 세부)

① 

② 

도판 14.
①무용총(주실 좌벽 천정
제4 굄장식 벽화 세부)
②무용총(주실 우벽 벽화
세부)

① ②

도판 15.
①무용총
(주실
앞벽
우부
벽화)
②무용총
(주실
앞벽
좌부
벽화)

①

②

도판 16. ①무용총(전실 좌익 좌벽 벽화) ②무용총(전실 우익 중벽 및 좌벽 벽화)

① ②

도판 17. ①무용총(전실 좌익 중벽 벽화) ②무용총(전실 좌익 우벽 벽화)

① 

② 

도판 18. ①무용총(주실 천정부 앙견仰見) ②무용총(주실 기저부 좌측 반부)

도판 19. 무용총(주실 앞벽 천정 벽화)

도판 20. 무용총(주실 오벽 천정 벽화)

도판 21. 무용총(주실 우벽 천정 벽화)

도판 22. 무용총(주실 좌벽 천정 벽화)

도판 23.
무용총
(주실
우벽
천정
벽화
일부)

①

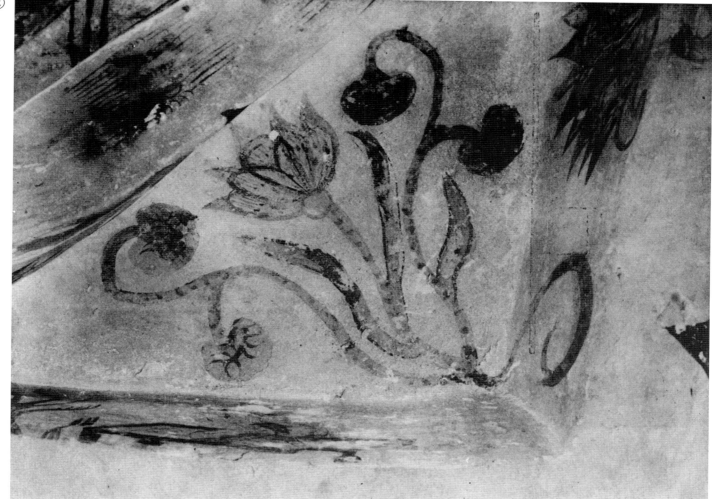

②

도판 24. ①무용총(주실 우벽 천정 제2 굄장식 벽화 세부) ②무용총(주실 우벽 우측 모서리 삼각형 굄장식 하면 벽화)

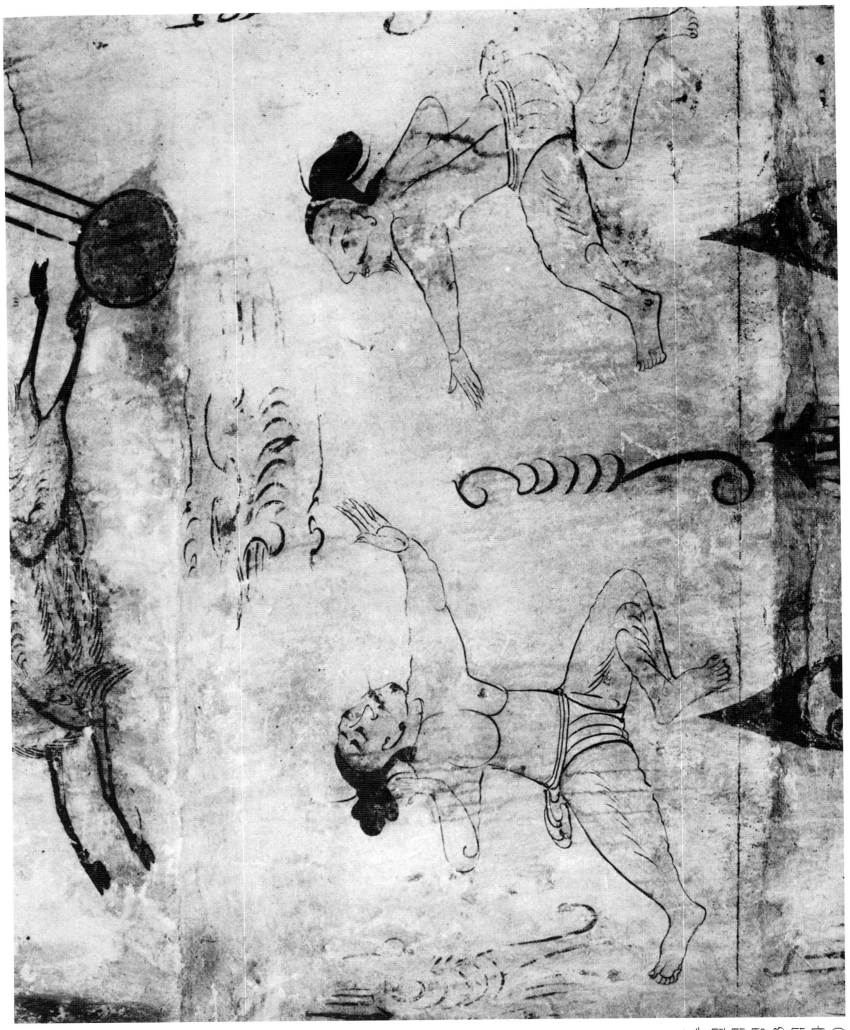

도판 25.
무용총
(주실
오벽
천정
제2, 제3
고장식
벽화
세부)

① 

② 

도판 26. ①무용총(주실 우벽 천정 제3 굄장식 벽화 세부1) ②무용총(주실 우벽 천정 제3 굄장식 벽화 세부2)

①

②

도판 27. ①무용총(주실 좌벽 천정 제3 굄장식 벽화 세부1) ②무용총(주실 좌벽 천정 제3 굄장식 벽화 세부2)

①

②

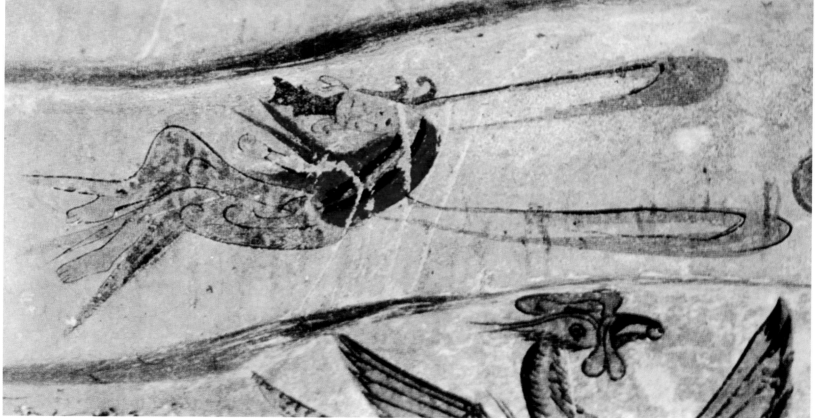

도판 28. ①무용총(주실 오벽 천정 제4 괴장식 벽화 세부) ②무용총(주실 우벽 천정 제4, 제5 괴장식 벽화 세부)

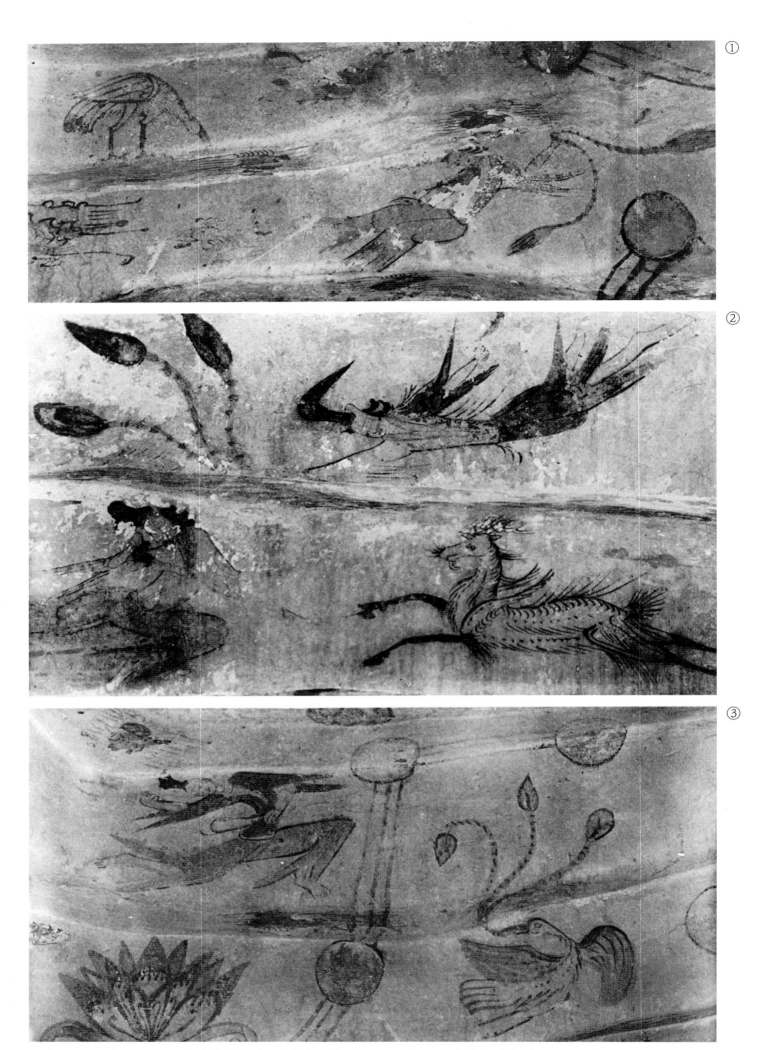

도판 29. ①무용총(주실 우벽 천정 제5, 제6 꾐장식 벽화 세부) ②무용총(주실 앞벽 천정 제4, 제5 꾐장식 벽화 세부) ③무용총(주실 오벽 천정 제6, 제7 꾐장식 벽화 세부)

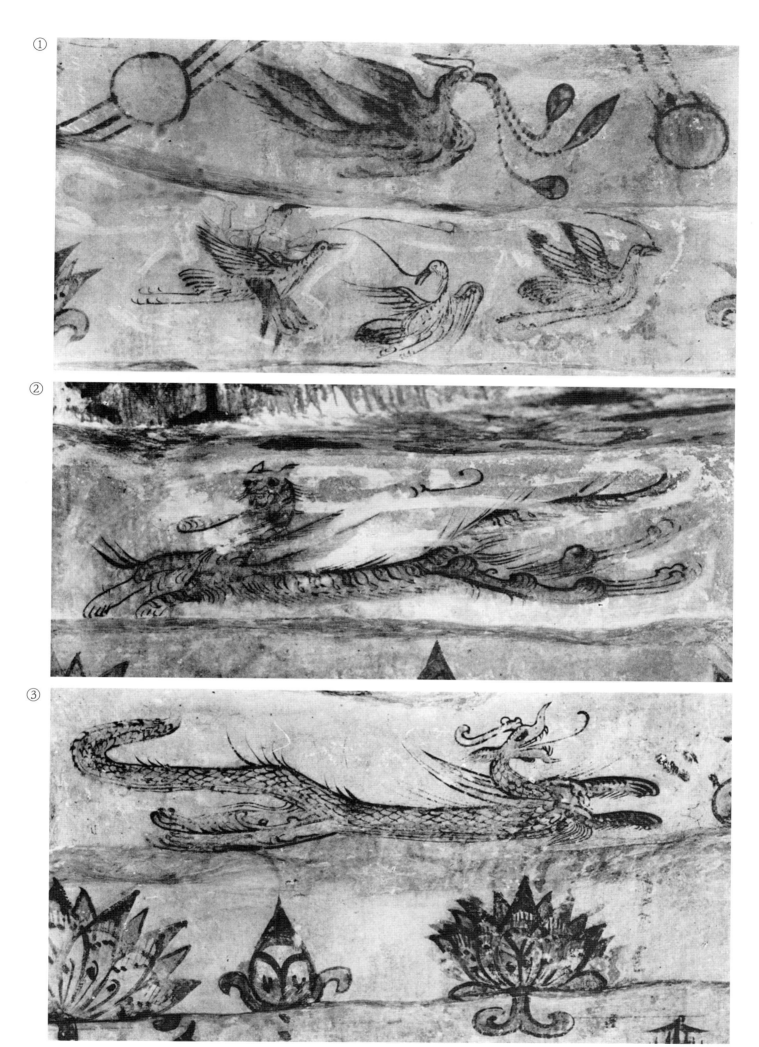

도판 30. ①무용총(주실 앞벽 천정 제4 굄장식 벽화 세부) ②무용총(주실 좌벽 천정 제3 굄장식 벽화 세부) ③무용총(주실 우벽 천정 제3 굄장식 벽화 세부)

①

②

도판 31. ①무용총(주실 오벽 천정 제4 굄장식 벽화 세부) ②무용총(주실 우벽 천정 제4 굄장식 벽화 세부)

도판 32. ①무용총(주실 좌벽 천정 제4 굄장식 벽화 세부) ②무용총(주실 앞벽 천정 제4 굄장식 벽화 세부) ③무용총(주실 좌벽 천정 제5 굄장식 벽화 세부)

①

②

도판 33. ①무용총(주실 오벽 천정 벽화 일부) ②무용총(주실 좌벽 천정 벽화 일부)

도판 35. ①각저총(각저총과 무용총 후면) ②각저총(전면 외관)

①

②

도판 36.
①각저총(전실 좌반부)
②각저총(전실 및 주실
오벽-연도내 조망)

도판 37.
①각저총(주실 앞벽 우부 벽화)
②각저총(통로 좌벽 벽화)

①

②

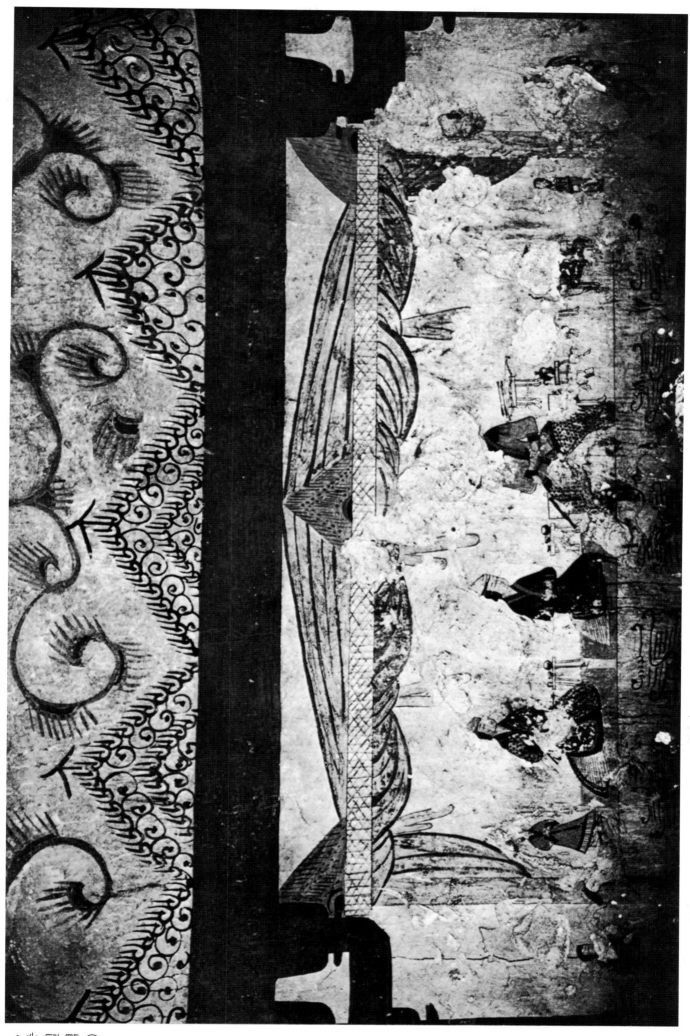

도판 38.
각저총
(주실 오벽
벽화)

도판 40. 각저총(주실 오벽 벽화 세부2)

도판 41. 각저총(주실 오벽 벽화 세부3)

286 통구 通溝

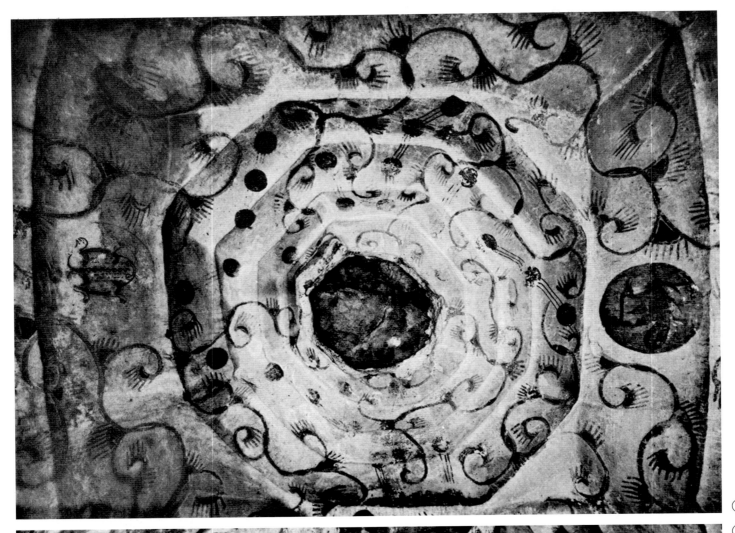

①
②

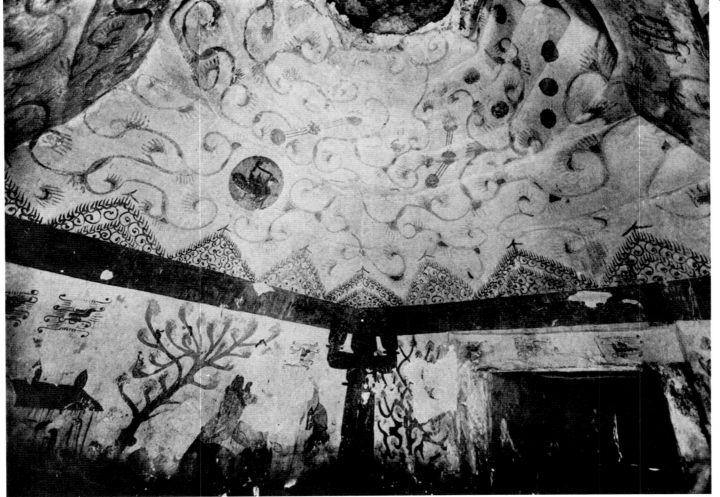

도판 45. ①각저총(주실 천정부 앙견) ②각저총(주실 천정부 전반부)

①

②

도판 47. ①삼실총(외관) ②삼실총(연도-제1실 조망)

① ②

도판 48.
①삼실총(제3실 서벽-제2실 통로 조망)
②삼실총(제2실 남벽 및 제1실 사이 통로)

①

②

도판 49. ①삼실총(제2실 동북 2벽 및 통로) ②삼실총(제2실 내부-제3실 조망)

도판 50.
삼실총
(제1실
남벽
야무
벽화)

①

②

도판 53.
① 삼실총(제1실 북벽 벽화 세부)
② 삼실총(제2실 서벽 벽화)

도판 54.
① 삼실총(제1실 동벽 벽화 일부)
② 삼실총(제1실 서벽 우부 벽화)
③ 삼실총(제1실 서벽 좌부 벽화)

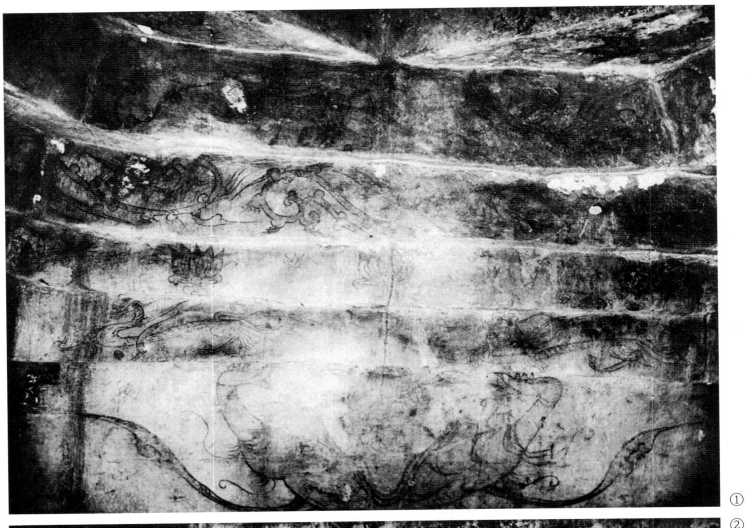

①

②

도판 55. ① 삼실총(제2실 북면 꿈장식 벽화) ② 삼실총(제2실 북벽 벽화)

② 

① 

도판 56.
①삼실총
(제2실 북면 제4층
괴장식 벽화 세부)
②삼실총
(제2실 북면 제1층
괴장식 벽화 세부)

도판 57. 삼실총 (제2실) 동벽 벽화

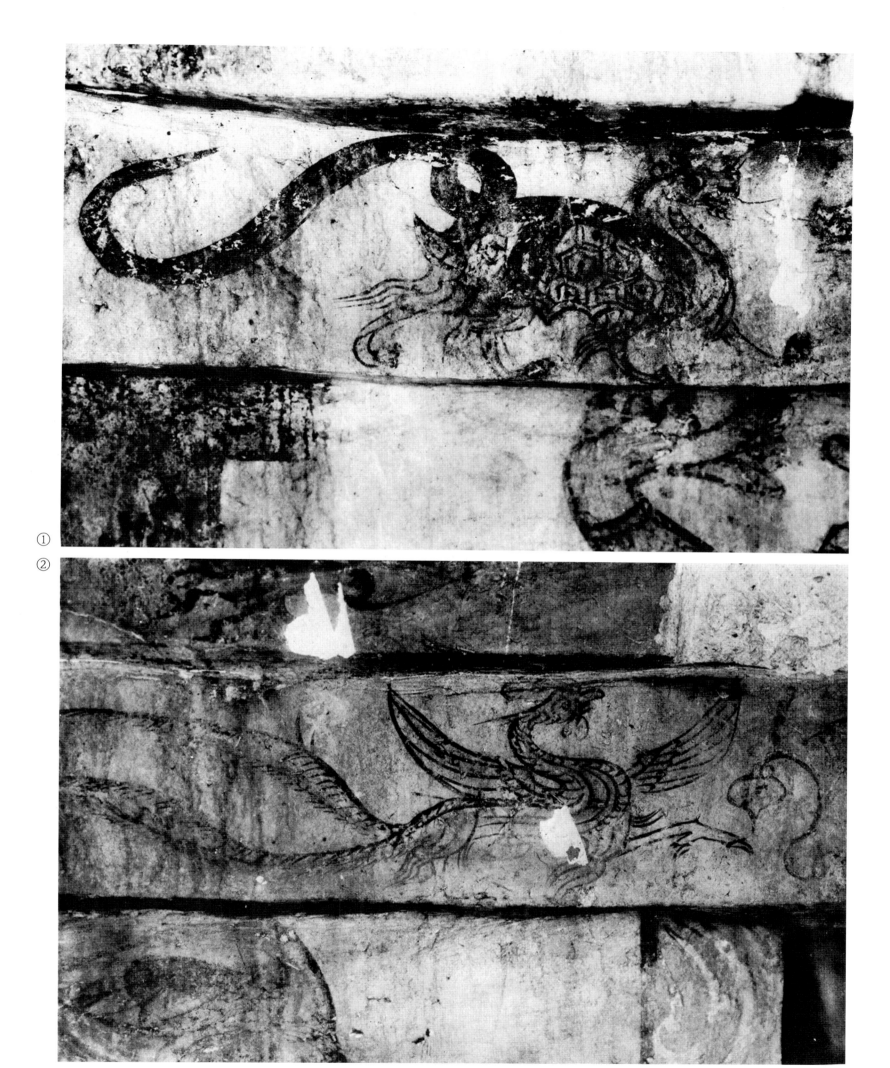

①

②

도판 58. ①삼실총(제2실 동면 제1층 굄장식 벽화 세부) ②삼실총(제2실 서면 제1층 굄장식 벽화 세부)

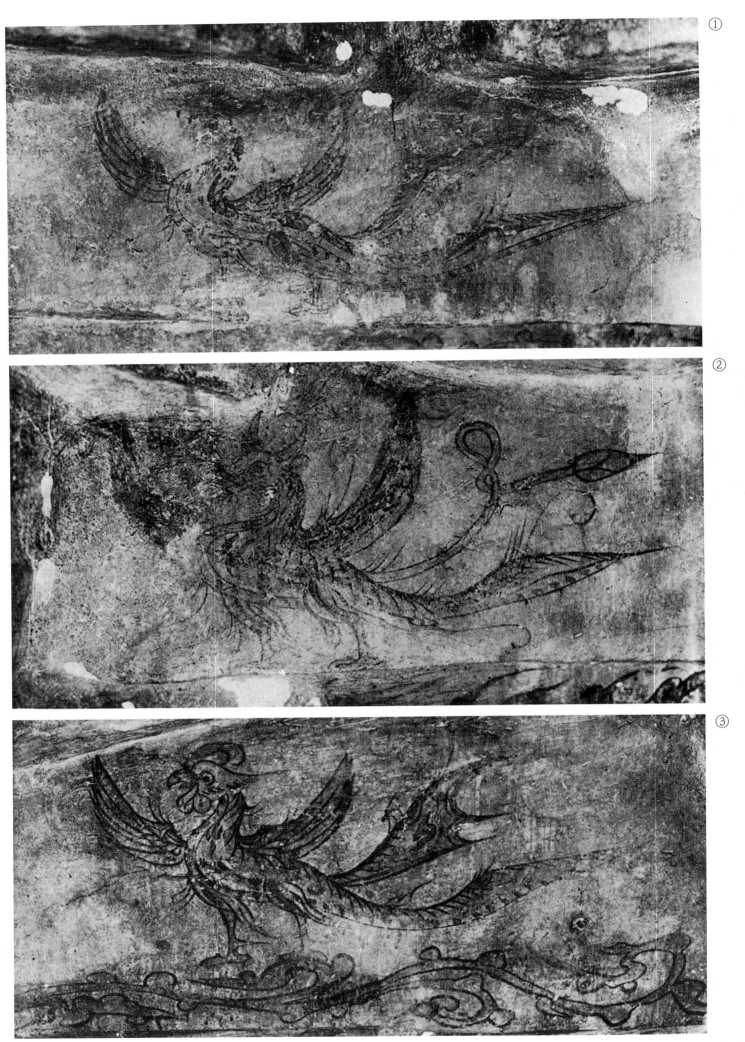

① ② ③

도판 59. ①삼실총(제2실 남면 제4층 괴장식 벽화1) ②삼실총(제2실 남면 제4층 괴장식 벽화2) ③삼실총(제2실 동면 제4층 괴장식 벽화 세부)

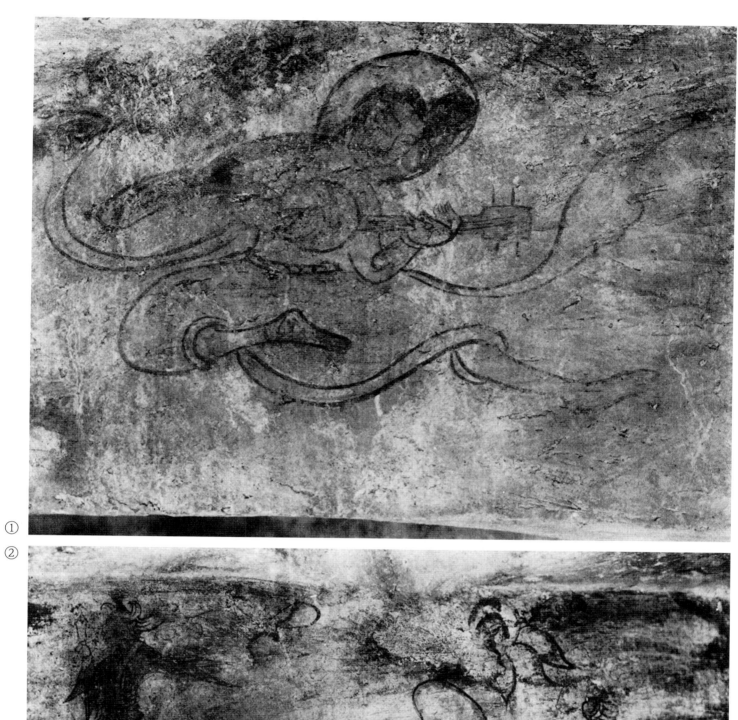

① 

② 

도판 60. ①삼실총(제2실 동남 모서리 제5층 굄장식 벽화) ②삼실총(제2실 서남 모서리 제6층 굄장식 벽화)

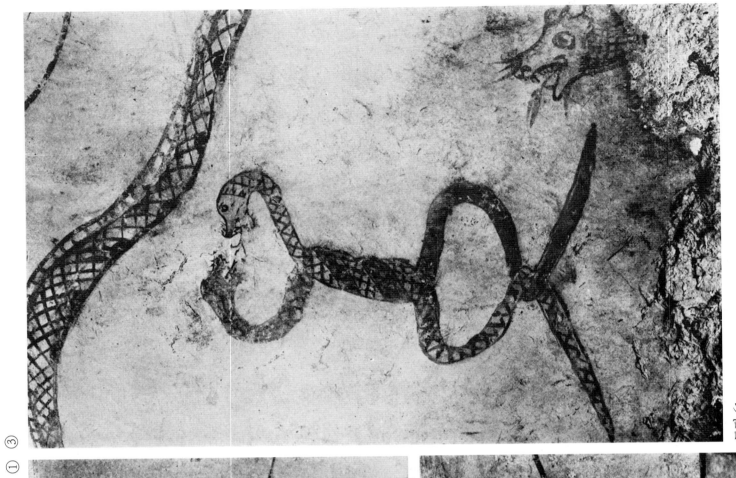

도판 61.
①삼실총 (제2실 서면 제5층 굄장식 벽화1)
②삼실총 (제3실 서면 제5층 굄장식 벽화2)
③삼실총 (제3실 남벽 부분 벽화)

① 

② 

도판 62. ①삼실총(제2실 서면 괴장식 벽화) ②삼실총(제3실 동면 괴장식 벽화)

도판 63. 삼실총(제3실 동벽 벽화)

①

②

도판 64. ①삼실총(제3실 북면 굄장식 벽화) ②삼실총(제3실 북벽 벽화)

①

②

도판 65. ①삼실총(제3실 서면 굄장식 벽화) ②삼실총(제3실 남면 굄장식 벽화)

도판 66.
삼실총
(제3실
서벽
벽화)

①②

도판 67. ①삼실총(제3실 동면 제1층 꾸밈장식 벽화 세부) ②삼실총(제3실 서면 제1층 꾸밈장식 벽화 세부)

도판 68.
①삼실총
(제3실)
북면
제1층
곱장식
벽화
세부)
②삼실총
(제3실)
남면
제1층
곱장식
벽화
세부)

Ⅱ부 도판      311

①

②

도판 69. ①사신총(앞면 외관-석실 조사전) ②사신총(배면 외관-석실 조사전)

①

②

도판 70. ①사신총(연도–현실 안 조망) ②사신총(현실 저부 석상石牀)

도판 71. 사신총(현실 남벽 우부 벽화)

도판 72. 사신총(현실 남벽 좌부 벽화)

퉁구 通溝

도판 73.
사신총
(현실 동벽 벽화)

도판 75. 사신총
남쪽 널방 (현실 벽화)
(벽화)

① ②

도판76.
①사신총
(현실 서남
모서리
벽화)
②사신총
(현실 동남
모서리
벽화)

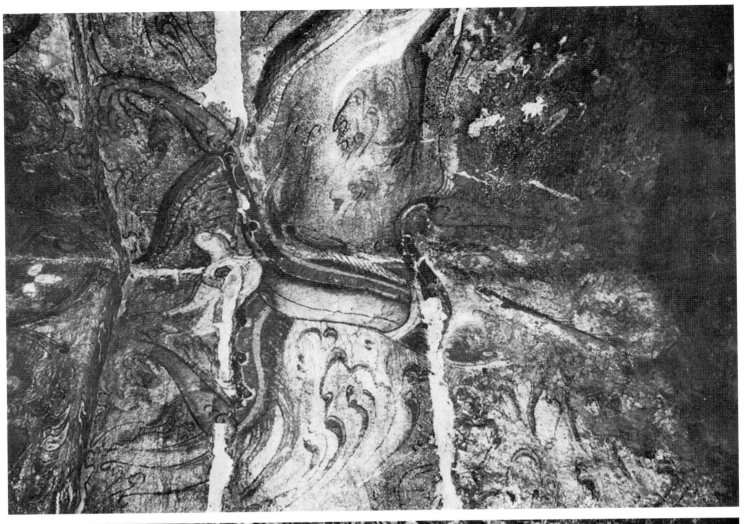

도판77.
①사신총
(현실
서북
모서리
벽화)
②사신총
(현실
동북
모서리
벽화)

① ②

도판 79. ①사신총(현실 동남부 삼각형 굄장식 측면 벽화) ②사신총(현실 동북부 삼각형 굄장식 측면 벽화) ③사신총(현실 서북부 삼각형 굄장식 측면 벽화)

도판 80.
사신총
(현실
서북부
삼각형
괴임식
측면
벽화)

도판 81.
사신총
(현실
서남부
삼각형
굄장식
측면
벽화
세부)

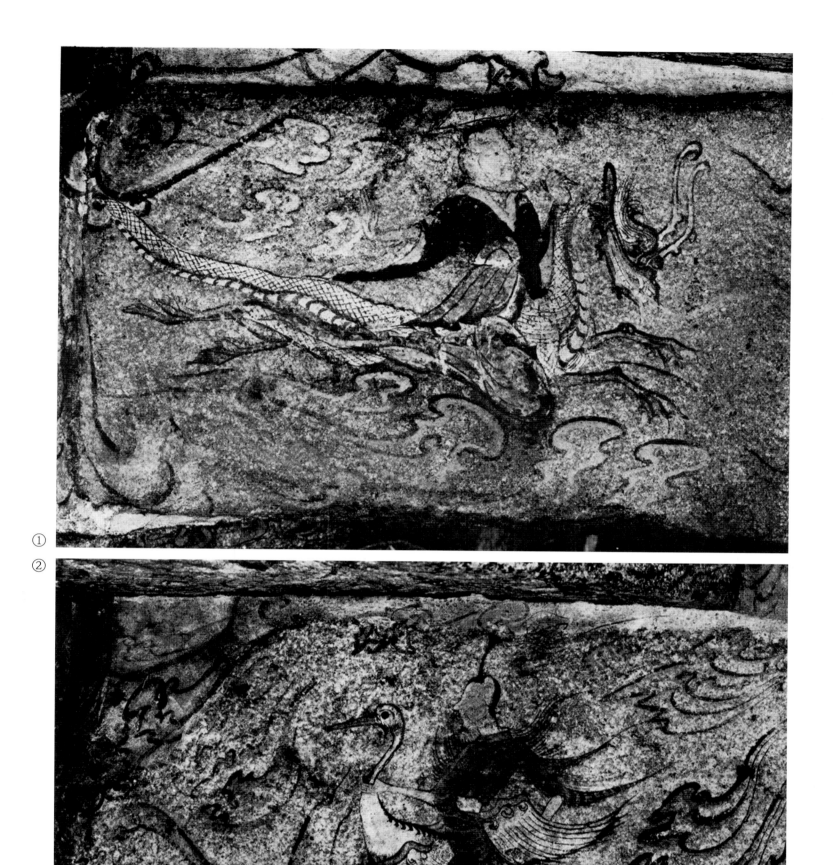

도판 82. ①사신총(현실 동북부 삼각형 굄장식 측면 벽화 세부) ②사신총(현실 서남부 삼각형 굄장식 측면 벽화 세부)

도판 83. 사신총
(현실
동북
사다리꼴
천정받침
측면(상) 및
삼각형
천정받침
중간부(하)
벽화)

도판 84.
사신총
(현실
서부
사다리형
굄장식
측면(상) 및
삼각형
굄장식
중간부(하)
벽화)

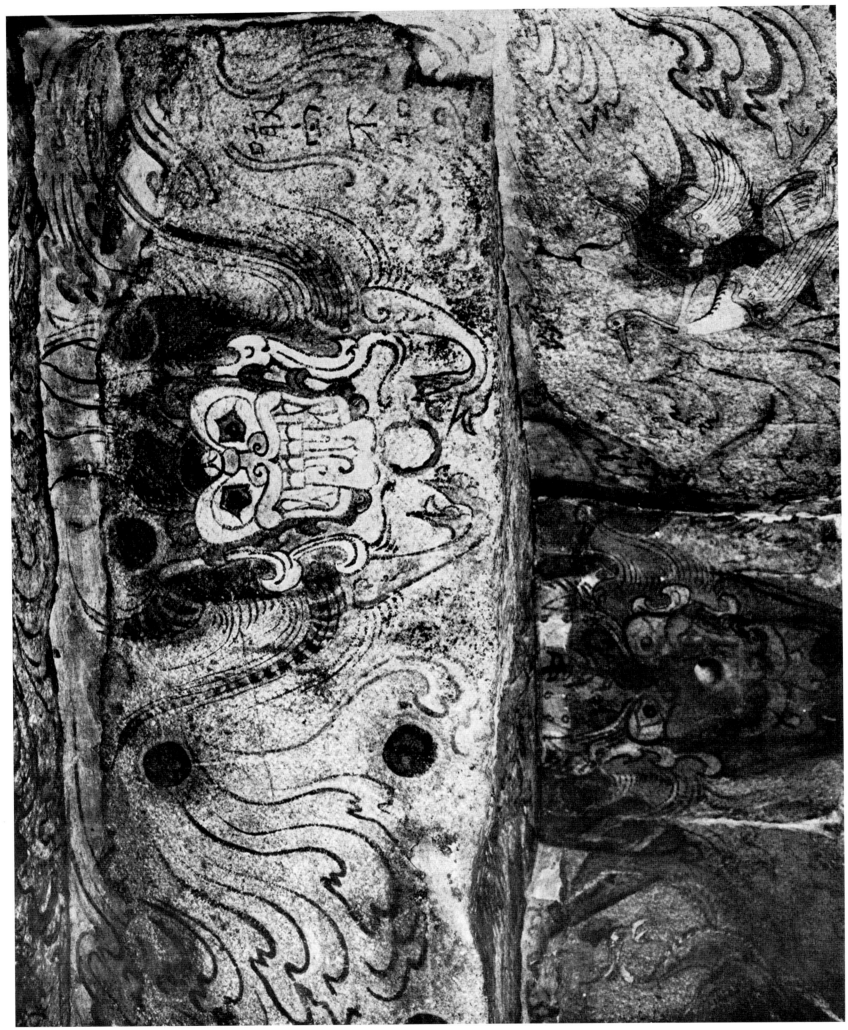

도판 85.
사신총
(현실
남부
남측
사다리꼴
굄장식
측면(상) 및
삼각형
굄장식
중간부(하)
벽화)

도판 86, 사신총 (현실 북부 사다리형 괴장식 측면(상) 맞 삼각형 괴장식 중간부(중) 벽화)

①

②

도판 87. ①사신총(현실 동북부 삼각형 굄장식 하면 벽화) ②사신총(현실 북부 사다리형 굄장식 하면 벽화)

도판 88.
사신총
(현실
동벽
사마리형
괄장식
죽면
벽화
세부)

도판 89. 사신총(현실 서부 사다리형 굄장식 측면 벽화 세부)

①

②

도판 90.
①사신총(현실 남부 사다리형
굄장식 측면 벽화 세부)
②사신총(현실 남부 삼각형
굄장식 중간부 벽화)

Ⅱ부 도판    333

도판 91. 사신총(천정 개석 하면 벽화)

도판 92. 사신총(천정 개석 하면 벽화 세부)

① 

② 

도판 93. ①모두루총(외관) ②모두루총(후실 서벽 및 관좌)

① 

② 

도판 94. ①모두루총(전실 천정) ②모두루총(전실 정면 및 통로)

도판 95.
모두루총
(묘지 부분)

①

②

도판 96. ①모두루총(후실 천정) ②모두루총(후실 관좌)

도판 97.
①환문총(외관-배면)
②환문총(외관-앞면)
③환문총(석실 연문)

도판 98.
①환문총
(석실 연도
좌벽 벽화)
②환문총
(석실 연도
우벽 벽화)

② ①

①

②

도판 99. ①환문총(현실 일부 및 연도) ②환문총(현실 좌벽 천정)

① 

② 

도판 100. ①환문총(현실 정면 및 관좌) ②환문총(현실 우벽 및 천정 일부)

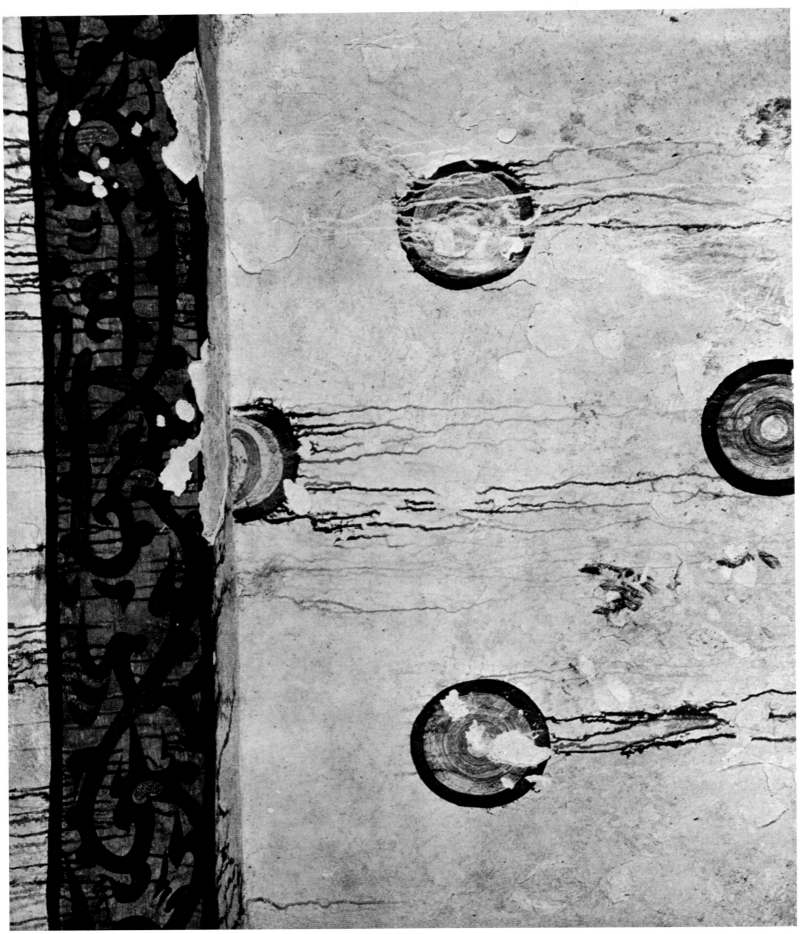

도판 101.
환문총
벽화세부
(현실 북벽)

344　통구 通溝

도판 102. 환문총(현실 서북 모서리 벽화 세부)

도판 103. 환문총(현실 서벽 소묘 인물화1·2·3, 환문 세부4)

光緒季葉予備官學部退食之暇循蒐訪古金石
刻文字以為考古之助嘗得高麗廣土王碑搨
厥辭佶人李雲從雲從董土禾墓甑其文曰顧大王
陵安於山固為岳為言乃往歲呈諱安扥碑時得之
墓之左近又言墓中有墼畫藤繪為新予開之神
往顧以管守而繁苦不暇廢遠水一泂之以為至憾
後此十餘年由天津邊寫推順之鐸舟纜一二日程
平固其地居軍人所割授又太顧往及滿洲建國可
以往矣則固兵事之後盜賊充斥復不果往達滿
日兩國組織文化協會又一二年地方粗安窃友邢學在

일만문화협회 회장 나진옥(羅振玉) 서문

先後往觀者踵相接且於廣闊土之墓而更得兩家、中均有壁畫陵遺良工程寫彩今乃由市會地內濱田游博士於任記述考瀅三事編為通溝二卷精印以傳藝林既成書責序於予維予之知儼家壁盡者三十餘年矣於時方盛年初以官守兩鬢不克往及滿日文化協會之成立則吾輩著方游學者聯袂以往予以衰病不能同遊私以為此憾將終不可釋矣何意通溝出成予乃浮於葉鎬病榻從賽展對不異親睹其境則諸君子之惠我為何如耶若顧亭林先生訪碑閱中成金石文字記其自序謂嘗

吮墨伸毫翱翔於山豬野鳥之間其雅正勃然至今
不枝羅家諸古蹟別不古戶庭為釈攬勝諸君子
為其勞而予為其逸其欣幸為豈弐豈迷予三十
年之慨而償之一旦者以為之序巳似由傳士之考
言飒古考與賓四博士梅原助教之說明諸壁置
其詳審精裘則讀是編者均能知之不待予之贅述巳
也康德戊寅孟秋書于羅振玉書于挟桑町寓居

349

右通溝二卷為日本文學博士池内宏諸君所
著而滿日文化協會之新出版物也上卷以史學
見地述高句麗時代遺跡及縣城山城太王陵將
軍陵及廣開土王碑攝景至六十張下卷以攷
古學見地述新叢見之壁畫古墳如舞踊角觝
環文年頭裝四神三室等冢攝景至一百四張
考索慕誌景片精眇於我滿洲國土考古文化
上增進雄偉之殊績玉可珍視其秉筆著述

일만문화협회 상임이사 영후(榮厚) 발문

者為東京帝國大學教授池內宏帝國大學總

長濱田耕作兩博士暨京都帝國大學助教梅

原末治三君也英文繕譯為原田治郎任調查者

為東方文化學院京都研究所員水野清一滿

蒙文化研究員三上次男其他調查關係及參加

者為奉天醫學科大學教授黑田原次博士安

東省視學官伊藤伊八京城帝國大學教授藤

田亮策田中豐藏名鮮總督府囑託小場恆吉平

壤博物館長小泉顯夫司法部法學校教授瀧
川政次郎坊士攝景部分監督者為竹島卓一齋
藤菊太郎攝景者為坂本萬三枝鈴四郎留
崎行夫佐模寫者為小林武貽凡合數十人之心力
經二三載之經營始克完成鉅裘又得日本外務者
文化事業部助出版之資滿洲國民生部籌攝景
之費公私協力克底於成吾人於明膝淨几怡然展
視恖藝林之盛舉叢思古之幽情其欣感快愉之

情為何如也夷考祠墓壁畫見扵古籍載錄自文

翁石室外若趙邠卿壽藏及司隸校尉魯恭荊

州刺史李劉從事揚武梁祠皆有之今惟武梁祠遺

跡尚留殘拓扵人向兾他公不間有一鱗半爪之流傳

安滑好事如池內諸君勤摭逸佚摹其形狀泐成一書

以饜嗜古䖨奇之士之意是又摩挲此編而不禁

感慨系之者矣

康德五年戊寅春分長白榮厚跋

# 해제

# 『통구』
## − 고구려 '황성 시대' 연구의 기본 조사보고

### 복 기 대


## 집안현 고구려 유적 연구와 『통구』


　현재 중국 길림성 집안시 일대의 유적에 대한 조사 보고서인 『통구』는 1930년대나 지금이나 고구려 중기의 역사를 연구하는데 있어서 매우 중요한 자료이다. 그런데 이 지역에 대해 조사를 진행한 것은 일본 학자들이 처음이 아니다. 이전 시대에도 남만주지역의 많은 고대 유적에 대한 조사가 있었다. 남만주에서 처음 발굴을 한 것은 구체적으로 알 수 없으나, 『고려사절요』(권20)에 의하면 충렬왕 2년 (1280.4.19)에 지금의 요양 지역에 있었던 원나라 "동녕부에 중랑장(中郎將) 지선(池瑄)을 보내어 선대 군왕의 능묘(고구려 왕릉) 발굴에 대해 물었다"는 기록이 남아 있다.[1] 명나라에서도 이곳은 아니지만 남만주 지역을 조사하고 중요한 유적들을 『대명일통지』에 남겨 놓았다. 청대에도 구체적이지는 않지만 함풍(咸豊, 1851~1861) 연간에 조사가 있었던 기록이 있다. 조선에서도 초기에 이곳에 거대한 유적이 있다는 사실을 인식하고 꾸준히 관심을 가진 것으로 보이는 기록들이 남아 있다.

　이런 여러 차례의 조사가 있었음에도 불구하고 집안에 있었던 많은 유적들은 후대에 잊혀지고 공개되지 않았다. 그 이유는 조선에서는 이곳의 유적들이 금나라 것이라고 믿었고, 원, 명, 청나라는 자신들의 영토가 아니었기에 정부 차원에서 적극적으로 관리하지 않은 것으로 보인다.

---

1) 『高麗史節要』20, 忠烈王2 (1280.4.19)
　　遣中郎將池瑄于東寧府 問發掘先代君王陵墓事

지도 1. 집안시 전경과 주요 유적 분포

그런데 1870년대 조선의 힘이 극도로 쇠약해지기 시작하면서 청나라가 설치한 회인현(현재 중국의 요녕성 환인현) 사람들이 집안까지 점점 세력을 넓히게 되었다. 그도 그럴 것이 현재의 환인에서 집안까지는 직선거리로 불과 100㎞가 안 된다. 물론 실제 이동거리는 산길을 돌다 보면 이보다 훨씬 멀지만 집안에서 무순이나 심양으로 왕래하기에는 환인으로 가는 것이 통화로 다니는 것보다 훨씬 가깝고 순탄한 길이었다. 따라서 점점 집안의 사정이 알려지게 되었고 1870년 경에는 이 지역에 대한 조사가 시작되었다. 물론 당시의 조사는 광개토대왕비가 발견되면서 금석문을 좋아하던 호사가들에 의한 것으로 역사유적 관련 조사는 아니었다. 그 후 일본의 군인들과 학자들이 이 지역을 드나들기 시작하면서 일본 연구자들에 의한 본격적 유적, 유물조사가 이루어졌는데 그 자세한 조사보고서가 바로 『통구』인 것이다.

『통구』는 일본의 연구자들이 1935년 및 1936년 2회에 걸쳐 집안현의 고구려 유적을 조사한 보고서로서 1938년 일만문화협회(日滿文化協會)에서 발행한 책이다. 당시 조사가 이루어진 것은 무용총 등의 벽화 고분이 새롭게 발견된 것이 계기였는데, 새로운 발견 외에 이전에 행해진 연구에 대해서도 종합적으로 소개하고 있다. 처음 계획은 도쿄제국대학 교수 세키노 다다시(関野貞)와 교토제국대학 교수 하마다 고사쿠(浜田耕作) 두 사람이 주축이었지만 조사를 전후하여 두 사람이 사망하게 되어 실제 집필은 조사에 동행한 이케우치 히로시(池内宏)와 우메하라 스에지(梅原末治)에 의해 이루어졌다. 원저의 구성은 상·하권으로 이루어졌으며 상권 『통구-만주국 통화성 집안현 고구려 유적』은 이케우치가 저술하였고, 하권 『통구-만주국 통화성 집안현 고구려 벽화분』은 이케우치와 우메하라가 공저한 것이다.

책의 전체 구성을 보면 고구려 고도에 대한 개괄적인 해설과 이 고도 중에 통구는 어떠한 위치를 차지하는가에 대한 설명으로 시작하고 있다. 이는 곧 통구라는 지역의 인문지리 및 자연지리에 대한 설명으로 고도 통구의 의미를 더해주고 있다. 그리고 세부적인 내용은 고구려 유적에 대해 산성터와 광개토왕비, 석총과 토분, 벽화고분으로 분류하여 집필하였다. 구체적인 조사 대상은 다음과 같다.

고구려 유적: 통구성(환도성터), 산성자산성(환도산성터), 광개토왕비 및 기타 유적.
고분: 장군총, 태왕릉, 천추총, 오괴분의 토분, 모두루총 및 기타 소규모 석총.
벽화고분: 무용총, 각저총, 삼실총, 사신총, 모두루총, 환문총.

이 가운데 고구려의 유적과 고분에 대해서는 상권[Ⅰ부]에 개괄하였고 하권[Ⅱ부]는 벽화고분을 중심으로 자세하게 설명한 것이다. 세부 내용으로 Ⅰ부에서 주목되는 것은 광개토왕비의 발견 경위와 당시 상황에 대한 정리가 면밀하다는 것이다. 당시까지 전해진 광개토왕비 관련 자료를 망라하고, 그 근거와 신빙성을 분석하여 일본에 탁본이 전해진 경로에 이르기까지를 추적했는데 광개토왕비의 연구사를 이해하는데 도움이 될 것이라 생각한다. 나아가 고구려 도읍지 및 광개토대왕과 장수왕의 능묘 비정에 대한 당시 학계의 논의가 자세히 기록되어있다.

『통구』의 내용을 이루는 일본학자들의 조사는 이 지역 유적에 관한 본격적 학술조사로서 처음 이루어진 것으로, 당시의 여건에 비해 사진과 도면을 잘 만들어 놓아 지금도 활용하는 데 큰 문제가 없을 정도이다. 특히 벽화 고분의 사진 도판 및 모사 등은 당시의 모습을 볼 수 있는 유일한 자료로서 가치를 인정할 수 있다. 하지만 조사 당시는 만주사변 이후 만주국을 수립된 직후였으므로 연구와 보고서 발간의 바탕에는 집안 지역을 일본 제국의 영토로서 관리하고자 하는 의도가 분명 깔려있다. 특히 통구성-환도성터, 산성자산성-환도산성터로 설명하는 고구려 도읍지 비정과 관련해서는 재검토의 여지가 남아있다.


# 고구려 여섯번째 도읍 '황성'


필자는 한국 고대사 연구에 있어서 가장 중요한 문제가 장수왕이 천도한 평양이 어딘가 하는 것이라고 생각한다. 뿐만 아니라 이 평양의 위치를 규명하는 연구에 매진하는 과정에서 고구려 도읍지들에 대한 연구가 구체적으로 되어 있지 않다는 것을 알게 되었다. 따라서 관련 문헌 기록부터 정리하고 그 다음 고고학적인 자료를 정리하기로 방향을 정하였다. 『삼국사기』 기록에 의하면 고구려 도읍지의 변천은 다음과 같다.[2]

표 1. 고구려 도읍과 변천과 위치 비정표

|  | 왕 | 『삼국사기』 지명 | 현재 지명(추정) | 연 도 |
|---|---|---|---|---|
| 1대 | 동명왕 1년 | 졸본 | 중국 요녕성 금주시 | B.C 37년 |
| 2대 | 유리왕 22년 | 국내성 | 중국 요녕성 철령시 일대 | A.D 3년 |
| 10대 | 산상왕 13년 | 환도 | 중국 요녕성 철령시 일대 | A.D 209년 |
| 11대 | 동천왕 21년 | 평양 | 중국 요녕성 환인 | A.D 247년 |
| 16대 | 고국원왕 12년 | 환도 | 중국 요녕성 철령시 일대 | A.D 342년 |
| 16대 | 고국원왕 13년 | 황성 | 중국 길림성 집안 | A.D 343년 |
| 20대 | 장수왕 15년 | 평양 | 중국 요녕성 요양 | A.D 427년 |
| 25대 | 평원왕 28년 | 평양 장안성 | 중국 요녕성 요양일대 | A.D 586년 |

이러한 문헌 사료들이 존재하지만 1900년 초반까지만 해도 고구려 도읍지로 알려진 것은 평양 하나 뿐이었다.[3] 『통구』는 그 후 고구려 도읍지 연구가 진행된 결과물인데, 일본 학자들은 통구 지역을 고구려 유리왕이 천도한 국내성, 산상왕이 천도한 환도, 그리고 고국원왕이 천도한 도성이라고 여기고 있다. 그러나 이런 인식은 문제가 있다. 그 이유는 고구려 도읍지에 대하여 가장 자세하게 기록한 『삼국사기』 내용과는 너무 다르기 때문이다. 물론 당시 일본 학자들도 위의 표에 정리한 기록들을 분명히 알고 있었다. 그들이 통구 지역 유적 조사 과정에서 문헌 연구도 동시에 진행했다는 것은 『삼국사기』, 『용비어천가』, 『지봉유설』, 그리고 『동국여지승람』 등을 거론하고 있는 것에서 알 수 있다. 그러나 그들은 고구려 도읍지 관련하여 "『삼국사기』 기록들은 후대에 조작되어 믿을 수 없다"며 고구려 중기 도읍지 국내성과 환도성을 집안으로 고정시켜 놓았다.[4] 일본학자들이 만든 이러한 기본 틀 아래 이 지역은 통상적으로 유리왕이 천도하여 장수왕이 평양으로 천도할 때까지의 고구려 도읍지로서 이해되고 있다. 하지만 『삼국사기』 기록에는 동천왕 평양으로 천도했다가 고국원왕 12년에 다시 환도로 돌아왔고 그 이듬해에 다시 황성으로 천도한 것으로 나타난다.

> (고국원왕 13년) 가을 7월에 평양 동쪽 황성으로 옮겨 살았다. 성은 지금의 서경 동쪽
> 목멱산 중에 있다.
> 秋七月, 移居平壤東黃城. 城在今西京東木覓山中. (『삼국사기』 권18 「고구려본기」)

고구려 16대 고국원왕은 선비족이 세운 전연(前燕)과의 전쟁에서 대패하여 그의 재위 13년(343)에 도읍이었던 환도를 버리고 천도를 한다. 그곳이 평양의 동쪽 황성이라는 것이다. 이때 기준점이 된 평양은 동천왕이 천도한 평양을 말하는 것으로 필자는 현재 중국 요녕성 환인현으로 보고 있다.[5] 이후 고구려가 천도한 기록은 장수왕 15년(427)에 나타난다.

.........................................

2) 각 도읍지로 비정한 곳의 현재 지명은 卜箕大, 「高句麗と都の變遷」 『韓國古代史の正体』, えにし書房, 2018 참조.

3) 이 외의 고구려 도읍지에 대한 연구는 다음 자료 참조, 복기대, 「시론 고구려 도읍지 천도에 대한 재검토-白鳥庫吉의 고구려 도읍지에 대한 비판적 검토를 중심으로」, 『고조선단군학』 Vol.22, 2010: 복기대 외, 『고구려의 평양과 그 여운』, 주류성, 2017.

4) 일본학자들이 이런 고증을 하는 데에는 『신당서』에 실려 있는 가탐(賈耽)의 「도리기(道里記)」가 근거가 된 듯하다. 이에 대해서는 복기대, 「『신당서』의 가탐 「도리기」 재해석」, 『인문과학연구』 Vol.57, 강원대학교 인문과학연구소, 2018 참조.

5) 복기대, 「고구려 '황성' 시대에 대한 시론」, 『예술인문사회융합멀티미디어논문』 Vol.6 No.1, 2016.

장수왕 15년에 도읍을 평양으로 옮겼다.

十五年, 移都平壤.(『삼국사기』 권18 「고구려본기」)

즉 황성에서 다시 평양으로 천도
한 것이다. 고국원왕이 목면산 중의
황성으로 도읍을 옮긴 후 장수왕이 평
양으로 천도할 때까지는 고구려가 도
읍을 옮긴 기록은 없다. 그렇다면 이
시기의 고구려 도읍은 바로 황성이 되
는 것이다.

이상은 『삼국사기』 즉 고려시대
의 기록이고, 조선시대의 기록을 살펴
보면 황성이 어디인지 구체적으로 알
수 있다. 다만 조선시대부터는 황성을
금나라의 도읍이었다고 인식하고 있
었다. 다음은 조선전기에 저술된 『용
비어천가』 기록이다.

지도 2. 고국원왕이 천도한 황성의 위치

태조가 야튼촌에 이르자 우로터을이 도전하러 나왔다가 갑자기 병기를 버리고 태조
에게 재배하더니 300여 호를 거느리고 와서 항복하였다. (중략) 이에 동으로는 황성,
북으로는 동녕부, 서로는 바다, 남으로는 압록강에 이르는 땅이 텅 비게 되었다.

太祖至野頓村, 兀魯帖木兒來挑戰, 俄而棄甲再拜, 率三百戶來降. (중략) 東至皇
城, 北至東寧府, 西至海, 南至鴨綠, 爲之一空.(『용비어천가』 제39장)

그리고 이 글 속의 '황성'에 대한 주석을 실었는데 그 내용은 다음과 같다.

평안도 강계부 서쪽 강 건너 140리에 큰 들이 있는데, 가운데에 대금황제성이라 칭하
는 고성이 있고 성 북쪽 7리에 비가 있으며 또 그 북쪽에 석릉 2개가 있다.

平安道江界府西越江古百四十里, 有大野, 中有古城, 譜稱大金皇帝城, 城北七里有
碑, 又其北有石陵二(『용비어천가』 제39장 주해)

조선의 강계도호부 서쪽 140리에 큰 성이 있는 이 성은 대금황제의 성이고, 그 성의 북쪽 7리에 비

석이 있으며, 비석 주변에 돌로 만든 무덤이 있다고 했다. 즉 지금의 집안시에 남아 있는 유적, 유물들을 기록해 놓은 것이다. 큰 비석이 있다고 한 것은 광개토대왕비를 말하는 것으로 보인다. 나아가 조선 중기에 편찬된 『신증동국여지승람』에는 다음과 같이 기록되어 있다.

> 황성평: 만포에서 30리의 거리가 되는 곳으로 금나라가 도읍했던 곳이다.
>
> 황제묘: 황성평에 있으니, 세상에서 전해 내려온 말로는 금나라 황제묘라 하는데 돌을 갈아 만들었다. 높이가 가히 10장이고 안에는 침상이 셋이 있다. 또 황후묘와 황자묘가 있다.
>
> 皇城坪, 距滿浦三十里, 金國所都.
>
> 皇帝墓, 在皇城坪, 世傳金皇帝墓, 礱石爲之. 高可十丈, 內有三寢, 又有皇后墓皇子等墓.(『신증동국여지승람』「강계도호부」 조항)

『용비어천가』 주석과 거의 같은 내용이지만 여기서는 무덤의 사정도 설명하고 있다. 침상이 셋이라고 한 것은 장군총으로 전해지는 무덤을 말하고 있는 것으로 보인다.[6] 그리고 그 지역에 남아 있는 석성에 대해서도 구체적으로 설명하고 있는데 그 내용은 다음과 같다.

> 만포진: 부의 서쪽 1백 28리에 있다. 석성으로 둘레가 3천 1백 72자이고 높이가 5자이다. 병마첨절제사영이 있고 군창이 있고 또 행성이 있다.
>
> 滿浦鎭, 在府西一百二十八里. 石城, 周三千一百七十二尺, 高五尺. 有兵馬僉節制使營, 有軍倉又有行城.

> 고산리보: 부의 서쪽 1백 25리에 있다. 석성으로 둘레가 1천 1백 6자이고 높이는 4자이다. 병마첨절제사영이 있고 군창이 있다.
>
> 高山里堡, 在府西一百二十五里. 石城, 周一千一百六尺, 高四尺. 有兵馬僉節制使營, 又有軍倉.

이 두 성은 현재 집안시에 남아 있는 두 성을 말하는 것으로, 큰 것은 집안시내 성을 말하는 것으로

---

6) 필자는 장군총이라고 전해지는 무덤의 묘실을 들어가 본적이 있는데 시상이 3개였다. 이 기록을 보면 늦어도 조선전기 이전에 묘실의 유물들은 모두 없어졌을 것으로 보는 것이 타당하다. 비단 이 무덤만 그런 것이 아니라 다른 무덤들도 일찍이 도굴되었다고 여겨진다.

보이고, 작은 것은 환도성으로 추정된다. 그리고 큰 성은 조선 관리가 파견되는 관청으로 활용하고 있다는 기록까지 남겨 놓았다. 그런데 비석에 대한 언급이 없는 것으로 보아 이 책이 편찬된 시기에 호태왕비는 실물이 확인되지 않은 것으로 보인다.[7] 이들 기록들을 참조해보면, 『삼국사기』가 전하는 고국원왕이 천도한 '黃城'은 조선시대에 '皇城'으로 전해진 것과 같은 지명이 확실하다. 『통구』의 저자들도 집안 지역이 '黃城' 또는 '皇城'으로 불렸다는 것을 인식하고 있었지만 그들은 국내-환도-황성을 구분하지 않았다.

그리고 『신증동국여지승람』의 만포진과 고산리보 조항에 병마첨절제사영이 있다고 한 것으로 볼 때 이 지역은 조선의 영토였다. 18세기 중엽에 그려진 정상기(鄭尙驥)의 『동국대지도(東國大地圖)』에서도 확인된다.

『동국대지도』를 보면 압록강을 사이에 두고 동쪽은 만포진, 서쪽에는 황제총이 있고, 그 옆에 오국성(五旺城)이 있는 것으로 표시되어 있다. 아마도 조선 후기에는 이곳을 오국성이라 부른 것이 아닌가 싶다. 즉 황성, 오국성 등등의 이름으로 불린 것으로 보인다.

이상과 같이 집안에 대한 역사적 인식은 고려시대에는 고구려의 도읍으로 정확하게 인식되고 있었으나 조선시대는 금나라의 도읍으로 여겨지고 있었다. 그러나 공통적인 것은 고려의 영토이고, 조선의 영토였다는 것이다. 거슬러 올라가 고구려의 영토로 여섯 번째 도읍지인 황성이었다. 따라서 집안의 고구려 유

지도 3. 『동국대지도』 상의 만포진

7) 『신증동국여지승람』에 비석에 대한 내용이 없는 것으로 보아 『용비어천가』 주석은 『신증동국여지승람』보다 일찍 작성된 것이고, 『신증동국여지승람』 편찬 당시에 비석은 쓰러져 있어 눈에 띄지 않았을 가능성이 있다. 광개토왕비가 역사상 어느 시점에 한번 쓰러졌다가 다시 일으켜 세워졌을 수 있다는 견해는 1918년 구로이타 가쓰미(黑板勝美)가 처음 제시한 이래 아직도 명확히 확인되지는 않았다. 『통구』의 저자인 이케우치는 비석이 쓰러진 적이 없다는 결론을 내리고 있지만 집안 지역을 상세히 기록한 『신증동국여지승람』에 이 비석에 대한 언급이 없는 점으로 보아 재고할 필요가 있다. 6m 이상의 비석이 원래대로 서 있었다면 확인되지 않았을 리가 없고, 구릉성 평지를 이루는 지역의 특성상 비석을 가릴 정도의 빽빽한 숲이 형성될 가능성도 없기 때문이다. 또 비석의 제2면과 3면 사이의 모서리가 떨어져나간 상황으로 보아도 이 면을 아래로 하여 비석이 쓰러져 있었다고 볼 수 있다.

적에 대한 조사 보고서인 『통구』는 고국원왕 13년(343)에서 장수와 15년(427) 사이의 고구려 '황성 시대' 연구를 위한 기본 보고서로 검토되어야 할 것이다.

1900년대 만주 고고학
연구자료 국역총서 **1**

# 통通구溝

집안 고구려 유적의
1945년 이전 조사 보고서

池内宏 · 梅原末治
저　자 | 이케우치 히로시 · 우메하라 스에지
역　자 | 박지영 · 복기대
펴낸이 | 최병식
펴낸날 | 2019년 5월 13일
펴낸곳 | 주류성출판사　www.juluesung.co.kr
서울특별시 서초구 강남대로 435 주류성빌딩 15층
TEL | 02-3481-1024(대표전화) · FAX | 02-3482-0656
e-mail | juluesung@daum.net

값 90,000원

잘못된 책은 교환해 드립니다.

ISBN　978-89-6246-392-7　94910
ISBN　978-89-6246-391-0　94910(세트)

이 책은 2017년 정부(교육부)의 재원으로 한국학중앙
연구원 한국학진흥사업단의 지원을 받아 수행된 연구
임(AKS-2014-KFR-1230006).

이 도서의 국립중앙도서관 출판예정도서목록(CIP)은 서지정보유통지원시스템 홈페이지
(http://seoji.nl.go.kr)와 국가자료종합목록시스템(http://www.nl.go.kr/kolisnet)에서 이
용하실 수 있습니다. (CIP제어번호 : CIP2019011480)